大野秀樹書評集成

本を読むたのしみ

大野秀樹

武久出版

愛していた中南米にて

北大探検部時代。津軽海峡横断をめざした手製イカダのキナンボ号にて（写真上提供：北海タイムス）

⑥ 第3294号 （図書新聞） 2017年3月11日（土曜日）

文学・芸術

ラディカルに見えながらも当たり前の言葉を語らせる
"ふたり"の物語との再会に喜びながら読み通した
山井 悟
宗石蝶恵 著 ▶ぷりんせす瞳チャマ2

手塚治虫にとってアニメーションは諸刃の剣だった
大人漫画でも天才ぶりを発揮した
大野秀樹
峯島正行 著 ▶回想 私の手塚治虫

学術・ノンフィクション

まだまだ"絶望"するのは早い
学生たちが辻又集落の住民たちとの交流を通して得た経験を未知の共同体の有様へと繋げて欲しい
皆川 勤
▶大学生、限界集落へ行く

訃報

本のフェス―――。
それは、新しい本の楽しみ方を実践するイベント。
本を通じ、人と人が繋がり合う場所。
本の持つ世界を、聴いたり味わったりすることができる場所。
本の歴史の新たな1ページが、ここから始まる。

本のフェス
BOOK FES
2017 AT KAGURAZAKA
3月12日(日) 10時～19時 @神楽坂
同時開催！ 一箱古本市 @神楽坂
本をテーマに、大人から子どもまでみんなで楽しめるプログラムが盛りだくさん！
ディグラム・ランチ読書会
石田衣良 公開ワークショップ
水道橋博士×次世代読書芸人トークライブ
「スナック乱丁」
映画『暗黒女子』トークライブ
入場無料
席に限りがありますお早めに！
https://honnofes.com/

こよなく愛した手塚治虫（図書新聞2017年3月11日号〈第3294号〉）

本を読むたのしみ

大野秀樹書評集成

本書は、図書新聞に掲載された大野秀樹氏の書評を網羅し掲載順にまとめたものである。

目次

2013年

2014年

2015年

2017年

2018年

2013年

8月10日号（3122号）

『対話集　原田正純の遺言』

●朝日新聞西部本社［編］　●岩波書店

現地の住民に会わなければ、真実はわからない
――不死身ではなかった水俣学提唱者、原田正純の遺言対話集

「人間は、生まれた瞬間から、死に向って歩みはじめる。死ぬために、生きはじめる」。池波正太郎氏のクールな人生観である。十七代目中村勘三郎氏は、倒れる前日まで『俊寛』の舞台を務め、赦免船に向って「未来で」と別れを告げてまもなく、本当に舞台に別れを告げた。

本書のホスト役を務めた水俣病研究の第一人者、原田正純先生は、肺に大きな陰影が発見され、誰しも肺がんか、と思っていたところ、陰が自然消滅したエピソードのもち主で、胃がんなどの大病も何度か切り抜けてきた。評者の大学で医学生に毎年講義をしていただき、「自分は不死身のような気がする」という独白を酒席で伺ったのは、そのころであった。そ

の原田先生が、急性骨髄性白血病に罹り、死に向っていることを悟り、われわれに向って「未来で」と別れを告げたのが本対話集である。二〇一二年六月十一日に永眠されたが、二〇一二年一月八日、斎藤恒氏（新潟水俣病をサポートした医師）とはじまった対話は、死の直前、六月三日の杉本肇氏（水俣病患者杉本栄子氏の長男）まで、病で外出できないため、自宅に対話者を招いて続いた。文字どおりの遺言対話集である。杉本氏との対話でも、「大げさな責任感とか、そんなものじゃなくて、ぼくが語っておかないかんな、と。『それが最後の仕事かな』って思っているんです」と語っている。

原田先生の評価あるいは考え方は、ある程度パターン化できるかもしれない。すなわち、（一）差別：公害が起こって差別が起こるのでなく、差別のあるところに公害が起こる、（二）現場：徹底した現場主義で、現場こそが、何かのきらめきを感じさせ、現地の住民に会わなければ、真実はわからない、（三）あべこべ：「患者さんのために何かしてやろうか」と思って水俣に入ったんだけど、よく考えてみれば、こっちのほうがいろんなものをもらった、（四）活動の原点：見てしまった責任ですね、（五）患者サイド：「あまりにも患者の側に立ちすぎるから、言っていることまで色眼鏡で見られる」と忠告されるが、患者側に立たない医学、患者の側に立たない医者って、あるんだろうか、（六）中立：「何もせん」ってことは結果的に、加害者に加担している、（七）治らない病気…医者と患者は、「治してください」「治してあげよう」という関係だから、治らない病気を前にしたとき、関係が切れちゃうんですね。治る病気は簡単ですよ。治らない病気だからこそ、しなきゃならんことがいっぱいあるわけでしょう？　それは、つき合う、ということですね。たとえ、効果がなくても、ときどき顔を出すとか、話を聴いてあげるとか、それぐらいしかできなかったじゃないですか、そのころは、などである。

「（七）」の「治らない病気」は、リヴィア・モネ氏（『苦海浄土』の英語翻訳者）の「先生は基本的に楽観的な人で、いまだって重病人なのに、いつもニコニコしている。わたしは神様のように思っているんです」という原田先生だから実践できることで、ほとんどの医師はこうはいかないだろう。ただし、原田先生と中南米やアフリカなど十回近く海外環境調査を行う機会を与えられた評者には、その笑顔の奥に強い信念が垣間見えるときが少なからずあった。宮本憲一氏（経済学者で、公害問題に積極的に発言）の言葉がそれを代弁している。「ぼくが原田さんをずっと尊敬して、信用しようと思っているのは、『この人は絶対、企業や政府の片棒なんか担がない。いつも被害者側に立っている』ということだと思うんです」。

本書の十五名の対話者は、宮本氏や石牟礼道子氏（『苦海浄土』著者）らを例外として、水俣病を中心に、三井三池三川炭坑爆発一酸化炭素中毒、カネミ油症、土呂久鉱害の患者さんと家族、支援者や関係者という著名ではない人で構成されている。そのため、原田先生が負の遺産を次の世代に伝えようとする水俣学に至ったプロセスが、より鮮明に見えてくる。さらに、本書は常に弱者の側に立って発言、行動し続けた原田先生自身を知る原田学を学ぶための必読書でもある。

10月5日号（3129号）

『砒地巡歴――水俣－土呂久－キャットゴーン』

●堀田宣之　●発行／熊本出版文化会館　発売／創流出版

「毒物の王」であるヒ素の汚染は、世界最大の環境問題――原田正純の弟分医師による海外ヒ素汚染地域の野外調査日記

一九八八年四月十一日、いまや伝説となった美空ひばりの「不死鳥コンサート」（東京ドーム）。「みだれ髪」の前奏の間のひばりの（高音が出るか、と心配しているような）悲愴感すら漂う真剣な顔。堀田宣之先生は、このひばりの表情の対極に位置するような、楽天的なアスタマニャーナ的人間であり、神経精神科医である。タイトルの「砒《シン》」は、中国語でヒ素を意味する。サブタイトルが示すように、堀田先生は水俣病で環境汚染調査を開始し、土呂久病（宮崎県）でヒ素汚染に転じ、一九八〇年の中南米に端を発した海外ヒ素汚染調査は、二〇一一年のラオス（キャットゴーン）まで中国、台湾、東南アジア、インド文化圏、欧州、中南米など三十数回に及んだ。評者は最初の中南米を含め、酒友として三回同行した。本書

は、そのヒ素汚染の海外調査記録であるが、専門家でなくても理解できるように平易に書かれており、実は堀田先生の人柄がにじみ出た辺境旅行記でもある。

　堀田先生は、水俣病研究で著名な故原田正純先生の熊本大学の六年後輩であり、専攻を同じくし、同じ研究室を辿った。そのため、水俣病にかかわるようになったのは、原田先生の影響が少なからずあったと思われる。しかし、登山家であった彼は、海が性に合わなかったのか、一九七四年、水俣病にそっくりな症状を呈する土呂久病患者の診察がきっかけとなったのか、一九七五年から高千穂町の山中にある土呂久での医学調査を精力的にはじめた。当初、住民の誘いを断ってテント泊で調査を進め、後に「熊大ハウス」と命名した民家を共同購入して調査拠点とした。その結果、一九九〇年、土呂久公害裁判において原告側を全面勝訴に導くことに大いに貢献した。一九九四年、土呂久などでの活動をベースにＮＰＯ法人「アジア砒素ネットワーク（ＡＡＮ）」が設立され、初代代表に就任した。「不死鳥コンサート」の頃の新疆ウイグル自治区（中国）調査から、本格的に海外調査もスタートさせた。これらの活動が、第二十二回久保医療文化賞受賞に結実した。堀田先生は、原田先生が最も信頼した人間の一人であり、同じくアスタマニャーナ的要素を有する原田先生とのコンビは、海外調査中にどんなにピンチに陥っても、なんとかなるという気持ちを同行者に抱かせた。

因に、本書の本文は〈この書を故原田正純先生に捧ぐ〉ではじまっている。

無機ヒ素は、昔から「毒物の王」と呼ばれ、殺人にも使われてきた（有機ヒ素はほぼ無害であり、有機水銀と異なる）。本書で扱われているほとんどは経口慢性無機ヒ素中毒であり、ほぼすべてが地下水ヒ素汚染による。火山地帯、乾燥内陸流域、農業地帯、河口デルタ、太古は海であった地域、深井戸、鉱山・製錬業地域という共通する地理学的状況がある。慢性中毒は、雨滴状の色素沈着と色素脱失、角化症、ボーエン病（前がん状態）などの皮膚症状、多発神経炎、下肢の血行障害、鼻中隔穿孔など多彩な症状が出現する。約三十年の潜伏期を経ての発がん（皮膚がん、肺がんなど）が重大な問題である。わが国やＷＨＯのヒ素の飲料水水質基準は０・０１ｐｐｍ以下であるが、大部分の患者が飲水している井戸水は０・０５～１ｐｐｍの場合が多い。この汚染された井戸水を飲んでいる予備軍を含めた慢性中毒患者は、バングラデシュで約五千万人、中国で約二千万人、世界中で少なくとも八千万人以上と推定されている。

二〇〇〇年、ＡＡＮが最大の汚染地帯であるバングラデシュのダッカに事務所を設け、啓蒙と飲料水の改善に努めているのは、堀田先生（ら）による現地調査の当然の帰結だったかもしれない。しかし、これは〈国内問題は、外国の援助で解決した事例はない。基本的には、自分の国で生じた問題は自助努力で解決して欲しい〉という堀田先生の願いと相反する。それだけ、看過するには忍びない状態だったのであろう。一連の海外調査の主要な成果は次の二つのようだ。（一）中毒症状に個人差があるように、地域差もある。例えば、口内乾燥症が新疆ウイグル地区では高率に認められるが、土呂久では皆無である。（二）東南アジアの調査から、軽症型慢性ヒ素中毒症の存在を提唱した。

堀田先生の海外調査は、現地の研究者の受け入れが必須条件である。ITのない時代、文献や国際学会で知った研究者に手紙を書き、半年から一年をかけて調査日程を決めた。彼の渡航費用は自費であり、海外の研究者からは「ホビー（道楽）か？」と尋ねられるそうだ。道楽という言葉を気に入り、自分に相応しい、報告書を出す義務もないこのスタイルを今後も継続したい、と応じている。しかし、堀田先生の本質は「マジ」である。AANを立ち上げたのは、その証である。マジと道楽の絶妙なバランスが堀田先生の真骨頂だ。ヒ素汚染調査というマジと毎晩の酒盛りという道楽のハーモニーが、本書の最大の魅力かもしれない。

2014年

5月17日号（3158号）

『PM2・5、危惧される健康への影響』

●嵯峨井勝　●本の泉社

PM2・5の汚染源は中国とディーゼル車である――抵抗勢力の環境省と環境保健研究者とのこの道はいつか来た道因果関係論争記

霧黄なる市に動くや影法師（夏目漱石）

これは、一九〇二年一二月の帰国直前、親友の正岡子規の訃報に接し、ロンドンで詠まれた俳句である。黄色い霧とは、霧に石炭の煙が混じって滞留したスモッグである。一九五二年一二月には、このロンドンスモッグが非常に高い濃度になり、死者が一万人を超す大惨事となった。石炭の燃焼によって生じる煤や二酸化硫黄と路面電車からディーゼルバスに切り換わったばかりの排気ガスとの複合汚染と考えられている。この当時は、PM2・5は測定されていなかった。PM2・5とは、特定の物質を指すのではなく、大きさが2・5マイクロメートル以下の空気中に浮かんでいる微粒子のことである。ごく小さいためヒトの肺の奥まで到達することから、呼吸器系への影響が非常に大きい。多環芳香族炭化水素（ＰＨＡｓ：発がん性が高い）、元素状炭素（煤）、金属類（水銀など）、硫酸塩、硝酸塩などの有害物質を含むからだ。主な汚染源は、石炭、石油などの化石燃料である。このロンドンスモッグ事件が六〇年後に中国で再演された。

二〇一三年一月、在北京米国大使館は、北京のＰＭ２・５レベルが八八六マイクログラム／立方メートル（危険で緊急事態の警告という三〇〇～五〇〇を上回る。わが国の基準は三五以下）であることを観測した。外国人は、北京にいると咳をし、離れると治るという現象を「北京咳」と呼んで揶揄した。北京に一日滞在するとタバコを二〇本以上吸ったと同じ粒子量を吸い込んだことになるという。実際、多数の死者が出たらしい。これも主として石炭と自動車の排気ガスの複合汚染であった。二〇〇八年の北京オリンピックで、当時の世界記録保持者・ハイレ・ゲブレセラシェ選手（エチオピア）が気管支喘息の持病のため、大気汚染下でのマラソン出場を断念したことは記憶に新しい。

著者は、国立公害研究所（現・国立環境研究所）で大気汚染研究を開始し、疫学研究、動物実験で数多くの成果をあげてきた。本書はその集大成である。例えば、中国からのＰＭ２・５の越境汚染の割合は、二〇一〇年では九州で六一％、中国五九％、近畿五一％、関東でも三九%であったが、その汚染源が改善されることは当分望めそうになく、七〇マイクログラム/立方メートルを超えるような高濃度汚染のときには、次のように自分で対策を講じることを勧めている。①窓を閉める、洗濯物を外で干さない、②不急不要の外出はできるだけ控える、③屋外での激しい運動を控える、④できる限りマスクをつける、⑤アレルギー素因のあるヒトは、可能なら空気清浄器をつける、⑥こまめに掃除をする、⑦高感受性者はPM2・5汚染情報に気をつける。特に、幹線道路から五〇〜一〇〇メートル以内の住民は要注意である。さらに、中国やモンゴルの砂漠地帯から飛んでくる表面に細菌やカビがたくさん付着している黄砂をコントロールすることはほぼ不可能である。

著者らは、都会の浮遊粒子状物質は毒性の強いPM2・5が多く、一方、地方のものは毒性が少ないことを明らかにした。都会で問題になるPM2・5の大半はディーゼル車由来の微小粒子(DEP)であった。DEPは環境中に放出される化学物質の中で発がんリスクが最強で、ダイオキシンをも上回るそうだ。また、肺がんを含む呼吸器疾患のみならず、アレルギー疾患(花粉症、気管支喘息はDEPが出現するまでほとんどみられなかった)、循環器疾患、骨粗鬆症、および認知症の原因にもなる。石原慎太郎元東京都知事が一九九九年八月に開始して功を奏した「ディーゼル車NO作戦」は、彼が行った政治の中で最良のものの一つであろう。

本書のハイライトは、DEPによる気管支喘息発症の証明とその因果関係論争である。動物実験により、著者らはDEPが気管支喘息の原因物質であることを突き止めたが、旧環境庁はその報告書に約一〇〇カ所の修正・削除を求めた。当時、著者は環境庁の下部組織である国立環境研究所に属していたからであった。さらに、裁判でも国はDEPと気管支喘息との因果関係を否定するために、多くのいわゆる御用学者を動員して反論を試みた。これは、公害事件の象徴である水俣病のときと同じ図式だ。この道はいつか来た道である。国は、なぜ弱者である被害者の立場に立たず、（大）企業などの加害者の片棒をしばしば担ぐのであろうか。著者は、生死の境をさまようほどの苦労をして裁判の勝利を導いた。本書から国の本質が垣間みえるかもしれない。

6月14日号（3162号）

『人間と動物の病気を一緒にみる——医療を変える汎動物学《ズービキティ》の発想』

●バーバラ・N・ホロウィッツ、キャスリン・バウアーズ［著］　土屋晶子［訳］
●発行／インターシフト　発売／合同出版

人間と動物の病気には垣根はない——日本人が発見した「たこつぼ心筋症」をきっかけに生まれた汎動物学

四十年以上前、評者が医学生のとき、獣医学部の基礎医学系教科書が少なからず医学部と同じものであることを知って、意外に感じたことがあった。今思うと、自前の教科書もないのか、というやや上から目線の感想だったかもしれない。しかし、最近は六年制になった獣医学部の偏差値は医学部に肉薄し、上回る大学も少なくない。まるで、本書の出現を暗示するかのような現象だ。

肥大した脳をもち進化の頂点に立つ人間も動物である、という観点から、心臓専門医のホロウィッツとジャーナリストのバウアーズによって書かれたのが本書だ。人間と動物の病気の共通点に着目することによって、新たな治療法を見出そう、という試みを提唱している。

そのきっかけとなったのが、一九九〇年に佐藤光医師らが発見した「たこつぼ心筋症」であった。

たこつぼ心筋症とは、過度なストレスを受けた場合に出現し、急性冠症候群のような症状ながら冠動脈に狭窄がなく、心臓の筋肉が気絶して、まるでたこつぼのような形になる左心室収縮不全を来す疾患である。そのため、ブロークン・ハート症候群という別名をもつ。実際、阪神・淡路大震災（一九九五年）、新潟県中越地震（二〇〇四年）、東日本大震災（二〇一一年）などの大災害で発症が報告されている。

二〇〇五年、ホロウィッツはロサンゼルス動物園から心不全のエンペラータマリンの往診を依頼された。動物の診察に不慣れな彼女は、ただちにタマリンとアイコンタクトをとろうとした。とすぐに、獣医から中止要請があった。「捕獲性筋疾患が起きるから」と。彼女は、「なんてかわいいの。こわがらないで。あなたを助けにきたのだから」と知らせたかったのに、実は、「おなかがぺこぺこだ。お前はうまそうだな。これから食べてやる」と言い渡していたのだ。

捕獲されるような極度の恐怖に陥った動物がストレスホルモン（ノルアドレナリンなど）を急上昇させて、時に体全体の筋肉、特に心筋の働きを損なうことがある。ストレスによるヒトの心臓麻痺と、動物の捕獲性筋障害の特徴をそれぞれ並べていくと、数多くの類似点があり、ホロウィッツの脳裏に当時心臓専門医の間で話題になっていたたこつぼ心筋症が突然ひらめいた。「たこつぼ心筋症と動物の捕獲性筋疾患時の心臓機能障害は同じものではないか」。

実は、一九九〇年よりもはるか前から、獣医はこの障害が心臓に起こることを知っていた。獣医学生なら最初の学年で習うことを、ヒト相手の医師は一九九〇年になってやっと発見したのだ。また、わずか一世紀前は、同じ医師が動物もヒトも区別なく治療をしていた。そのため、ホロウィッツの疑問はごく自然なものに見えた。「それぞれの病名を隔てる深い裂け目が問題なのだ。動物が罹るヒトの病気は他にどんなものがあるだろう」。著者らは精力的に作業を開始し、リストアップしたヒトの疾病には、「ジュラ紀のがん」から「文明病」まで、その病気とかかわり合いがある動物が必ず見つかった。

こうして、獣医学・医学・進化医学の新たな統合を呼び表す用語「汎動物学」(zoobiquity)が誕生した。「動物」を表すギリシャ語zoと、「遍在」を意味するラテン語ubiqueをつなげ、二つの(ギリシャとラテン)文化を結び合わせている。そこには、ヒトの医学と獣医学の二つの「文化」を合体させる試みだから、という思いが入っていた。

具体的な症例は、「なぜ気絶するのか」からはじまる。多くの動物は危険に直面したとき、「戦うか、逃げるか」以外に生存の可能性を高めるために他のわざも用意した。失神だ。強いストレスに晒されたとき、ヒトでは迷走神経徐脈、動物では警戒性徐脈と呼ばれる心拍がゆっくりになる反応を示して、うまく死んだふりができたり失神に陥ったりし、捕食者がだまされて行ってしまう場合がある。徐脈は弱い立場の動物がじっとしているのに役立つ。興味深いことに、妊婦が大音響などのストレスを受けると、胎児の心拍が急低下する。さらに、おくるみ（スワドリング）した赤ん坊をうつぶせ寝にして、突然大きな音をたてると、乳幼児突然死症候群（ＳＩＤＳ）が発症するリスクが三倍になる。うつぶせ寝とおくるみによる拘束が相乗的に心臓の動きを遅くさせ、びっくりするような音が、捕食者による拘束だと脳に勘違いさせ、心拍動を致命的なまでに間延びさせてしまうのだ。未完成のＳＩＤＳのジグゾーパズルには、汎動物学のピースがはめこまれるだろう。

こういった調子で、哺乳動物以外にも恐竜や魚、昆虫にまで対象を広げて、がん、セックス、麻薬、肥満、自傷行為、摂食障害、性感染症やいじめなど目からうろこの話題が次々に出てくる。米国で生まれたワンヘルス（健康に動物とヒトの区別はないという運動スローガン）の主張は、わが国でも大きな意味をもつに違いない。

7月5日号（3165号）

『にわかには信じられない遺伝子の不思議な物語』

●サム・キーン［著］　大田直子［訳］　●朝日新聞出版

DNAですべては決まらない
――ヒトゲノムの8パーセントは昔のウイルス遺伝子である

ＤＮＡや遺伝子の本は山ほどある。サイエンス・ライターによる本書もその仲間だ。しかし定番の、遠い微生物の過去から哺乳動物までの進化の歴史を辿る記述はごく補助的な役割に過ぎない。全十六章の大半は、ヒトＤＮＡにまつわるエピソードが紹介されている。全米ベストセラー・ノンフィクションになった『スプーンと元素周期表「最も簡潔な人類史」への手引き』の二年後に同じ著者から出版された本書が同様に全米ベストセラーとなったのは、表題どおりのにわかには信じられない話で満載のほか、「キュヴィエとラマルクの性分は一七九度ちがっていた」のような独特の言い回しの魅力にもあるのだろう。本書では、ＤＮＡはものであり指にくっつく化学物質であり、遺伝子はＤＮＡという言語で書かれた情報であり概念である、と両者は区別されている。両者が組み合わさったものが染色体だ。そのにわかには信じられない話とは。

　一卵性双生児は、ＤＮＡがまったく同一であるにもかかわらず、性格ばかりか顔つきでさえ年を追うごとに差がはっきりしていく。それは遺伝子の変化によるものではなく、多くはエピジェネティックな変化による。エピジェネティクスとは、「ＤＮＡ配列の変化によらずに、遺伝子発現を長期的または恒久的に活性化させたり不活性化させたりする仕組み」の総称である。たとえば、体内外の環境要因の変化によって、ＤＮＡ塩基のメチル化〔メチル基（ＣＨ３―）が水素原子と置き換わり、一般に遺伝子を不活性化（スイッチをオフ）するエピジェネティクスでとりわけ重要な反応〕や、ヒストン（ＤＮＡを核内に収納するタンパク質）のメチル化、アセチル化〔水素原子とアセチル基（ＣＨ３ＣＯ―）の置換であり、遺伝子の発現を活性化（スイッチをオン）させる〕などによる遺伝子発現の変化を指す。すなわち、遺伝子が細胞を制御しているのではなく、細胞が遺伝子を制御しており、ＤＮＡではすべてが決まらないのだ。このエピジェネティックな変化は受精直後から早くもはじまっている。双子の片割れが殺人を犯しても、ＤＮＡ鑑定では区別がつかないので両方ともつかまらない、というストーリーは成立しなくなる。二人のエピゲノムが区別を可能にする。三四歳で引退するまで顔のホクロが見分けに必要だったザ・ピーナッツは例外の部類のようだ。

このエピジェネティックな変化は、一部子どもにもち込まれる可能性がある。つまり、獲得形質が子孫に遺伝するのだ。否定され続けたラマルクの用不用説の復活である。男性の場合、とりわけ思春期直前の成長遅滞期、つまり九歳から一二歳までのパフォーマンスが重要だ。この時期に喫煙をはじめた男性は、もっと後にはじめた男性よりも太った子、特に太った男の子をもつ。この頃、男性は精子になる細胞の在庫を蓄えはじめる。そのため、成長遅滞期に喫煙をはじめると、精子の前駆体に異常なメチルやアセチルのパターンが刷り込まれ、そのパターンは実際の精子に刷り込まれる。同様の現象が、飢餓や飽食など種々の状況でも確認されている。実際に遺伝に関係する、すなわちタンパク質をコードするDNA(ヒト遺伝子)は、全DNAのわずか二パーセントである。実は、八パーセント以上は昔のウイルス遺伝子なのだ。人類はヒトであるより四倍もウイルスなのである。がんやエイズなどの病気を引き起こすウイルスではなく、ビフィズス菌などの腸内細菌のように、体内に住むウイルスが宿主に害を与えないように進化するとともに、宿主も自分にとってメリットがあるのならば、そういったウイルスに対しては免疫反応を起こさないように進化をした結果であろう。

たとえば、ウイルスはアミラーゼが膵液以外に唾液の中でも働くようにスイッチをつくり、その結果、でんぷん質の食べ物が口の中で甘く感じられるようになった。そのスイッチがなければ、ヒトはパンやパスタや穀物を求めるでんぷん好きにはきっとなっていない。残りのDNAは、長らくジャンクDNAと呼ばれ、ムダな領域と思われていた。しかし、ごく最近、このジャンクDNAが低分子干渉RNA（SiRNA）をつくってセントラルドグマ〔DNA→（転写）→mRNA→（翻訳）→タンパク質〕に干渉し、エピジェネティクスのように影響を与えることがわかってきた。ここでも、獲得形質の遺伝が示唆されている。

約七万年前、インドネシアのトバ山が地球の歴史上最大級の噴火を起こした。この噴出物の影響で地球は劇的に寒冷化し、人類は絶滅しかけた。成人が二〜三千人になったという報告が少なくないが、四〇人まで落ち込んだという推定値すらある。ネアンデルタール人との混血などを経ても（私たちのDNAの二〜三パーセントはネアンデルタール人由来）、ヒトDNAの多様性がごく小さいのはこのボトルネックによるらしい。ウイルスやネアンデルタール人やさまざまな生物と共存してきた人類を思うと、次の本書のエンディングに素直に賛同したくなる。「遺伝科学がもたらす最も重大な変化は、即時診断でも特効薬でもなく、心や精神の豊かさではないだろうか。私たち人間はどういう存在であり、地球上のほかの生命とどう調和するかについて、おおらかな気持になれる」。

9月20日号（3175号）

『地図のない場所で眠りたい』

●高野秀行、角幡唯介　●講談社

意外な作家養成所
――なぜ探検部出身者に作家が多いのか

二十歳で夭折した天才画家・関根正二のヴァーミリオン（朱色）。こもった熱さを表している。この若いときのこもった熱さを持ち続け、具体的に行動し、具体的に本として表現している、十歳離れた早稲田大学探検部出身者の対談集である。二人の第三五回講談社ノンフィクション賞の同時受賞を記念して企画された。年長の高野はデビュー作の『幻獣ムベンベを追え』（集英社文庫）を除くと、達者な語学力を生かして主に人間を対象にした探検を、一方、角幡は出世作の『空白の五マイル――チベット、世界最大のツアンポー峡谷に挑む』（集英社）をはじめ、北極圏など大自然を対象にした探検を主に行ってきた。二人のスタンスはなかなかの自然体で、高野の次の言葉に象徴される。〈「冒険・探検がいつ好きになって探検部に入ったのか」という聞かれ方をよくされるんだけど、そうじゃなくて、みんな昔は好きだったのにどんどんやめてっちゃって〉。

実は、評者も探検部出身者である。そのため、ガッテン、ガッテンと、まるでかつての仲間の対談集を読んでいるような気分になった。最もガッテンした三点は、（一）探検部のいいところというのは、学生時代になにをやったかというのを卒業してから問わないこと。現役時代、なにもやっていないやつもいるわけ。だからといって分け隔てすることがない。それはすごくいいところ（探検は競争競技ではないからか。さらに加えると、現在の職業、社会的地位も付き合い・評価にまったく関係しない。探検部には横から目線しかないようだ）、（二）多くの部員はなんだか決まりが悪そうな感じで大手企業に就職していき、世間常識的には大手企業就職組が勝ち組なのだが、探検部的には高野、角幡たちが勝ち組で就職組がドロップアウトしたことになってしまっている（このような斜めから目線は存在する）、（三）角幡の旅はすべて自腹である。お金を出してもらうと、（北極圏に衛星電話もGPSも持たずにという）自分のこだわりが変形されてしまうのが怖い（一九八四年の植村直己のマッキンリー遭難も、スポンサーシップと無縁ではないであろう。余談であるが、自腹でフランス取材旅行などを行った池波正太郎と、出版社丸抱えの大名取材旅行を行った山口瞳とは、没後の書店での扱いがまるで違った。没後も売り場の一角を占めた池波に対し、山口の本の多くは潮が引いたように消えてしまった。大名旅行もろもろの反動だといわれている)、である。「かくれんぼの鬼とかれざるまま老いて誰をさがしにくる村祭」(寺山修司)。

二人が文章を書くのは、鬼のまんま大人になってしまい、人生に充足感がないからだ。その充足感を村祭のように探検や冒険に求めているのだ。角幡は、〈僕は文章を書くために探検をやっているところがある〉とまで述べている。高野も同様だ。〈俺自身はやっぱり文章を書かないではいられないんだよね。それは、自分に欠けているものがあるということなんだよ〉。すなわち、探検や冒険は、行って半分、書いて半分なのだ。後半の半分をどうするかというのは、現地でやることに匹敵する大問題なのである。現場＝行き当たりばったり、原稿書き＝緻密で周到という図式である。二人はこれほどまで書くことに執着しており、願いは〈何をしているのかではなく何を書いているのかで評価してほしい〉であり、〈ノンフィクションと小説はジャンルが違うけど、でも、小説よりもおもしろいものを書いてやりたい〉である。

その他にも、早稲田大学探検部は西木正明、船戸与一という二名の直木賞作家を輩出している。特に船戸は、高野、角幡によると、ノンフィクションからフィクションに行って成功した唯一の例らしい。他大学探検部でも、一九五六年にわが国初の探検部を京都大学に創設した本多勝一をはじめ、星野道夫（慶應義塾大学）、高山文彦（法政大学）、吉田敏浩（明治大学）、関野吉晴（一橋大学）、磯貝浩（上智大学）、長倉洋海（同志社大学）、川成洋、新妻昭夫（北海道大学）ら、へたな文芸サークルよりも多くの作家を世に出している。高野は、なぜ探検部に作家が多いのかについて、〈探検部のやっていることはとにかくわけがわからない。それを人に納得させるということを大学時代に一所懸命やっていると、それはプロにつながりやすい〉と推測している。

角幡は、探検というのは基本的に土地の話で、冒険というのは人の物語、と定義している。何でも理屈をつけるのは探検部の習性だが、両者の境界がクリアでないことを承知の上のことだろう。ただ、探検とは人が予想できないことをやる、あるいは主流＝世間の常識とは違った手法やモノの見方で、裏側から世の中の重要な側面を見てやろうという動機を無意識のうちに抱えている、という探検部マインドは、他のさまざまな分野からも共鳴してもらえるのではないだろうか。

10月4日号（3177号）

『遺伝子が語る生命38億年の謎——なぜ、ゾウはネズミより長生きか？』

●国立遺伝学研究所［編］　●悠書館

身体をつくる設計図はどこにもない——進化の歴史は、ジグソーパズルと突然変異の繰り返し

本書のサブタイトルを見て、多くのヒトはベストセラー『ゾウの時間　ネズミの時間——サイズの生物学』（本川達雄著、中公新書）を思い浮かべることだろう。これは、どの哺乳類の心臓も一生の間に約二〇億回の鼓動を打ち、ネズミの心周期は約〇・二秒、ゾウは約三秒であるので、ゾウの方がはるかに長生きである、というストーリーである。一方、本書では、ハツカネズミの寿命が三年であるのに対し、ゾウが七〇年も生きるのは老化遺伝子の違いであり、例えばゾウの方が圧倒的にがんになりにくい、というストーリーだが、その謎はまだ解けていない、としている。ただ、老化や紫外線などで傷ついたＤＮＡの修復機構の解明に寿命研究の鍵がありそうだ。このように、本書は遺伝学の立場から、生物進化、人類進

化、ゲノム、細胞と染色体、および発生と脳についての謎を一九のトピックスに分けて一般向けにわかりやすく解説している。これらの解説は、「人間とは何か」という疑問に答えられる日にベクトルを合わせているかのようだ。本書は、国立遺伝学研究所六〇周年記念事業の一環として出版され、現・旧研究者が執筆を分担した。一九の不思議はいずれもおもしろいが、とりわけ興味深いものをいくつか紹介したい。

〈「私たちのからだのように複雑で機能的な形状が、どうのようにして出来上がるのか？」生命の設計図であるゲノムＤＮＡが解読されても、生命の神秘に対する謎は尽きそうにありません〉

たくさんの小さな材料をどのように組み合わせて細胞を形づくり、さらには細胞を寄せ集めてからだをつくる重要な情報は、ゲノムＤＮＡには（直接は）書かれていない。細胞建築の材料となるタンパク質などは、表面に多数の凹凸がある複雑な形をしている。この複雑な表面を使って、タンパク質は「鍵と鍵穴」のようにぴったり形が一致する特定のタンパク質と強く結合できる。このようにして、それぞれのタンパク質が特定のタンパク質と決まった形で強固に結合することが次々と起これば、適切な材料を混ぜるだけで「勝手に」小さな材料から大きな構造体ができあがる。「自己組織化」である。このタンパク質間の相補性は、まるでジグソーパズルのようだ。突然変異によって新しいピースが作り出されると、新しいジグソーパズルがスタートする。この繰り返しによって生物は少しずつ進化の歴史を辿ってきたのだろう。しかし、細胞がどのように建築されているのか（例えば、細胞にも核にも目がないにもかかわらず、細胞が大きければ核も大きく、小さければ核も小さいのはなぜか）は、謎のままだ。まして、細胞が集まって個体ができるまでの段階も謎の宝庫である。おそらく、細胞の自己組織化、すなわち、細胞間にもジグソーパズルが存在しているのかもしれない。

〈「もてるタイプ」の進化遺伝学はこれからの学問分野です〉

世の中にたえて女のなかりせばをとこの心はのどけからまし（蜀山人）

生物は進化の過程で雌雄にわかれて以来、オス（男）はメス（女）を求めて涙ぐましい努力が始まった。クジャクの装飾的な尾羽やカブトムシの角などの性的二形。アオアズマヤドリの求愛ダンスやセミの発音装置などのパフォーマンスもある。本書では、「もてる」ために装置を大きくするオスの努力を紹介している。頭を異常に誇張したハンマーヘッドフライと片方だけ極端に大きくなったハサミ脚をもつシオマネキ。それぞれは実際は役立たずだが（あるいは、むしろマイナスだが）、メスの関心を集めるには効果的である。これらの変化は、つがいの相手を得るための同性間の競争に勝ち抜くため、という性選択が考えられている。一方、肥大した頭やハサミとそれらを好むメス、形の変化と好みが一緒に進化した結果のはずだが、好みがどのように形成され、どのように進化するのか、「もてるタイプ」の進化遺伝学はこれからの学問分野である。

〈ＡＢＯ式血液型のそれぞれが有利となる場面があるのでしょうか？〉

ＤＮＡ塩基配列の結果から、ＡＢＯ血液型はＡ型が祖先型であることがわかっている。次にＢ型が生じ、それから何回もＡＢＯ式血液型の多型が生じていることから、多型が保たれるような自然選択が働いていると考えられる。すなわち、ＡＢＯ式血液型の違いは細胞表面の糖鎖の種類であることより、特に免疫学的に有利になる場面がそれぞれの型にあったのかもしれない。例えば、Ｏ型はすい臓がんなどのがんになる確率が低く、マラリアにも強く、一方、Ｂ型はコレラになりにくいなどである。さらに、Ｂ型には百寿者（百歳以上の高齢者）が多いという研究もある。しかし、日常茶飯事になっている血液型性格判断には、目下のところ科学的根拠はないらしい。おそらく、ＡＢＯ式を含む血液型にはたくさんの不思議が隠れているに違いない。

こうして、生命三八億年の謎が現在どこまでわかっていて、何がわかっていないのかを知ることは、上質なミステリー小説の佳境のページを読んでいるようで、とてもワクワクする気分になる。

12月13日号(3186号)

『山女日記』

歩きながら考えると頭の中がまとまる——山女も登山中はいろいろな考えが浮かんでは消える

●湊かなえ　●幻冬舎

歩きながら考えると、景色が変わり思考が弾力をもち、次々と回想が湧き起こったり、新しい考えが浮かんだりする。歩くことは、脳を活性化して頭をよくするという効能を有することが科学的に立証されている。登山は、歩くことの究極の一形態であろう。あの『告白』(双葉社)の著者が、山を舞台にした連作長編を書いた。二十代前半から四十代半ばの初心者やヴェテランの山女七人が、登山中に恋愛や結婚について想いを巡らす七つの短編が有機的に繋がっている。すなわち、舞台が七つあり、日本百名山の妙高山、火打山、槍ヶ岳、利尻山、白馬岳、三百名山の金時山、世界複合遺産のトンガリロと、いずれも著者にはやや意外なブランド名ばかりである。

著者は真梨幸子らとともに、〝イヤミス〟（読んだ後にイヤな気分になるミステリー）の旗手の一人だ。本書は、一見そんなブラックを感じさせないほのぼのタッチで描かれているようだが、例えば次のような理由で、やはりイライラ感がじわじわ湧いてくる。

①月も雲間なきは嫌にて候（村田珠光）：完全さをちょっと壊して、巧みに空白地帯やグレーゾーンをつくるのは著者の常套手段である。妙高山では、頂上での至福のときを過ごしながら、登山を〈どこがゴールかわからない。何がゴールかわからない〉として、〈結婚するか否か、そういうことではないはずだ〉と律子の結婚への揺れた気持ちを登山になぞらえている。一方、〈あと少しで頂上だからがんばってね〉と〈まったく、ゴールしたあとの人が言う、あともう少し、ほどあてにならないものはない。それでも歩き続けるのはゴールが存在することを知っているからだ〉という食い違いを（おそらく）したり顔で書くのだ。

②同行二人：池波正太郎は、小説は登場者が勝手に動き出し、それで物語ができていく、と語ったそうだ。著者にもその手法がみられる。しかし、著者の場合、特に各主人公については弘法大師ならぬ著者自身の影がしばしば感じられる。これは、著者が予め全登場者の履歴書を作成してから執筆を開始するためであろうが、池波と異なりときどきアーティフィシャルな動きに見え、イライラ感を募らせる。

本書は、一環として登山を魅力あるパフォーマンスとして肯定的に捉えている。トンガリロでは、恋人と別れた柚月に、〈あのこじれた状況にあっても、二人で山に登っていたら……〉とまで言わせている。本書の直前に出版された、四十歳目前の山女の登山小説『八月の六日間』（北村薫、KADOKAWA）の売れ行きも好調である。山女という新しい小説のジャンルの到来を予感させる。それにしても、著者は実際にこれらの山に登ったのか、ぜひ「告白」していただきたいものだ。

2015年

1月10日号（3189号）

『四人組がいた。』

健康寿命を延ばす元気が出る小説
――髙村薫の愉快でシュールな新世界

●髙村薫　●文藝春秋

わが国は、男性が世界で第八位、女性が第一位の長寿国である。一方、平均寿命と健康寿命（介護の必要がなく健康的に生活できる期間）との開きは、男性で九年、女性で十二年もある。すなわち、人生の最後が十年前後、ほぼ寝たきりや認知症状態なのである。この乖離の縮小が国の政策の最重要課題の一つとなっている。このたび、この乖離をふっ飛ばすような元気のよい老人四人組の愉快でシュールな小説が、『李歐』（講談社）、『リヴィエラを撃て』（新潮社）のあの髙村薫によって書かれた。

四人とは、自称村一番の教養人の元村長、自称元プレイボーイの郵便局長、自称村一番の常識人の元助役、自称小股の切れ上がった熟女のキクエ小母さんであり、舞台は、山梨県あたりにあると思われる限界集落で、旧バス道沿いの郵便局兼集会場をコアに山また山の村中に、時に東京まで広がる。彼らのキャラクターは、山崎朋子の『サンダカン八番娼館　底辺女性史序章』（筑摩書房）の主人公・おサキさんと真逆と言えばおわかりだろうか。つまり、謙虚さのかけらもなく、好奇心旺盛で実行力抜群だが、おサキさん同様に悪人ではない。彼らは、冬枯れになってゆく山を仰いでは己が来し方行く末に思いを馳せたり、ちまちまと備忘録を読み返してみたりといった人生にはなおも完全に無縁であり、退屈や所在なさを託つひまもなく何か愉快なことはないかと眼を皿にし、何も見つからなければ自分たちで愉快なことをつくりだすのに余念がないのだ。いざとなれば、彼らの結束は松の内明けの鏡餅ほど固い。四人が日がな一日を過ごす集会場に訪問客があると、十二の物語がそれぞれスタートする。

まず、村おこしに利用しようとした自称気球アーティストからはじまり、徐々に漫画家・杉浦茂のように奇想天外度が増し（四人は動物と会話ができるのだ）、十二話目は閻魔やアミダまで登場する。圧巻は、お台場海浜公園ならぬ都立潮風公園での、これまたＡＫＢ48ならぬポンポコ子ダヌキ四十八匹が人間に化けたＴＮＢ48のステージである。民放各局が中継のテレビカメラを回すなか、フィナーレの「ヘビーローテーション」ならぬ「ベビーローション」では、人間から元に戻った子ダヌキがラストまで歌い続け、バックでは四人を含む四十人のジジババたちが入れ歯を鳴らし、骨を鳴らして、腰よ砕けよとばかりに激しく踊り狂った。

本書には、耕作放棄地、集中豪雨、過疎化、青汁、ブログ、アクセス数ランキング、市町村合併、後期高齢者、マカロン、保育所、すきやばし次郎、千の風など、時事ネタが次々と出てくる。そのため、風刺小説という見方もできようが、ここではもっと大らかに広く、元気を与え健康寿命を延ばす物語と捉えたい。なにせ、四人が好きなものは、一に金、二に金、三、四がなくて五に異性、もしくは美食、もしくは名誉なのだ。おまけに彼らは不死身のようであり、これ以上の元気印の小説は滅多にあるまい。

1月24日号（3191号）

『忘却の声 上・下』

●アリス・ラプラント［著］　玉木亨［訳］　●東京創元社

認知症とは幻覚を受け入れること
――認知症患者の視点で語られる殺人事件

認知症患者数は、六十五歳以上の高齢者人口のほぼ十パーセントに達している。二〇二〇年には、三三五万人まで増加するらしい。一方、予備軍も含めると八六二万人に達し、高齢者の四人に一人は認知症という報告もある。最多の原因はアルツハイマー型認知症であり、女性に多い。高齢化社会の今日、認知症はまさに明日はわが身であろう。

主人公ジェニファー・ホワイトは手が専門の手練れの整形外科医だったが、六十歳頃にアルツハイマーに罹患し、進行した数年後に、近所に住む年長の親友アマンダ・オトゥールの殺人の疑いをかけられた。なぜなら、右手の四本の指が見事に切断されていたからだ。本書は、その殺人から犯人が明らかになるまでのプロセスが、主人公の不安定な独白とノートに書いた手記を中心に、次に述べる数少ない登場人物との対話や彼らのノートへの書き込みなどによって綴られている。すなわち、認知症患者が語るミステリともいえる。明日はわが身の読者が、実際に認知症を模擬体験できそうな実験小説である。

冒頭直後に、キッチンの壁に貼られた掲示が出てくる。「わたしの名前はドクター・ジェニファー・ホワイト。わたしは六十四歳。わたしは認知症。わたしの息子マークは二十九歳。私の娘フィオナは二十四歳。介護人のマグダレーナがわたしといっしょに暮らしている」。他の主な登場者は、殺されたアマンダとその夫ピーター、ジェニファーの夫ジェイムズであり、医療・警察関係者などが加わる。これらの登場者間の絡みや筋を追うことはあまり意味がない。本書を楽しめるかどうかは、ジェニファーと一緒に彼女の意識の流れに乗ることができるか、幻覚のジェットコースターから振り落とされないか、にかかっているだろう。認知症は、調子の悪いときがあればよいときもある。よいときに実に魅力的な台詞を発することがある。

「人の一生をふり返るとき、目につくのは極端な部分だ。山と谷。彼（ジェニファーの不倫相手のドクターで、フィオナの父であることが示唆される）はもっとも高い山のひとつだった。ある意味では、ジェイムズよりも大きくそびえていた。ジェイムズがわたしの人生という風景のなかの中心となる山であるならば、このもうひとりの男性はちがう種類の頂点を形成していた。より高く、より鋭い峰。その崩れやすい断崖絶壁の上に、なにかを築くことはできなかった。だが、そこからの眺めは最高だった」。一方、〈認知症の患者に愛している人をたずねてみても、なんの反応もかえってこない。けれども憎んでいる人のことをたずねると、記憶がどっと甦ってくる〉そうだ。

結末のどんでん返しは想定内だ。つまり、本書をミステリとして読むのではなく、ジェニファーの幻覚と一体化ができるか、が鍵かもしれない。ジェニファーは呟く。「幻覚は、じつに色鮮やかで、五感がすべて覚醒させられる。幻覚を受けいれること。それでじゅうぶんなのだ」。

2月28日号（3196号）

『理不尽な進化――遺伝子と運のあいだ』

●吉川浩満 ●朝日出版社

進化論は「自然の説明」と「歴史の理解」の真ん中に位置する――進化論は生命の樹と自然淘汰の二つの柱からなる

「歴史は決して出来事の連続ではありません。出来事を調べるのは科学です。けれども、歴史家は人間が出来事をどういう風に経験したか、その出来事にどのような意味合いを認めてきたかという、人間の精神なり、思想なりを扱うのです」（小林秀雄：『学生との対話』、新潮社）。

このエピグラフの「出来事を調べるのは科学」が表題の「自然の説明」に相当し、それ以下が「歴史の理解」にあたる。本書のタイトルは、〈生物の歴史が教えるのは、これまで地球上に出現した生物種のうち、じつに九九・九パーセントが絶滅してきたという事実である。私たちを含む〇・一パーセントの生き残りでさえ、まだ絶滅していないというだけで、いずれは絶滅することになるだろう。……天体衝突によって絶滅した恐竜のように、その多くは劣っていたからというよりも、運がわるかったせいで絶滅したにすぎない〉という記述に由来している。さらに冒頭に、〈本書は生き残った生物のサクセスストーリーの歴史ではなく、絶滅という観点から生物の進化をとらえかえしてみようと提案する。敗者の側から見た失敗の歴史、日の当たらない裏街道の歴史を覗いてみるのである〉とあるので、絶滅という視点からの進化史と思ったら、見事に裏切られた。

自然の説明（自然淘汰説：あらゆる人間的要素を除去しようとする恒常的な努力である科学）と歴史の理解という二本柱から成り立つ進化論（ダーウィニズム）、またはダーウィンが組み合わせた生命の樹（すべての生物は単一あるいは少数の共通の祖先から枝分かれしてきたものであり、たがいに類縁関係にあるという考え）と自然淘汰という二つの大きな柱をベースに、さまざまな文献を引用して吉川進化論または吉川進化史観とでも呼べる著者の進化観が展開されていく。

特に、ダーウィンの思想的後継者であるドーキンスと修正ダーウィニズムを唱えるグールドとの有名な論争（ドーキンスは神は妄想であり進化は論理的に説明できると自然淘汰を徹底的に重視し、他方、グールドは神と科学は共存できると歴史に重きをおいた）に重点をおくが、後者をドン・キホーテ的敗者と結論している。しかし、グールドへの視線はあくまでやさしい。まさに、敗者側からの歴史である。たとえば、〈この世界が淘汰に支配されているとしたとき、雄（カマキリの雄への願望）はどうして交尾した後に血のしたたるごちそうとなるのか？　この問いに対し、一定の状況ではそうすることによって雄はみずからの繁殖成功度を高めるのである、と忠実な淘汰主義者は答える。……グールドが反対したのは、自然淘汰というこのような機能主義的な歴史を、そのままイコール歴史そのものとみなすことだった。適応主義プログラムは適応という窓から覗いた歴史を語るが、その窓から見えない事象については（職務上）無視せざるをえない〉と、たいていの場合、頭上にもう一つの別の（しばしば忘れられている）進化原理があることを示唆するグールドを頭から否定しているようには感じられない。

ドーキンスは、自然淘汰は盲目で、意識をもたない自動的過程であり、何の目的をももっていない……将来計画もなければ、視野も、見通しも、展望も何もないので、「盲目の時計職人」と呼んだ。一方、歴史を完全に捉える方法を人間はまだ発明していない。つまり、どの事実を記述するべきなのかという選択がすでになされていなければ、何もはじまらない。その意味で、歴史家は必然的に選択的だ。つまり、本書は理系よりも文系の進化論といえるかもしれない。

こうして、エンディングは次の山室信一の言葉が相応しい。〈するすると時代の趨勢に乗ってはいけないということです。ざらざらとした感じで時代に付き合っていくというか、常に時代の大勢と違うスタンスをあえて取る決意が必要だということです〉（朝日新聞二〇一五年一月二九日）。

3月21日号（3199号）

『山の文芸誌「アルプ」と串田孫一』

「山と溪谷」「岳人」の他に、「アルプ」という山の雑誌があった
——山の文芸雑誌を目指した串田孫一

●中村誠　●青弓社

古代ギリシャの哲学者・エピクロスに由来するエピキュリアンは、ややネガティブなイメージをもたれている。しかし、彼が言う快楽とは身体の痛みと精神の乱れのない状態、すなわち、マイナスに働く不快がない状態であった。具体的には、自らの感覚器を研ぎ澄まして外界の情報を取り込み、それによって内的世界を変容させ、満ちたものにするという、むしろストイックなものであった。

三菱銀行会長を父にもち、詩人、哲学者、随筆家、イラストレーター、ラジオのパーソナリティ、登山家などいくつもの顔を有し、語りかけの口調多用の『羊飼の時計』などの詩集、『山のパンセ』を代表とする抒情的な随筆集などからも、串田孫一は軟弱なディレッタント

と見なされがちであった。しかし、串田の登山観を知る上で重要な鳥甲山（日本二百名山、長野県）は、地図を眺めていて「岩の記号を見ていると谷川岳に似ている」という、冒険的な要素を重んじて登山対象の山として選択した。さらに、「山に危険が全くなかったら、人はこんなに山に登りたがりはしなかったろう」とあるように、串田の登山の根源には、危険や未知に向かおうとする冒険的・探検的な要素が存在し、決して軟弱ではなかった。

代表的な山岳雑誌「山と溪谷」は一九三〇年、「岳人」は一九四七年に創刊され、後者は出版社を変えているが、ともに今日まで続いている。戦後、日本山岳会と学生が主導していた登山界は社会人山岳会をコアに大衆化が進み、一九五六年のマナスル初登頂が昭和三〇年代の登山ブームの決定的な要因として作用した。そうした状況下の一九五八年、串田孫一が編集の中心となって「アルプ」が誕生し、一九八三年に第三百号で終刊になるまで強く関与し続けた。「アルプ」とは高山山腹の放牧場を意味し、創刊号では「ここよりなお高い山へと進み、山から下って来たものが、荷を下ろして憩わずにはいられないこの豊饒な草原は、山が文学として、また芸術として、燃焼し結晶し歌となる場所でもあると思う」と宣言された。

串田の山の著述の一つの特色は、時系列を追いながら逐一行動を記すというものではなく、具体性が乏しく地名すらはっきり入れないものが多い。おそらく、山について書こうとしたのではなく、自己自身を書こうとしたのである。つまり、串田も「アルプ」も、登山をとおして「自らの感覚器を研ぎ澄まして外界の情報を取り込み、それによって内的世界を変容させ、満ちたものにする」山岳文学を目指したに違いない。このように、「アルプ」は「山と渓谷」「岳人」などの実用雑誌とは一線を画していた。詩人・画家・辻まことをはじめとする多彩な執筆陣による山の文芸誌として格調の高さを保っていたが、徐々にサークル的な仲間意識を醸成するような雰囲気に陥り、ついには山や登山に関係ない内容の作品が大半を占める号も出て、山岳の世界でその特異な個性を発揮しえなくなってしまった。

こうして、山岳文学の進むべき道が問われる。桑原武夫が「文学としての紀行文になる他はない」という見解を示し、あくまでも〈山岳〉から発して、それが〈文学〉として語られるべきだ、という論理を採用した。「文学としての紀行文」とは、登山家に独特の登り方があり、それが文学に表れたものを意味する。すなわち、文学者が登山に接近するのではなく、登山家側が文学に接近するのである。代表例として、古くは深田久弥、伊藤秀五郎、加藤文太郎、近くでは芳野満彦、小西正継、植村直己が挙げられている。当然、その中間世代の辻まこと、串田孫一も加わるだろう。今後、「山を書く」という行為がどのように展開されていくのだろうか。本書は、その一つのヒントとして山を舞台にしたフィクションを提案している。ごく最近、現に山女を主人公にした『八月の六日間』（北村薫、KADOKAWA）や『山女日記』（湊かなえ、幻冬舎）の売れ行きが好調であり、また、かつては『マークスの山』（高村薫、早川書房）がベストセラーになった。本書は、山岳文学を考える上でさまざまなヒントを与えてくれるであろう。

4月4日号（3201号）

『マンデー・モーニング』

一流救急病院の医療過誤検討会のノンフィクションのような緊張感——外科医の医療過誤と恋の交錯の物語

●サンジェイ・グプタ［著］　金原瑞人・小林みき［訳］　●柏書房

どんな名医でも医療過誤と無縁ではない。最近では、東京女子医科大学病院の小児の禁忌薬である麻酔薬「プロポフォール」投与事件、群馬大学医学部附属病院の腹腔鏡による肝臓切除術での大量死亡事件などが記憶に新しい。

本書の舞台は、最高レベルの急性期病院であり、一流の臨床研修病院でもあるミシガン州・チェルシー総合病院だ。本書のタイトルは、医療過誤の検討会（ＭＭ）、いや糾弾会が月曜日の朝六時から三一一号室で開かれることによる。クローズドな会へ参加する医師のポケベルへのメッセージは〈３１１・６〉、それだけだ。その中で特に優れた六名の医師が主人公だ。超一流の彼らでも、四名がＭＭの餌食になった。こうして、本書はフィクションでありながら医療ノンフィクション小説の体裁を整え、ＭＭのスピーディーな展開は、四十八の短編が有機的に繋がる構成もあって一気読みを強いられるほどおもしろい。一方、実は六名の医師をコアにした恋愛小説でもあり、こちらが本命といっても過言ではないほど興味深いものがある。

シドニー・サクセナ（心臓外科医）の場合。彼女は病院最優先であり、ポケベル依存症だ。恋人のロスがわざわざオンコールでない日のデートで婚約指輪を渡そうと目論んでいたにもかかわらず、持参したポケベルに反応して三十分中座したことにより、ロスの気持ちは後退した。しかし、シドニーには関係が壊れた理由が最後までわからなかった。その後、シドニーは三十歳の誕生日以来、毎年恒例の行事を実施した。公園のベンチに座り、若い母親たちと子どもたちのワイワイガヤガヤを眺めることだ。この光景の一部になりたいかどうかのテストだ。自分にも生物学的に繁殖欲求が内在していることを重々承知しているからだ。二十分後、答えは「ノー」だった。全然。ロスと別れた後、シドニーは一週間ほど寝こみ、ロスのことを忘れた。これで私の弱点は焼灼された、とシドニーは思った。今やなんの足かせもなく、自分が考える理想の医師を目指し、将来はハーディング・フーテン（脳外科科長兼外科部長、ＭＭの議事進行者）の席を引き継ぐことに百パーセント集中できると思い、実際に三十代で外科部長に就任した。フーテンが脳外科の手術で左右を取り違い、MMで糾弾された後に病院を去ったからだ。フーテンは、後継に確固とした理念をもち、自分にもまわりの人間にも完璧を求めるシドニーを推薦していた。「これでよかったのかもしれないわ」フーテンが手術のミスについて告白すると、一年くらい前から退職を勧めていた妻のマーサはいった。

外科部長に就任した日、シドニーは誕生日限定で訪れる公園に立ち寄り、大人になって初めて、子どもがほしいと切実に思った。これはフーテンの後任者に指名されたこと以上に衝撃的だった。そして、同僚のいつも寝不足みたいなビル・マクナス医師のことが頭に浮かんだ。父親は彼？　以前の十キロマラソン大会前のウォーミングアップで、突然ビルの何かが、シドニーの奥深いところを刺激した。それは、婚約寸前だったロスに別れを告げられて以来封印していた感情だ。そして、再び外科部長に就任した日。「今晩、お祝いディナーしないか？　僕の家で」とビル。「いいわね」とシドニー。

このように、各ストーリーは暗示的に終わることが多い。いわば寸止めだ。しかし、それはイライラ感ではなく予感だ。著者は現役の脳神経外科准教授であるが、小説としてもかなり質が高い。例えば、悪性腫瘍の中でもっともたちが悪い多形膠芽腫の最善の手術をフーテンにしてもらった優秀な韓国人脳外科医のスン・パクは、それでも残り時間が多くないことを知っていた。学校に行く子どもをバス停に見送って後、帰宅してそれを暗示させる表現。「悪いが」スンはいきなり妻にいった。「後でいう機会がないかもしれないからいっておく。先に逝くことになり、すまない」。

イケメンの敏腕脳外科医であるタイ・ウィルソンとの結果的に最後になった密会後、美貌で頭が切れ、三人の子もちの脳外科医ティナ・リッジウェイは自分に嫌気がさしてきた。少なくともあのときは、自分が快楽を得ただけでなく、タイにも快楽を与えられて満足だった。自分には、家庭では得られない男性の優しさと性的満足を得る権利が充分にあるといい聞かせ、快楽を求めた。しかし、院内の人工的な照明の下を急ぎながら、そんな考えは間違いだったと悟った。勝手な自己満足だ。私は私を裏切った。他方、医療過誤によって死期を早めてしまった少年クインの美人の母親アリソン・マクダニエルと病院のルールを外れてまでも謝罪のために会った後、タイは何かやり残したような気がした。アリソンの後姿を見送りながら、呼び止めたい衝動に駆られた。しかし、そうしたい理由がわからない。「アリソン」タイは独り言のようにつぶやいた。

息子ニックの運転ミスで亡くなった、元アメフト選手で体重一六〇キロの天才救命救急医だったジョージ・ヴィラヌエヴァの葬儀で、母親、つまりジョージの元妻リサは、あの人は歩く時限爆弾みたいなものだったのよ、とニックをなぐさめた。いつかはこうなったの、と。「あの人らしいわ」リサは息子にそういいながら、元夫の情熱にあふれた生き方を思い、交際中の気取った弁護士と別れる決心をした。

こうした六名の医師の愛や恋とさまざまな医療行為とが交錯して、物語はあっという間に終焉を迎える。最後は、兄と妹に夢で会い、クインの医療過誤のショックから立ち直ったタイが、手術室で発する言葉で終わる。「メス」。

4月25日号（3204号）

『放射線像――放射能を可視化する』

●森敏、加賀谷雅道［著］　●皓星社

福島第一原子力発電所からの大量放射性物質放出が可視化される――オートラジオグラフィーという手法を用いた、画期的な放射線像の作品集

「世の中には人の知恵の及ばぬ巡り会わせがある。それを誰が仕組むのかが、はは1、わしにはよく分からない」と長谷川平蔵（池波正太郎、「五月雨坊主」『鬼平犯科帳』、BSフジ）。東日本大震災はその最たるものだ。特に、半径五キロ圏内は永遠に住めぬともいわれている東京電力福島第一原子力発電所の炉心溶融（メルトダウン）、水素爆発による放射性物質の環境中への大量放出は実にせんないことだ。

全線開通したばかりの常磐自動車道を走った。広野ＩＣ付近から亘理ＩＣあたりまでの約百キロの間、南相馬市の避難指示解除準備区域が過ぎても延々と無人の廃墟が続く光景に、暗澹たる思いがした。最後に開通した帰宅困難区域があるホットエリアの常磐富岡ＩＣと浪

江ＩＣ間を中心とした三九・四キロ間に、九カ所の放射線量モニターが設置されている。東京都内の約百倍の放射線量を示す。しかし、モニターが存在しなければ何も分からない。放射線（放射能汚染）は目に見えず、耳に聞こえず、鼻に臭わず、肌に感ぜず、口で味わえないからだ。

このたび、オートラジオグラフィーという手法を用いて、この放射能を可視化した画期的な放射線像の作品集が刊行された。写真家の加賀谷雅道が浪江町、飯舘村や南相馬市などのホットスポットからサンプルを集め、オートラジオグラフィーの専門家である森敏東京大学名誉教授が可視化した合作である。オートラジオグラフィーとは、放射能汚染されたサンプルをＸ線フィルムに相当するイメージングプレートに乗せ、一定時間静置させた後、ＢＡＳと呼ばれる装置で読み取ったものである。放射性物質が発する放射線により黒く写る。サンプル中の放射性物質の分布と汚染の強さが分かり、内部が汚染されているのか外部が汚染されているのか、あるいは水に溶けた形で存在するのか放射性粒子として付着しているのかも、かなり推測できる。例えば、初期には降雨に含まれるセシウムが植物の表面に付着したが、今は内部汚染が中心であり、この方法により根から吸収された放射性物質が茎を通ってすべての葉脈や葉肉細胞まで分布しているのがひと目で分かる。

二〇一一年五月に伊達市で採取したつくしから二〇一四年十月の浪江町のお賽銭まで、植物（フローラ）ばかりではなく、アゲハ蝶、ウシガエル、ヤマドリ、ヘビ、野ねずみなどの種々の動物（ファウナ）、さらに軍手、靴の中敷き、洗濯ばさみ、はさみ、長ぐつなどの生活臭のする資材などが対象だ。はさみの鉄錆によって形成された微小な凹凸に放射性物質は補足されやすい、何度かドライクリーニングに出したにもかかわらず作業着の帽子のあちこちに放射性物質が付着している、など興味深い現象がたくさん見られる。とりわけ、エアコンのフィルターやトイレの換気扇の埃にたくさんの放射性物質が付着しており、かなりの量の放射線物質が室内に舞い込んだようだ。ただ、動物汚染に関しては、水俣病の食物連鎖（有機水銀の生物濃縮）とは異なり、食物連鎖の上位の生物ほどセシウム濃度は低くなるようだ。時がたてば体から排泄され、生物希釈が生じるためだ（朝日新聞二〇一五年三月七日）。

地震・津波ばかりではなく、原発震災によっても故郷を離れ、たくさんの人がどれだけ苦しみ、亡くなっているのかは計り知れない。しかし、その現実は第三者にはなかなか見えない。本書の放射線像を眺めることにより、想像力を高め、こうした現状を可視化することに繋げたい。一方、もみじ、へび、鯉、真竹、軍手、おたまじゃくしと金魚など、墨絵のように美しい写真が多いのは皮肉だ。本書は、わが国のみならず、すべての原発保有国で読んでいただきたい。

5月23日号（3207号）

『和食はなぜ美味しい――日本列島の贈りもの』

●巽好幸　●岩波書店

マグマ学者の和の食のグルメ散歩――日本人の伝統的な食文化「和食」の成立にはプレートの沈み込みが大きくかかわっている

評者は人間ドック医である。しかし、ここでは日頃と真逆のことを申し上げたい。厚生労働省は、今年度から食塩の摂取目標量を十八歳以上の男性は一日八グラム未満、女性は七グラム未満と一層低めに設定し、WHOの指針では、成人は一日五グラム未満とさらに厳しいものの、高血圧、腎臓病などの特別な疾患がなければ十グラムは摂取しても構わない、と。なぜなら、和食の和食たる所以は、醤油、味噌、うま味にあるといっても過言ではなく、前二者は食塩の塊のような食品だからだ。すなわち、和食を楽しむには一日十グラム程度の食塩は必要なのだ。さらに、うま味の味を引き出すにも塩は不可欠なのである。こうして、ユネスコ無形文化遺産に登録され、代表的なヘルシー食といわれている和食は、実は世界的には高塩分食である。

　こんな栄養学的なちまちましたことは視界に入れず、大阪出身の食いしん坊の地球科学者（マグマ学）と東京出身のホテルコンシェルジュの姪が、季節の和食を、関西を中心に食べ歩いたグルメ散歩が本書だ。一月はおでん、二月寒鰤、三月ボタンエビ、四月筍と桜鯛、五月こしび、六月穴子と鰻、七月鱧と昆布、八月ぐじと鯖、九月蕎麦と鮑、十月松茸と栗、十一月芋焼酎とワイン、十二月河豚と、和食の定番が勢ぞろいである。他のグルメ本とかなり異なるのは、和の食の成立にはプレートの沈み込みが大きくかかわっていることを、文系の姪にもわかるように、各月の食材に合わせてやさしく説明されていることだ。つまり、日本列島の下にプレートが潜り込むためにマグマが発生する。マグマは火山活動を起こす。日本が地震国であり、火山国なのは当然なのだ。それらは、これまでに数々の試練を与えてきたが、一方、さまざまな恩恵ももたらしてきた。その恩恵の一つが和食であり、次にその例をいくつか紹介したい。

　和の出汁の成立には、軟水を用いると昆布のうま味成分を効果的に抽出できる点が重要である。硬水を用いると、水の中のカルシウムが昆布に含まれるアルギン酸と反応して、昆布の表面に沈殿物をつくる。こうなると、昆布の吸水性が下がり、うま味成分が水（出汁）へ溶け出しにくくなる。京都の水は超軟水であるのに対し、関東の水は比較的硬度が高い。京都の老舗料亭が東京に進出したとき、出汁の味を再現できないので、ついには京都から水を運んだそうである。火山活動は地殻を厚く成長させ、島国にもかかわらず山国という特徴的な地形をもたらし、その結果、日本列島の河川は圧倒的に急勾配であるために、水は短時間で流れ下り軟水となる。関東の水の硬度がやや高いのは、広い関東平野をゆったりと川が流れるためである。

松茸は、貧栄養で乾燥した花崗岩質の土壌を好む。灘五郷のお酒が美味しいのも、マグマ由来の鉄分の少ない花崗岩の賜物だ。花崗岩は日本の国土のおおよそ一割を占めている。花崗岩が削られてたまった砂などの固まったもの（花崗岩質砂岩）を加えると、さらにカバーする面積は増える。まさに、日本列島の背骨をなす岩石である。この花崗岩と松茸が寄生するアカマツの分布は見事なまでに一致するという。松茸と日本酒は、列島の花崗岩から日本人への下されものなのだ。

鹿児島県と宮崎県が芋焼酎の一大産地であるのは、桜島から出てきた火山灰と軽石の層であるシラスの存在による。水はけのよいシラスは稲作には不適であるが、サツマイモには好条件なのだ。

というウンチクとともに、〈白子焼き、この筆舌につくしがたい代物は、間違いなく世界一、いやいや宇宙一の食べものである〉という豊饒なグルメ散歩が続く。著者は、マグマ学者とは思えないほど筆が立つ。そのため、具体的な情報が提供されない毎月の食べ歩きのお店の存在はちと怪しい。もっと怪しいのは、姪の存在である。構成上の必要から挿入したのではないか、と勘ぐりたくなるほど著者とのキャッチボールが滑らかなのだ。こうして、著者は地球の創造主アースが遣わせた「マグマ大使」ではないか、と思えてくる。

6月6日号（3209号）

『日本の土――地質学が明かす黒土と縄文文化』

●山野井徹　●築地書館

クロボク土は縄文人の野焼きによってつくられた――クロボク土は火山灰土ではなかった

二〇〇〇年一一月に発覚した旧石器捏造事件は、まだ記憶に新しい。捏造を行った藤村（旧姓）新一氏が、旧石器時代の遺物は必ず「赤土」（ローム質層）から、縄文時代の遺物は「黒土」と密接に関連して出土する、という法則性に従い、発掘現場の「赤土」に事前にひそかに旧石器を埋めておいたので、四半世紀もの長い間、なかなか発覚されなかった。このローム層は関東ローム層がすぐ連想されるように、火山灰土であると今なお信じられている。例えば、『広辞苑第六版』（岩波書店）には、「①壌土。②風成火山灰土の一種。関東ロームが代表的で、一〇メートルに達する層をなす。酸化鉄に富み、赤褐色。赤土」とある。しかし、実際は関東ローム層のほとんどは火山灰ではない。明治時代の軽石質火山灰を分解して生じた地層という誤解が現在まで生きており、そのため、他の地域のローム層までが火山灰土であるかのようにされてしまったのだ。わが国以外では、ロームの概念に火山灰はどこの国でも入っていない。

そのローム層の上位に位置し、クロボク土（黒色で、ボクボクとした感触に由来）と呼ばれ、ローム質土とともに表土を形成する黒土も、戦前の研究から火山灰を母材とする土壌であると考えられ、時を経るうちに暗黙の了解のように両者の結びつきを強め、現在のように「クロボク土＝火山灰土」として独り歩きしているようになった。すなわち、両者の結びつきは十分なエビデンスによって導かれたものではない。応用地質学者である著者も、子どもの頃は農作業の手伝いをする中、黒土が火山灰土であることに妙に納得していた。しかし、クロボク土の花粉分析を行った際に大量の有機物を含むことがわかり、鉱物（無機質）の集合体からなる火山灰とは決定的に異なることに気づいた。本書は、このクロボク土とは一体何なのか、この追究を地質学者らしくやさしくていねいに、時に大胆に紹介している。

クロボク土の特徴は、一般的な褐色森林土の茶褐色を超える異様な黒さである。わが国では、土壌として褐色森林土ができ、それがローム質土に移化するのが普通である。褐色森林土は広域に分布する土壌で「成帯性土壌」といわれる。一方、クロボク土は、北海道、東北、関東、および九州とその分布は局部的であり、「間帯性土壌」と呼ばれる。つまり、クロボク土は、その下位がすべてローム質土であることからも、褐色森林土が形成される一般条件に、何か特殊な条件が加わって形成されたはずである。この特殊な条件の謎解きが本書の最大の魅力であろう。

花粉分析が専門の著者は、顕微鏡による観察から、クロボク土には必ず微粒炭（炭の粉）と植物遺体がもたらした可溶腐植が含まれることを明らかにした。クロボク土の黒色は、可溶腐植による着色であった。褐色森林土やローム質土に可溶腐植がわずかしか含まれないのは、微粒炭をほとんど含有していなかったからだ。土壌中の腐植は、活性炭としての微粒炭に吸着・保持され、その結果、クロボク土が形成されるのだ。

クロボク土の形成は、約一万年前以降（完新世）にはじまったが、三〇〇〇年代前から少なくなり、一〇〇〇年前より新しい箇所はない。すなわち、ほとんどが縄文時代に属する。著者は、縄文遺跡とクロボク土の分布域がよく対応していることに気づいた。こうして、完新世の時代のみに微粒炭の堆積が増加することは、自然の山火事などによるものではなく、縄文人による火の使用によるものと考えられた。野焼き・山焼きは、縄文人の生活の最も基本であるニッチ（生態的地位）をつくる行為であり、それは土器をつくる作業にも増して、縄文文化の基幹にかかわる行為であったはずだ。

クロボク土様の土は、中国の吉林省、米国のグランドキャニオン、ペルーのアンデス山地、タンザニアのキリマンジャロなどでも観察され、それぞれの先住民がかかわった人為的土壌と推定される。このようにして、クロボク土は「火山灰土」ではなく、縄文人の文化遺産、つまり、世界を代表する「人為土壌」としての地位を得るのではないか、と著者は期待している。われわれは、ニッチをつくる行為で、クロボク土に代わるどんなものを後世に残せるのであろうか。

7月11日号（3214号）

『東京美女散歩』

●安西水丸　●講談社

水丸流東京美女観——癒し系のイラストレーションからは想像できない大胆でマッチョな安西水丸

著者のよき相棒であった村上春樹は、あるときにはイラストレーターの安西水丸であり、あるときには作家・文章家の安西水丸であり、またあるときには日が暮れたらただの酒飲みの安西水丸である、と評している。また、義兄弟のような嵐山光三郎は、絵が上手すぎて誰にも真似できなかった雪舟をもじって、絵が下手すぎて誰にも真似できなかった著者を（青山に住んでいたので）青山雪舟と名づけた。元祖「ヘタウマ」ともいわれている。このような著者が、一九七四年に『ガロ』に漫画を描きはじめてから本業のイラストレーションと小説・エッセイを含めて二〇一四年に亡くなるまで、村上春樹やユーミン、和田誠をはじめ絶えずたくさんの人々から愛された。南伸坊は、著者が「世間をあっといわそう」とかではなく、「いいなァ」と思う絵を、「いいなァ」と思えるまで描いて、「いいなァ」と思えたところで仕上げていた、その「説得力」がたくさんの共感を得た、と考えている（『イラストレーション緊急増刊　安西水丸　青山の空の下』）。

こんな著者が、美女を求めて八王子、青梅や大島、八丈島も加えて東京中を歩き描き書いたのが本書である。二〇〇七年から二〇一四年まで『小説現代』に連載された全四四回が完全収録されている（同じく『小説現代』に連載され、一九八七年に出版された『青インクの東京地図』という姉妹書的な初エッセイがある）。南伸坊に絵はいつも「真剣勝負」で描かれていた、とまでいわせた著者は、不良っぽい強面なところもあり、本書にも随所に出現する。

喘息のために母の郷里である南房総の千倉で幼少期を送ったが、赤坂生まれで赤坂育ちの著者は、女性に対しても都会志向のようであった。「日本橋は東京の中心だ。ここに住む女性も、ここで働く女性もやはりほんものの東京の空気を知っている。ぼくはすっかり気に入ってしまった」。「今回の美女散歩は、やはり東京で一番ほんものの美女がいるといったらここだろうなと、日比谷から丸の内、銀座へと歩いてみることにした。……さすがは帝国ホテル内のショップだけあって、ハスッパな顔立ちは置いていない。大切なことである。……

丸の内あたりを歩いている女性にはそれなりの気品がある。着ているものもいい。見ていると、渋谷や原宿などにいる女たちがカスにおもえてくる。気品があるのがなぜいいのか。その裏にある乱れを妄想する楽しみがあるからだ。まったくぼくは何て性格なのだろう。しかし、昼と夜のギャップ、これも女らしさの一つなのだ。……ソニービルの前には彼（彼ではないかもしれないが）を待っている美人ＯＬ風の女性が多い。やはり下北沢駅で男を待っている女たちとは三味も四味も違う」。

「両国界隈をあちこち歩いたが、美女らしき女性はほとんどいなかった。中央線の快速を、御茶ノ水駅で総武線に乗り替えたのだが、その時点で美女は消えていた」。「一応「美女散歩」というタイトルにあるので、それなりに注意を払って歩いているのだが一向に見当たらない。確かに町田美人などという言葉は耳にしたことがない」。

実は、美女探しよりも、著者の元カノたちのほうが多くのスペースを占めているかもしれない。意外な側面だ。「三十代半ばくらいの年齢から四十代半ばの女性が女としては一番色っぽい（と、ぼくはおもっている）。つまりエイジレスという魅力だ。下品な言葉かもしれないが、女としての「いやらしさ」を身にまとっている」。「恋愛至上主義にはどうも楽天的にはなれない。そんなぼくではあるが、若い頃（と、いっても三十歳だった）、吉祥寺に住む人妻と不倫関係にあった。彼女は日本を代表する音楽家の孫で、父親もよく知られるオーケストラの指揮者だった。ぼくたちは会う度に井の頭公園を歩き、御殿山一丁目にあった今でいうラブホテルで時間を過ごした。吉祥寺で生れ育ったという二歳年上の彼女は、色白の美人で、髪は俗にいう「烏の濡れ羽色」をしていた」。「神楽坂あたりを歩いていたら元愛人の住むマンションの前に出てしまった。ちょっと寄ってみようとおもったがまた縒りがもどると困るのでやめた。色白のいい女だった」。

こうした調子であっても、著者が好きだった四谷荒木町や神楽坂から郊外に至るまで、どの散歩を眺めても自然と笑みがこぼれてくるのが不思議だ。つまり、著者は入った店が気に入らないと、「チェッ!」と大きな声を発したそうだが、四四のどの散歩も「チェッ!」とは無縁であった。それは、先の南伸坊の言葉を受けてかのような著者のスタンスによっているのであろう。「ぼくは昔から定食屋に見る企業力に感心している。町にあれこれと小ジャレたレストランができるが、気がつくと数年で消えており、定食屋だけはしっかり残っている。日本人の舌が求めるのは、親子丼でありカツ丼であり焼き魚定食などなのだとおもう。イラストレーターも同じだろう。突飛な技法で現われても賞味期限は数年だ。親子丼のようなイラストレーションを描きたいものだとおもう」。

8月8日号（3218号）

『帰還兵はなぜ自殺するのか』

●デイヴィッド・フィンケル［著］　古屋美登里［訳］　●亜紀書房

あらゆる場所が戦場だったイラク戦争の強烈なトラウマ
――戦争は帰還兵にも家族にもいつまでもまとわりついてくる

イラク戦争から帰った五人の兵士（一人はすでに戦死）とその家族の物語。帰還兵たちは全員、かなり重い心的外傷後ストレス障害（ある種の恐怖を味わうことで誘発される精神的な障害：ＰＴＳＤ）あるいは外傷性脳損傷（外部から強烈な衝撃を与えられた脳が頭蓋の内側とぶつかり、心理的な障害を引き起こす：ＴＢＩ）を負っている。元ワシントン・ポスト記者であり、ピューリッツァー賞受賞の著者が、二〇〇七年四月から一年にわたって陸軍第十六歩兵連隊第二大隊の兵士たちと生活を共にし、『The Good Soldiers』を上梓したが、本書はその後日談だ。

五人の中心的存在であり、本書でも重点的に描かれているアダム・シューマンは、三度目のイラク派遣で、目の前で同僚マイケル・エモリーが頭を撃たれ、救出時に頭部から吹き出す血が口の中に入り込む体験などからＰＴＳＤが発症し、再起不能となった。精神科医の判断で帰還の途につくことになったが、まず乗ったのは側面に大きな赤十字がついた死傷者専用のヘリコプターだった。アダムの帰郷には、通常の兵士の帰還に付き物の歓迎式典はなく、他の乗客と一緒にタラップを降りただけだった。アダムは滑走路を歩きながら、「松葉杖をついていたり、体中に包帯を巻かれたりしていたらどんなによかったか」と思っていた。戦争から戻ってきた立派な兵士。恥ずかしかった。出迎えは、美人妻のサスキアだけだ。

それから、すっかり壊れてしまったアダムはずっと謝り続けた。二年後、生後四日目の息子を落とし、聴力をほとんど失わせてしまう。何かあると、アダムは銃口を自分に向けた。安全装置は外れている。サスキアは彼のそばで銃を渡してと頼みながら、銃声がして夫が吹っ飛ぶのを待っていた。アダムは、長期間用の復員軍人向け居住型療養施設パスウェイに入所した。二人の子と留守を守るサスキアは叫んだ。「いま言えるのは、わたしがあいつをどれだけ憎んでいるかってこと。それなのに、一秒でも早く戻ってきてほしいのよ」。アダムは、それに応えて施設を出た。しかし、何かが車をＵターンさせ、施設の責任者フレッド・ガスマンのところに戻った。フレッドに身を委ね、数ヵ月後、初めて毎日自殺することを考えなくなり、朝起きて笑うことができるようになって、家に帰れる日を迎えた。

「元気でな」とここを去る別の兵士の言葉が、パスウェイを去る際にアダムが耳にする最後の言葉になった。少なくとも、国に戻ろうとしたときにイラクで聞いた最後の言葉「便所のところまでいっしょに行くよ」よりははるかに勇気づけられるものだ。家に戻り、大きく差し出された息子の手をしっかり握りしめ、「いいか?」と息子に言う。一度その手を離してしまい、ベッドから落としてしまった息子に向かって。不意に、自分が生きていることを実感し、「さあ、さあ、進め、進め」アダムが言う。

イラク戦争で最悪なことのひとつが、明確な前線というものがなかったことだ。三百六十度のあらゆる場所が戦場だった。進むべき前線もなければ軍服姿の敵もおらず、予想できるパターンもなければ安心できる場所もなかった。兵士の中に頭がおかしくなる者が出たのはそのせいだった。悪霊のようなものに取りつかれずに帰ってきた者はひとりもいない。その悪霊は動き出すチャンスをねらっている。二十代後半で陸軍に入る者は、自殺に至る確率が二十代前半もしくは十代で入る者の三倍になる。彼らは、大変な愛国者、失業者、ふたりの子持ち、医療保険失効者のいずれかであり、いずれにしても人生をもう一度立て直したいと思って入隊する。そうしたストレス要因をすでに携えて入ってくる。トラウマとなった出来事のあとでどんな人間になったかということだけでなく、出来事の前にどんな人間であったかということも大事だ。なぜ大半の者はまったくつまずかず、ほかの者はそうではないのか。それは、〈終わりのない罪悪感〉によっているらしい。

フレッドがパスウェイを始めてから三年のあいだに、数百人の元戦闘員がこのプログラムを体験してきた。そのうちの六十パーセントが自殺を試みていた。七十三パーセントが仕事を辞めたり、クビになったりしていた。八十パーセントが学校に入学しようとしていた。そのうちの八十三パーセントがドロップアウトした。また、アフガニスタンとイラクに派兵された兵士はおよそ二百万人。そのうち五十万人が、ＰＴＳＤとＴＢＩに苦しんでいる。一方、二〇〇四年から〇六年にかけて人道復興支援活動でイラクに派遣された陸上自衛隊員は、帰国後、ギャップの大きさから精神の均衡を崩し、自殺未遂をしたり精神を病んだりした隊員が少なくなかった。その結果、約五四八〇人のうち二一人が在職中に自殺した（朝日新聞二〇一五年七月一七日）。安全保障関連法案成立が目前に迫り、自衛隊の海外兵站活動はますます拡大するに違いない。本書の意義は大きい。

9月19日号（3223号）

『新薬の罠――子宮頸がん、認知症…10兆円の闇』

●鳥集徹　●文藝春秋

医師と製薬会社のウィンウィンの関係が新薬の効能にバイアスを生み出す――大学病院と製薬会社の奨学寄附金という架け橋

原発が立地する自治体の道・県議会議員六名が、地元の原発工事を受注する会社の役員や顧問に就任し、報酬や株主配当を受けていたことが明らかになった。いずれも再稼働の推進派で、議会でも原発の必要性を強調した。現行ではルールはないが、利害当事者が地方自治体行政を私物化しているという批判は当然であろう（朝日新聞二〇一五年七月二〇日）。医師と製薬会社の間にも同様な関係があることを国民はうすうす感じ取っている。両者の関係が過度な罠に陥ると、医師は患者の利益よりも製薬会社の利益を優先するようになる場合がある。本書は、いくつかの実例を、実名を示しながら、医師と製薬会社の間の歪んだキャッチボールを具体的に暴いている。特に、大学病院が製薬会社のカネに大きく依存しているのは、紛れもない事実だ。

例えば、二〇一四年に発覚した、武田薬品工業の「ブロプレス（一般名カンデサルタン）」という高血圧薬（降圧薬）の効果を調べた「CASE－J」と呼ばれる京都大学EBM共同研究センターによる（日本最初の大規模な、という触れ込みの）医師主導臨床試験は、その典型例だ。当時、最大のシェアを誇っていた降圧薬アムロジピン（カルシウム拮抗薬）との比較を目的に実施された。その結果、主要な評価項目では両者の間に差が出なかった。しかし、武田薬品は、SPIN（結論に回転をかけ、ねじ曲げて、効果を誇張すること）という報告方法を使って、ブロプレスの効果が試験の終盤になってアムロジピンを逆転するように操作した。さらに、適応が認められていない糖尿病にも有用であるかのようなデータを導いた。武田薬品の介入はさらにエスカレートし、CASE－J試験の結果報告会や学会発表で、講演者となる京都大学教授らが使うスライド原稿にまで口を挟み、ブロプレスの使用を推奨するような内容を盛り込ませた。京都大学がこれほどの介入を許したのも、武田薬品が莫大な資金（奨学寄附金）を提供してくれたことと無縁ではないだろう。総額三七億五〇〇〇万円に達した。「製薬会社附属病院」と揶揄されても仕方がない。

降圧薬ディオバン（一般名バルサルタン。京都府立医科大学、東京慈恵会医科大学、滋賀医科大学、千葉大学)、白血病治療薬タシグナ(一般名ニロチニブ。(東京大学)、白血病治療薬スプリセル(一般名ダサチニブ。東京大学)など、さまざまな新薬に同じ構図がみられる。製薬会社から奨学寄附金を受けている研究は、副作用の発見に結びつく評価項目を減らし、臨床試験の結果が試験薬により好ましくなるような解釈をする傾向があるようだ。

写真家・作家・藤原新也は、一九八〇年代初頭に、写真週刊誌『フォーカス』で辛辣なサントリーのシルクロードの広告パロディーを作った。新潮社は、慌ててパロディー部分のページの記事を白ベタにした。それならやっていけない、と連載を降りた。雑誌が読者よりもクライアントに目を向け始めた時期とリンクしている。カネを握るクライアントに盾をつくのは、いまだに最大のタブーであることに変わりはない(朝日新聞二〇一五年八月六日)。このように、マスコミもまた、大スポンサーである製薬会社との近すぎる関係によって、ほんらいジャーナリズムに求められるはずの批判精神を失うことがある。現在、副作用のため積極的に接種を呼びかけることが中止されている子宮頸がんワクチン(HPVワクチン)の普及推進に、クライアント(GSK、MSD、キアゲン)から多大な経済的恩恵を受けていた朝日新聞は大きな貢献を果たした。結果的に、中立公正が疑われるような状態に陥り、副作用が大きな社会問題になったワクチン接種にブレーキをかけるのを遅らせたかもしれなかった。いつも、被害に遭うのは一般国民であり、弱者だ。

10月31日号（3228号）

『骨相学──能力人間学のアルケオロジー』

●平野亮　●世織書房

疑似科学のあだ花──十九世紀に頭蓋の形で人の性格や精神的能力を測定する骨相学が大流行した

十八世紀後半に、顔や身体の特徴から性格などの人の内部の資質を明らかにする観相学が熱狂を引き起こした。今でも生き残っている手相術もその類であろう。すなわち、外面の現れから内面を知ろうとするのが観相学であった。その頃にドイツに生を受けたフランツ・ヨーゼフ・ガル（一七五八─一八二八）は、ウィーン大学で医学を学んだが、「記憶力のよい人は目が出ている」という観相学的関心に端を発して、観相学に生理学、解剖学的アプローチを加え、後に骨相学と命名される新しい学問を生み出した。

このように、骨相学は、紀元前から東西で伝統的人間観として続いてきた観相学が、十八世紀末の科学隆盛の時代に至り、その手続きと視点に科学性が付与される形で生まれたといえる。実際、ガルは大脳生理学上の重要な発見をいくつも行い、一流の解剖学・生理学者であった。疑似科学である観相学が科学コーティングされたことが、十九世紀前半に欧米で大流行した最大の要因であったようだ。

医学者であるガルは、さまざまな特徴的行動・性格を示す人々の観察を重ね、表徴化する気質は脳と神経系の生理に起因する、と結論づけた。つまり、〈生殖衝動〉、〈親の愛情〉、〈殺人〉、〈音感〉、〈単語記憶〉、〈教育可能性〉など人間の二七種類の生得的気質を推定し、それぞれを司る二七個の器官が集まって脳を構成するという、大脳機能局在論の原型を導いた。用不用説の信奉者であったガルは、よく使う器官は発達し、使わない器官は退化し、頭蓋骨はそれに対応して隆起したり陥没したりするので、各部位の大きさや形状を測定することによって性格や能力を把握できる、と提案した。骨相学的器官の計測器・クラニオメーターなどが開発され、より実証的で科学的な装いが人々にますますこの学問の魅力を感じさせたに違いない。

同じくドイツ出身で、ウイーン大学で医学を修めたヨハン・ガスパー・シュプルツハイム(一七七六—一八三二)は、ウイーンでガルに出会い感銘を受け、助手となって行動を共にし、共著の研究書も発表した。しかし、学者肌のガルとは異なり、科学よりも名声やカネに従った野心家のシュプルツハイムは、一八一三年に離反した。ガルが嫌った骨相学という名称を取り入れ、二七の器官を三五＋α（未知の能力器官が新たに発見されるかもしれないから）に増やし、〈殺人官〉、〈盗み官〉などのネガティブな側面を捨象し、ガル学説の質的改造を行った。このように性善説のように衣替えを図り、「生きているみたいな人間」の頭に三五＋αの器官の区画を描いたものを出版しビジュアル化を試みたことは、専門家でない読者大衆のみならず、有名な文人たちの間にまで多くの帰依者を見出すに至った。特に、一八三二年にシュプルツハイムが米国講演ツアーを実施した後、全米に骨相学熱が爆発的に広がった。すでに骨相学の時代は終わっていたが、わが国でも森鴎外、新渡戸稲造、森田正馬、芥川龍之介など多くの著名人が影響を受けた。

既述のように、各精神的領域（器官）の特定は恣意的に行われたものであり、電気刺激などを使用した生理学的研究によって大脳の働きが明らかになるにつれ、骨相学は十九世紀後半に科学としての権威を完全に失い、大衆的な盛り上がりも絶頂を超えて衰微していった。ガルやシュプルツハイムですら山師扱いされた。

ただ、骨相学の成り立ちから容易に想像できるように、例えば、日本人を含むモンゴロイドは「倫理的に劣り、模倣的で独自性がない」という評価のように、後世、ナチスの優生学やわが国の同和問題までにも繋がっていったことが示唆されている。骨相学が人種（民族）差別や階級差別に利用された負の歴史にもスポットライトを当てていれば、さらに興味深い物語になったに違いない。

本書は、神戸大学大学院人間発達環境学研究科研究紀要に掲載された複数の学位（教育学）論文をまとめ、加筆修正されたものである。そのため、学位論文にしばしばみられるロング・アンド・ワイディング・ロード的な要素をもつ。疑似科学ながら一世を風靡した骨相学とがっぷり四つの相撲を取りたいタフな方にぜひ薦めたい。

11月7日号(3229号)

『福島で進行する低線量・内部被ばく 甲状腺がん異常多発と これからの広範な障害の増加を考える』

●医療問題研究会[編著] ●耕文社

甲状腺がんは多発している ——福島原発事故の被害隠しの実態は水俣病とそっくりだ

生命科学者・中村桂子は、自然とはそもそも思いがけないものであり、つまり、自然に対して想定はないわけで、東日本大震災のように「想定外」と言うことは許されない、と主張する。原子力発電の安全神話が脆くも崩れ去った現実にも、英国の子ども向けテレビ番組「きかんしゃトーマス」のテーマソングの一つ「じこはおこるさ」を引用して、想定外を皮肉っている。

じこがほら　おきるよ　いきなりくる
ちょうしにのって　やってると
バチがあたる
じこがほら　おきるよ
いいきになってると
そうさ、よそみしてるそのときに
じこは　おきるものさ

（中略）

〝ひょうしきはいくつもあるのにさ、
だいじなモノばかりみおとすね〟
そんなとき　かならずやってくる
にどとやらなければ　いいけど

［『科学者が人間であること』（岩波新書）］

未だ一〇万人を超える避難者数が象徴するように、東京電力福島第一原子力発電所事故はまったく収束していない。本書は、医療内容を根拠（ＥＢＭ）に基づいて科学的に追究し、それに沿った医療政策の実現を目指す医療問題研究会のメンバーが担当して、環境省や福島県などの行政の福島原発事故による甲状腺がんを中心にした障害を隠す実態を暴き、糾弾している。国や県、専門家（後述のいわゆる御用学者）の主張に、医療関係者のみならず放射線の健康被害に関心をもっているヒトの多くがおかしいと感じていても、「権力」の前に沈黙したままでいるか、いろいろな意見があると相対化しているか、積極的に加担している、というのが現実だからだ。皮肉にも、環境省、福島県に協力的な姿勢を示す医学者、山下俊一、西美和、鈴木眞一の所属は、それぞれ長崎大学、広島赤十字・原爆病院、福島医科大学である。

例えば、彼らは低線量被ばく障害を否定するために三段論法的仮説を立てた。①１００ｍＳｖ以下の低線量被ばくでの健康被害は確定されておらず、チェルノブイリの甲状腺がんも１００ｍＳｖ以上で起こった（しかし、チェルノブイリでは50ｍＳｖ以下でも明らかに甲状腺がんが多発している、という論文がある）、②チェルノブイリと比べ福島の被ばくは少なくとも30ｍＳｖ以下である、③したがって、福島の甲状腺がんは放射線が原因であるはずがない、と。

一方、岡山大学の津田敏秀は、１００ｍＳｖ以下の被ばくでも放射線によるがんが生じること、それが被ばく量に比例して発生することを報告し、実際、福島において１００ｍＳｖ以下でも有意に甲状腺がんが増加していることを疫学調査によって証明した。すなわち、現状の分析を無視した三段論法的仮説は、疫学的手法によって否定されることになった。わが国の多くの医学者は疫学（調査）を不得手にしている。こうして、情報の隠匿・被害の過小評価・原因企業の延命という行政のスタンスは、自然とわが国の最大の公害を想起させる。

実は、津田は水俣病研究の第一人者であった故原田正純と長年共同研究を行っていた。行政側、東電側に有利な発言を繰り返した医学者の存在は、まったく根拠のないアミン説（清浦雷作、東京工業大学）、腐った魚説（戸木田菊次、東邦大学）、爆薬説（大島竹治、日本化学工業協会）などを唱えて、水俣病の原因究明を遅らせた研究者と同じだ。元国立極地研究所所長の島村英紀は、御用学者になることによって学問的には二流、三流の科学者が生きる道が拓かれる、と揶揄している（長周新聞、二〇一二年一月一日）。

政府は本年六月一二日、50ｍＳｖ以下の地域への避難指示を二〇一七年三月までに解除する、という暴挙とも言える目標を閣議決定した。小泉純一郎元首相が、「政府や電力会社、専門家が言う『原発は安全で、コストが一番安く、クリーンなエネルギー』。これ、全部うそだ」（朝日新聞、二〇一五年九月十三日）と、「原発ゼロ」社会実現に邁進する姿に応援したくなるではないか。

12月5日号(3233号)

『ダイオキシンと「内・外」環境——その被曝史と科学史』

●川尻要 ●九州大学出版会

天然物質ではないダイオキシンになぜ生体は反応し害を受けるのか——ダイオキシンと放射能被害は非常に類似している

どんな異物が侵入してもB細胞がそれに対する抗体をつくるという「抗体多様性の謎」を見事に解き明かし、一九八七年、利根川進博士はノーベル生理学・医学賞を単独受賞した。すなわち、B細胞が自らの抗体遺伝子を自在に組み換えて、無数の異物に対応する無数の抗体をつくることができるのだ。一方、ダイオキシンのようにほとんど自然界に存在しないものに応答する異物代謝能の存在も不思議である。

本書は、ダイオキシンのうち人類がつくった史上最強の毒性物質といわれる二、三、七、八‐テトラクロロジベンゾ‐パラ‐ダイオキシン(TCDD)にフォーカスを当て、「外」環境の変化を察知するダイオキシン受容体(AhR)を中心に、それに対応して解毒酵素(P

450）が誘導される「内」環境の調節システムを、生化学者である著者の研究成果も交えてやさしく解説されている。

人を含む動物のもっている、自然界に存在しない人工産物である化合物（異物）に対する代謝能は、植物に存在している化学物質に適応するための動物の重要な生存戦略として、分子進化を重ねてきた結果、新たに獲得されたと考えられている。例えば、インディゴ（マメ科植物から主に抽出される染料として最も古くから使用されている天然色素）類によるAhR活性化能は、TCDDよりも強力である。生理的リガンド（特定の受容体に特異的に結合して受容体を活性化する物質）がAhRに結合すると核内に移行し、生殖、発生、細胞増殖、免疫、細胞周期、発がん抑制などに働く多機能調節因子として、AhRは生体の恒常性維持に重要な役割を果たしている。他方、ダイオキシン類などがAhRに結合すると、生殖毒性、奇形、免疫毒性、クロルアクネ、がん、消耗症などの毒性機能を発現し、人では五〇を超えるP450分子種を誘導する。毒性の強さはAhRへの結合の強弱に相関し、逆に、AhR遺伝子欠損マウスではTCDD毒性が消失する、という興味深い現象がみられる。

AhRのTCDD結合能は、脊椎動物の初期に出現した最初の魚類である無顎類（約四・七億年前のオルドビス紀に出現）に初めてその性質が獲得されたようだ。恐らく、自然界に存在した海産ハロゲン（フッ素、塩素、臭素、ヨウ素などの周期表第一七族の元素）化化学物質の出現によって、ＡｈＲの基質特性が形成されたのではないか、と推測されている。意外なことに、動物本来がもっている内在性のリガンドはまだよく知られていない。このように、百年に一度といわれる卓越した利根川博士の研究や、ダイオキシン受容体―Ｐ４５０異物代謝システムの誕生・進化のような、未知の物質に動物はどのように対応するのかを解明することは、アガサ・クリスティの推理小説に匹敵する、いやそれ以上におもしろいだろう。

しかし、本書の真骨頂は、著者の実際のダイオキシン汚染に対する正義感かもしれない。東日本大震災による福島第一原発事故は、戦後の「体制内化された科学」（国家・産業界・科学界との三位一体）のもつ権力性を露わにした。特に、東電から研究資金を得ていた「原子力ムラの専門家」たちは、政府・東電と共に意図的に事実を隠蔽し、「原発は安全」と主張するばかりで、被災した福島住民の困難な生活が報道されているにもかかわらず、何ら謝罪の言葉はなく、彼らはいつの間にかテレビの画面から消えていった。ダイオキシン汚染にも同じ図式がみられ、三つの事例が紹介されている。

ベトナム戦争での「枯葉作戦」は、生態系に大きなダメージを与えると共に、人体にも皮膚疾患、先天性異常、がんなど深刻な疾患を発症させた。枯葉剤にＴＣＤＤが高い濃度で含まれていたからだ。しかし、政府の援助を受けていた行政や科学者団体は、枯葉剤が人体に悪影響を及ぼすことを否定していた。

一九六八年、西日本一帯、特に北九州地方で、カネミ倉庫が製造・販売した食用油（米ぬか油）を食べた約一万四千人に健康被害が生じた「カネミ油症」食品公害事件が起こった。クロルアクネをはじめ、「病気のデパート」と後に称されたようにさまざまな症状が出現した。ＰＣＢが混入し、加熱されてダイオキシン（ポリ塩化ジベンゾフラン、コプラナーＰＣＢ）に変化したことが原因であった。厚生省（当時）は九州大学を中心に「全国油症治療研究班」を設置したが、多彩な症状があるにもかかわらず、皮膚症状にのみ重点を置いた「油症患者診断基準」をわずか五日間で発表し、一万人以上がカネミ油症の認定を棄却されるきっかけをつくった。

一九七六年のイタリア「セベソ」農薬工場爆発事故でもダイオキシン汚染が出現し、種々の症状が住民に発現した。汚染レベルが高い地区では「原発」の事故時に等しい居住禁止・強制疎開の措置がとられたが、保守的政治家・企業と癒着したミラノ大学教授の「セベソは安全」という新聞記事に影響されて、住民が鉄条網を乗り越えて自宅に戻る事件が起こった。

カネミ油症被害者の認定作業は遅々として進まず、ベトナム戦争の枯葉剤は沖縄で廃棄され、健康被害を引き起こしている。ダイオキシン汚染は、決して「過去」の問題ではなく、われわれの「現在」の問題である。

2016年

1月16日号（3238号）

『日本の腎臓病患者に夜明けを――透析ガラパゴス島からの脱出』

●近藤俊文　●創風社出版

なぜわが国は腎移植が極端に少なくて透析天国なのか――移植病院も移植医も激減している

慢性腎不全の患者には、命を長らえるために長期透析か腎移植かの選択肢しかない。腎臓の機能を代行するという意味では、医学的にも医療経済学的にも、さらに生活の質（QOL）からも、移植の方が断然優れている。それにもかかわらず、わが国は透析天国であり、先進国の中では移植を受ける機会が極めて少ない。例えば、腎不全治療に占める移植率は０ECD加入国中トップのアイルランドの一四分の一、二番目に低い韓国の四分の一に過ぎない。まさに、ガラパゴス化している。慢性透析患者数は三十万人を超え、糖尿病の増加などで今後ますます増えることが予想される。

腎移植を実施すると、一般に次のようなベネフィットがある。①週三回、月五十時間以上の透析センターでの透析時間がなくなる、②基本的に食事制限がなくなる、③食事が美味しくなる、④水分制限がなくなる、⑤生存率が向上する（二十年後、移植患者は六三％以上生存、透析患者は一七％生存）、⑥小児が正常に成長できる、⑦貧血などの合併症がほとんど改善する、⑧医療費が軽減する（透析は月約五十万円、移植は約一五万円。実際は公費がほとんど負担し、患者の負担には違いがない）、など。一方、当然デメリットもある。①拒絶反応を予防するため、免疫抑制剤をずっと服用する必要がある、②免疫抑制剤には、感染症などの合併症がつきまとう、など。

このように、腎移植が少ない、特に死体からの献腎移植が世界に類をみないほど少ない理由は、主に次の三つである。①偶然、経済成長期に遭遇して堅固でハイレベルの透析医療システムを構築できた（その結果、移植可能性の芽を摘んだ）、②硬直した健康保険制度が、より医療費の安価な腎移植を選択するなどの柔軟な対応を欠いた、③一九六八年の和田心臓移植は犯罪そのもののようにみえたが、政府も学会も医師会も法曹界も、臭いものに蓋式の態度に終始して曖昧な決着に終わり、その後の移植医療の停滞をもたらした。とりわけ、脳死移植に影響を与えたようだ。

こうして、移植病院の数と移植能力は衰退の一途を辿っている。二〇一二年の全国移植施設数は一四二であるが、一九九八年には三八三あった。また、日本移植学会に所属する移植医は一九九五年の四一一〇名がピークで、二〇〇八年には二三三四名に減少した。この事態を改善するには、移植にコミットするのが医療施設の経営上の負担にならないように財政的な配慮が必要である。

さらに、一九九七年に施行された臓器移植法は、二〇一〇年に脳死下の臓器提供条件が大幅に緩和された改正法が施行され、現に脳死献体は一定の増加がみられたが、心停止後献体は脳死献体の増加を帳消しする以上に減少し、その結果、トータルで誰も予想しなかったマイナスとなった。脳死献体業務の増加が、心停止後献体業務を犠牲にして初めて可能になったのではないか、と推測されている。しかし、国を中心にした行政の移植システム構築の不備が最大の原因であろう。早期に是正を図らないと、いつまでも親族による生体移植に頼る現状が続くに違いない。

著者は、長く市立宇和島病院長を務め、腎移植をサポートし、いくつか問題はあるものの、がんなどの病気（修復）腎移植を育ててきた。その後押しをされた万波誠医師がいる宇和島徳洲会病院は、病気腎移植の先進医療承認を再申請することを決めた。脳死も心停止後も生体移植もダメな患者にとって、移植の黎明期から試みられ、かなりの実績を示している「病気腎移植」は、廃物利用として臓器獲得費用もゼロなことから、ただひとつ残された道ではないか、と著者は考えている。本書は、先進国（など）の富裕層が、発展途上国の貧困層から腎臓を買って移植を受ける移植ツーリズムなど、腎移植に関する実に幅広い話題が満載だ。最大の魅力は、腎移植という窓をとおして、わが国の医療の現状がみえてくることだ。

2月6日号（3241号）

『空海』

●高村薫　●新潮社

空海と弘法大師との狭間
――真言密教の原点は、神秘体験を言葉にすることだ

司馬遼太郎が愛した、六五〇年（白雉元年）に草創された京都市郊外の雲ヶ畑にある岩屋山志明院は、八二九年（天長六年）に空海によって再興された、空海の直作と伝えられている不動明王を本尊とする真言宗単立寺院である。司馬が宿泊したときの不思議な体験を宮崎駿監督に話したことが、映画『もののけ姫』を誕生させるきっかけになったといわれているように、北山杉に囲まれたエネルギーが充満する山岳道場であり、空海の幻影が感じられるところだ。司馬は、空海をわが国が生んだ最初の人類普遍の天才と評した。評者は、田中真澄住職の奥様から、著者も志明院を訪れたと伺っている。因みに、田中住職は清流を守るため、鴨川ダム建設阻止に多大な貢献を果たした。一方、空海は唐で学んだ土木技術を駆使し、

八二一年（弘仁一二年）に讃岐の満濃池修復工事をわずか三カ月足らずで完成させた。

　空海は、同じ入唐八家の最澄や円仁と比べてずっと遅く、九二一年（延喜二一年）、死後八七年目にやっと醍醐天皇から「弘法大師」の諡号が贈られた。死後、急速にその名声が下火になったためらしい。空海の入滅から百年間は、高野山大学の若手研究者から空海の残像が高野山から消えてしまった「暗黒の百年」と呼ばれている。すなわち、滅罪の法華経と国家護持の密教の融合に成功しつつあった比叡山の天台宗に大きく水をあけられてしまった。例えば、民衆のための新しい仏教（鎌倉六宗の法然の浄土宗、親鸞の浄土真宗、栄西の臨済宗、道元の曹洞宗、日蓮の日蓮宗、一遍の時宗）はいずれも天台宗の僧たちによって開かれ、真言宗からは輩出されなかった。特別の験力を示し、特別な存在であった宗教的天才空海とは異なり、直系の弟子たちは空海ほどの才覚も名声ももち得なかったからだ。

　今日、空海を知らなくとも、「お大師さん」はごくポピュラーな存在だ。天皇から大師号を下賜された高徳な僧は二〇名を超えるが、大師といえば一般に弘法大師を指すほどである。弘法大師という尊格になって歴史に再登場することになってしまった空海の、奇妙な運命といえる。それには、入定留身（空海が高野山奥之院で生きたままの体をとどめて、瞑想〔禅定〕に入り、人々の救済に努めていること）による神格化と、全国にその入定留身と高野浄土を説いて回った、身分の低い下級の僧である高野聖の存在が大きかった。聖の存在がなければ、現在の高野山はなかっただろう。全国に残る弘法大師の井戸や逗留の伝説は、聖たちの足跡そのものである。弘法大師に庶民性があったというより、むしろ無名の聖と民衆の尽きない信仰心が弘法大師に乗り移り、庶民に親しまれる「お大師さん」を生み出したのだ、と著者は考えている。

空海をつかむには、次の三つの言葉が重要である。①谷響を惜しまず、明星来影す：谷がこだまを返し、明星が光を放ち体に飛び込んできたの意。修行中の若き空海が四国で体験したことを表したもので、仏と感応した悟りの情景。この身体体験が密教僧空海の原点であった。真言「ノウボウ　アキャシャ　キャラバヤ　オン　アリキャ　マリ　ボリ　ソワカ」を百日間で百万回唱える。一日一万回を唱えるのに八〜十時間かかったそうだが、一体どうやって数えたのであろうか。②冒地の得難きには非ず此の法に遭うことの易からざる也：唐に渡り、師の恵果から密教を授かった喜びを表現した空海の述懐。悟りを得ることが難しいのではない、密教の法に出会うことが難しいのであるの意。千人以上の門下の中で、胎蔵界と金剛界の両部の大法を相承したのが、最終的に日本僧の空海一人であったという事実は、まさに運命、もしくは奇跡と呼ぶ以外にない。③虚空尽き、衆生尽き、涅槃尽きなば、我が願も尽きん：宇宙がなくなり、生きとし生きるものがいなくなり、悟りが尽き果てるまで、私の願いは尽きることはないの意。空海の晩年の言葉。これが後の入定信仰につながった。

空海は、「谷響を惜しまず……」などの不思議な身体体験を住する傍らで、言葉でそれを分節し、体系化をする試みを捨てなかった。空海の、言葉への並外れた執着と独創的な言語感覚は、同時代の他の仏教者にはみられないものである。空海とオウム真理教信者たちとの違いは、自身の神秘体験を言語化し、それを以って衆生を救済せんとする宗教家としての強固な意志の有無だけだ、と著者は断定する。空海の魅力は、著者の次の言葉に尽きるだろう。「もしタイムマシンがあったなら、私は誰よりも生きた空海その人に会ってみたい」。

3月5日号（3245号）

『和食の常識Q＆A百科』

●堀知佐子・成瀬宇平［著］　●丸善出版

ご飯があってこそ和食の魅力が生まれる
――和食が日本人に長寿をもたらした

人間の歯は、全部で三二本ある。臼歯が二〇本、前歯が八本、犬歯が四本だ。臼歯は固い穀物をすりつぶして食べるための歯で、全体の六二・五％。前歯は野菜や果物を食べる歯で二五％。犬歯は肉などを食べる歯で一二・五％。この歯の構造は、人間が長い時間をかけて身に付けた機能であり、人間は何をどのように食べれば元気になれるかを示す、「食べる法則」のようなものである。すなわち、人間は一日のカロリーを穀物から約六〇％とり、野菜などの植物から二五％、肉や魚などから約一五％とるのが、歯の構造からみると理想的かもしれない。歴史的にみて、人間の歯の構造に近い食べ方をしてきたのが日本人であり、和食は日本に長寿大国をもたらした（永山久夫著『なぜ和食は世界一なのか』、朝日新聞出版）。

植物のうち、タンパク質の豊富な「畑の肉」といわれる大豆が特に重要である。

二〇一三年、和食がユネスコ無形文化遺産に登録されたのは、「一汁三菜」に代表される「健康的な食生活を支える栄養バランス」が大きな要因であったろう。その主役はご飯である。和食は、稲作がはじまった縄文時代にその原型があったとされ、室町時代（精進料理、本膳料理、懐石料理）に今日の基礎ができ、江戸時代に完成し、文明開化によってスキヤキ、トンカツ、オムライス、カレーライスなどのバリエーションが広がったが、常にご飯がセンターに位置した。一方、目下、糖質制限食が大流行である。糖質を控えれば、肉や魚は制限なく食べてもよく、糖尿病・肥満患者のみならず、健康人でもダイエットのために利用しているケースが少なくない。その評価はまだ定まっていないものの、日本糖尿病学会は否定的であり、実際、五年以上の長期間の実施では死亡リスクが高まり、効果がみられるとされる六カ月以内の短期間でも、脱力感、便秘、頭痛、口臭などの副作用がしばしば認められる。

評者には、このような糖質制限の功罪よりも、日本人としての楽しみ・喜びを自ら放棄していることの方が重大ではないか、と思われる。厳密な糖質制限では、卵かけご飯、納豆ご飯、おにぎり、お茶漬け、寿司、うな重、カツ丼やふぐ料理の〆の雑炊に至るまで、すべてにサヨナラしなければならない。本当にもったいない。さらに、甘いものが食べたくなって糖質制限から挫折するケースもみられる。日本糖尿病学会は、食生活の好みによっては五〇%未満のマイルドな糖質制限は許容している。まずは、生活習慣病患者と健康人を同じ土俵で扱わないことだ。

本書は、和食について、「和食の歴史と基本」「和食のプロが考える和食」「季節ごとの和食」「家庭で作る和食」「健康食としての和食」「和食の味つけと薬味」「各地の郷土料理・伝統食」「正月料理と節句料理」「和食のマナー」「和食器と調理道具」「外国人から見た和食の不思議」のテーマで計一八八項目を、ご飯を中心にQ&A形式でやさしく簡潔に解説している。付録も、「和食独特の料理名・料理言葉」「和の暦」「和食における調理用語と器」「全国の主な郷土料理」と充実し、文字どおり和食の百科事典的機能を有している。

各項目の内容は、定番から興味深いもの、意外なものと実にバラエティに富む。一例をご く簡単に紹介すると、Q：日本人は右利きが多いのに、どうしてご飯が左、汁が右なのですか？　A：ご飯を大切に扱う心からといわれています（左大臣の方が右大臣よりも上位なように、日本古来から左側上位という文化から生れたものです）。本書は和食のノウハウばかりではなく、健康づくりの友としても、全国食べ歩きの友としても、きっと役に立つ存在になるに違いない。

3月19日号（3247号）

『おひとりさまの最期』

●上野千鶴子　●朝日新聞出版

在宅ひとり死の時代が到来した
――孤独が怖ければ人持ちになろう

「人間は、生まれでた瞬間から、死に向かって歩みはじめる。死ぬために、生きはじめる。そして、生きるために食べなくてはならない。なんという矛盾だろう」。作家・池波正太郎の有名な常套句だ。一方、葬式が〈喜劇〉のようにみえるマンガ家・蛭子能収は、次のように呟く。「〈人は死んだら、なにも残らない〉。だから年齢を重ねるたびに、死後の世界というものをまったく信じなくなりました。死は怖いものだけど、人は死んだら、きれいさっぱりなにもなくなるだけだと思えるようになったんです。そこで心に誓ったんです。死ぬことだけは、絶対にやめようと。それはもう〈決意〉に近いものかもしれない。だから、僕の人生の一番の目的は、〈死なないこと〉です」（『ひとりぼっちを笑うな』、ＫＡＤＯＫＡＷＡ）。

生まれたときの記憶はなく、死ぬときの記憶も、たとえあっても残らない。だから、はじめと最期の間の人生が大事になる。「〈勝ち組／負け組〉っていう言葉も、結局は収入の多寡が一番大きな要因になっているんじゃないかな？　でもね、金持ちと貧乏の基準だってみんな違うじゃないですか。仕事があって、ご飯を食べることができて、暖かい布団で寝ることができる。そして好きな趣味にもお金が使える。僕はそれだけで人生の自由を満喫できますよ」（『同上』）。池波も同様なことを述べている。「衣食住とそれからセックスが順調に満たされたら文句ないですよ。これはもう人間の最大理想でね。ぜいたくということじゃなくて、貧乏でも。人間の生活なんて、もうそれに尽きる」と。

「東日本大震災で被災した岩手、宮城、福島3県で、プレハブ仮設住宅での〈孤独死〉が毎年増え続け、昨年は51人だったことがわかった。5年で計190人に上る。男性が72・1％を、65歳未満も42・6％を占めた」（朝日新聞二〇一六年二月一八日）。これらの人たちは、人生の自由を満喫できなかったし、人間の最大理想にはるか遠い最期を迎えた。

これは特別な例だろうが、本書は、「アグネス論争」以来「ケンカ上手」で定評のある社会学者・上野千鶴子が、在宅の終末期ケアの中でもさらにハードルの高い独居の在宅死ができるだろうか？　加えて、ケアの「秘境」ともいえる認知症高齢者の独居在宅死は可能だろうか？　という課題のもとに書いた。「死ぬのは病院で」という常識が崩れた現在、家にいたい、がお年寄りの悲願なら、家で死にたい、もお年寄りの悲願。「終末期の在宅医療・介護」関連本は山のようにある。獲得できる目標を設定して勝ち癖をつけることが大事（要するに、負けそうなケンカは避けるということ）と考える著者は、相手を論破せず、どちらに理があるかを聴衆に判断させ、それによって社会の常識が変わっていく（朝日新聞二〇一五年四月二〇日）ということで、本書でも戦略的に、敵（類書）以上にまわりの聴衆（読者）を意識して書かれているようだ。本書は、『おひとりさまの老後』（法研）、『男おひとりさまの道』（法研）に続く三部作完結編だ。

在宅ひとり死は、（1）本人の強い意思があり、（2）利用可能な医療・看護・介護資源が地域にあり、そして、（3）それを入手できるいくらかの自己負担能力があれば、たとえ家族の介護がなくとも可能だ。金持ちならぬ人（友人）持ちならさらによい。なぜ在宅を望みながら、それが得られないのか……それには（1）家族、（2）医療専門職、（3）ケアマネジャーの三つの抵抗勢力があるかだ。例えば、（1）家族は、遠く離れた、めったに顔を合わせない親族が「がん」で、死にかけている年寄りを目の前にしてパニックに陥り、つい一一九番に電話をしてしまう、（2）多くの勤務医は病院しか知らず、在宅医療の現場に無知であり、こんな状態で自宅に帰すなんて、ましてや誰もいない独居の自宅に帰すなんて非常識、と考えがちだ、(3)介護は生きている間のこと、死は医療の役目……そういう役割分担が刷り込まれているケアマネジャーが少なくない、ということだ。ともあれ、自分が生きている間に自分のおカネを自分の幸せのために使う……これさえできれば、在宅ひとり死は不可能ではなさそうである。

同様に、認知症には環境の変化が望ましくなく、できればその方の住まいで穏やかに暮らすのが一番である。つまり、たとえ独居でも在宅死だ。「火事を出されたら困る」には「オール電化」で対応するように、インフラ整備で対応できるなら、方法はいくらでもある。寒暖の差のある屋外に出るのは健康によいし、四季折々の自然に触れるのは刺激にもなる。持ち物にGPSをつける手がある。石垣島では、「このへんに徘徊なんてない。お散歩があるだけ」だそうだ。有料のグループホームやサービス付き高齢者住宅に入居することを考えれば、決して高い費用ではない。ひとり暮らしの認知症の人は、家族と暮らす人よりもBPSD(行動・心理症状)が起こりにくいだけではなく、程度も軽い可能性がある。家族は、認知症で変わり果てた父親や母親に傷つき、怒ったりいらだったり叱ったりし、悪循環になることが多い。家族がいない方が認知症ケアはやりやすいようだ。独居の認知症者でも最期まで在宅、という選択肢は確かに存在する。

上野流のキーワード文章は、「親介護で離職や同居はダメ。あなたの老後を心配してくれるのは、親ではなくあなた自身だけ」だ。本書を読んでいれば、一九〇人の孤独死のうち、たとえ少数でも、より自分らしい死を迎えられたかもしれない。

4月2日号（3249号）

『食糧と人類――飢餓を克服した大増産の文明史』

●ルース・ドフリース［著］　小川敏子［訳］　●日本経済新聞出版社

食料生産は文明の発達そのものである――窒素とリンは農業の二大栄養素だ

二〇〇七年五月、ヒトが画期的なポイントを通過した。この運命的な日を境に都市居住者が多数派を占めるようになったのだ。これは、一万二〇〇〇年前に狩猟採集生活から農耕牧畜生活へと移行したことに匹敵する大転換だった。都市化していくヒトという種を養うために、実に地球全体の三五パーセントの土地が当てられていた。労働集約的な暮らしから都市暮らしに移行するにつれて、大家族である利点は薄らいだ。晩婚化が進み、出産年齢も高くなり、出生率が下がりはじめ、特に女性に教育と就労の機会が増えると、その傾向に拍車がかかった。一方、大部分の国では今も急激な人口増加が進行中だが、二〇五〇年には落ち着く見通しであり、そのとき、地球の全人口は九〇億人に達するだろう。そして、世界の人口の八割近くが都市住人になっている可能性がある。つまり、われわれは今、農耕をする種から都市生活をする種に変わろうとしている。

現在、世界各地で飢餓に苦しむ人数は一日一〇億人を切っている。肥満は一〇億人を突破している。飢えに苦しむ人々の数は減る一方、肥満は増えている。二〇〇〇年代末には、慢性的な飢餓状態のヒトと肥満のヒトの比率は五対八だった。高カロリー食品が手軽に安く買える、およびデスクワーク中心の都市型のライフスタイルという組み合わせが引き起こしているのだ。米国では今後、成人の過半数が肥満になる恐れがあり、二〇三〇年には肥満が八六パーセント以上を占めると予測されている。健康的な食生活に転換しない限り、食料大増産の成功はがらがらと音を立てて崩れていく。肥満は地球上の富裕層だけの問題ではない。途上国でも腹囲のサイズは大きくなる一方だ。人類史上、これほどまでの飽食の時代を迎えたことは一度もなければ、これほどの人口拡大に成功した時代もない。本書は、狩猟採集生活から農耕牧畜生活に移行してから、農業を中心にした食料生産が、どのように飢餓を克服して今日の大増産に至ったかを、丁寧に、時にスリリングに解説している。

新しく栽培するようになった穀類は種類が少なくデンプン質が多いので、木の実、種子、ベリー類、肉を主食にしていた頃よりも栄養状態が悪くなった。現存する頭蓋骨、骨、歯を調べると、炭水化物の多い食生活は、狩猟採集していた祖先に比べて虫歯が増え、鉄分が不足がちになり、平均身長が低くなった。他方、アリ、甲虫、シロアリ、ヒトでも農耕を営む種は、例外なく複雑な社会を築くようになる。それは劇的な転換であり、いったん農耕と複雑な社会へと舵を切った種が農耕をやめたという例はない。

植物が十分に成長するには、とりわけ窒素とリンが重要である。農業の歴史は、作物によって土壌から吸収された窒素やリン（など）の養分をどれだけ早く補給するか、のエンドレスな繰り返しともいえる。窒素は土壌、植物、大気を循環し、リンは土壌、植物、岩を循環する。地球本来のメカニズムでは、木々が枯れれば微生物と菌類が分解し、栄養素（窒素、リン）は再び土壌に入り、木々を成長させる。一巡するのに何百年とはいかないまでも数十年はかかるだろう。そして、養分は木に戻るだけで畑の作物にはいかない。焼畑はこの循環を早め、木や野生植物にいくはずの養分を作物のために使うのだ。定住生活につきものの土壌の養分補給という難題を、中国は巧みに解消した。彼らは、窒素とリンの循環を見事人為的に起こした。クローバー、大豆、小豆が土壌の地味を肥やし、米の収穫量を引き上げることを、おそらく三〇〇〇年前に彼らは理解していた。マメ科植物の根に生息する根粒菌という微生物の働きを活用して、窒素ガスの結合を切り離すことに成功したのだ。

時代が下がって、コロンブスの航海は文明の道筋を変え、自然界を再調整した。それは、人類が狩猟採集から農耕牧畜へと舵を切り、地球の風景を変えたことと並ぶ大規模な転換をもたらした。窒素、リンに関しても、南アメリカ西海岸に両栄養素がふんだんに含まれている「グアノ」と呼ばれる海鳥の糞が大量に存在し、硝石とともに二〇世紀に入るまで世界の農業を支えた。両者の枯渇後、二〇世紀初頭にドイツで開発された化学的窒素固定という最大級の転機が訪れ、リン鉱石とあわせて世界全体の食料供給量を増やし、確実に多くのヒトを養えるようになった。水洗トイレと下水は、窒素とリンの循環から人間の排泄物を排除してしまう。それまでは土壌から作物へ、そして人間の排泄物からふたたび土壌へという閉鎖的な循環ループだったものが、土壌から川と海に向かう一方通行の流れになった。都市は清潔になったが、屎尿は土壌に戻らないため、養分は補給されなくなってしまった。この先の新しい選択肢はまだ登場していない。

人類にとって、この惑星が生存可能であるための最も重要な要素は、何百万年もかけて進化してきた生物の多様性だ。地球とわれわれの繁栄をおもとで支えているのは、地質時代の安定した気候と生命維持に欠かせない養分循環である。さらに、なくてはならないのが、われわれホモ・サピエンスのために役立ってくれるたくさんの動物である。食材にならない種の働きがなければ、われわれは生きていくことはできない。枯れた葉と枝を分解する菌類がなければどうなるか。いずれ枯れ葉と枯れ枝に埋もれてしまうだろう。こんな理由からも、殺虫剤の使用は最小限にとどめるべきだ。たとえ病害虫であっても、完璧に撃退する方法はない。勝者なき闘いは、「昆虫学のベトナム」なのだ。

こうして、現在の繁栄は成功といえるのか、それとも多くの犠牲を払って一時的に解決しただけなのか、最終的な結論が出るのはまだ先のことだろう。

4月16日号（3251号）

『東京今昔物語――企業と東京』

●東京都不動産鑑定士協会［編］　●実業之日本社

老舗一九社のミニ社史が東京の過去・現在・未来を物語る――東京の街歩きの新しいガイドブック

本書は、約二〇〇〇名の不動産鑑定士と不動産鑑定業者からなる公益社団法人東京都不動産鑑定士協会が発行する会報誌「かんてい・TOKYO」に連載された「東京今昔物語―企業と東京―」を取りまとめたものである。都内の長い歴史と伝統をもつ優良企業一九社をピックアップし、各社にそれぞれの地域（不動産）とのかかわりを中心に、社史のダイジェスト版を寄稿してもらった。多くは広報部などの担当部署が執筆しているが、松本楼やマルベル堂のように社長自ら書かれたものもある。他の一七社は、資生堂、三菱地所、帝国ホテル、サッポロビール、東京急行電鉄、中村屋、三井不動産、明治記念館、西武グループ、ホテルオークラ東京、虎屋、吉徳、紀ノ国屋、タカラトミー、森ビル、ＩＨＩ、味の素社だ。

資生堂は銀座、帝国ホテルは日比谷、サッポロビールは恵比寿、中村屋は新宿、明治記念館は明治神宮外苑、松本楼は日比谷公園、ホテルオークラ東京は虎ノ門・神谷町、虎屋は赤坂、吉徳は浅草橋、紀ノ国屋は青山、タカラトミーは葛飾、IHIは石川島・豊洲、味の素社は京橋、マルベル堂は浅草などのように、東京人であれば各社が立地（関与）する地域が容易に思い浮かぶ。最も古いのは吉徳【正徳元（一七一一）年】で、ほとんどが戦前に創業され、最も新しいのはホテルオークラ東京【昭和三七（一九六二）年】であった。

東京という都市は、その基本的な構造・骨格が江戸時代からほとんど変わっていない。江戸の切絵図と現代地図を抱えて歩くと、意外なほど切絵図が〝available〟であることがわかる。評者は、「隅田川市民交流実行委員会」という江戸文化の華であった隅田川を首都・東京の生活と文化の創造の拠点にしたいと願って活動している環境市民グループに属し、下町を中心に東京中を歩いた経験からそう感じたのだ。意外なほど、という表現は、特に超高層ビルと高速道路の存在で、都市景観には当時と文字どおり隔世の感があるからだ。基本は低層のアジア的雑踏の中にマンハッタンの断片が混在する景色、それが今日の東京の姿である。本書は、江戸、明治、大正、昭和が随所に色濃く残る東京の街歩きを楽しむとき、よき相棒になってくれるに違いない。さらに、小さいときから慣れ親しんでいる会社の興味深いエピソードが、より充実した街歩きにしてくれることだろう。

一例をあげると、中村屋の創業者は中村さんではない。相馬愛蔵・良夫妻である。二人は、明治三四（一九〇一）年、本郷の帝国大学正面前にある「中村屋」を、繁盛店であったので看板もそのままに居抜きで購入し、パン屋をはじめた。クリームパンの創案がヒットし、店が手狭になったので、明治四二（一九〇九）年に新宿の現在地に移転した。新宿は、元禄年間に新たに設けられた宿場で、「内藤新宿」と呼ばれた。実は、内藤新宿は開設一九年後に一度閉鎖された。そして、再開するのに五四年もの月日を要した。理由は、旅籠の飯盛り女の客引きがあまりにもひどかったからだ。時は移って今の新宿、二百数十年近くたっても相変わらず客引きの姿が……。「歴史は繰り返す」とはよくいったものだ。良（黒光）は、ミッションスクールを出たハイカラ女性であり、新宿にアトリエを構えていた彫刻家・荻原守衛（碌山）が中村屋に入り浸るようになったのをきっかけに、中原悌二郎、高村光太郎、戸張弧雁、松井須磨子、会津八一らに交流の場を提供し、「中村屋サロン」と呼ばれた。インド独立運動の志士・ラス・ビハリ・ボースを中村屋に匿ったことは、「純印度式カリー」という新製品に結びついた。フランスパンをわが国で最初に発売した京都の進々堂創業者・続木斎や山崎製パン創業者・飯島藤十郎らも中村屋で修業した。現在も、本社ビルに中村屋サロン美術館を開設し、新宿の文化発信に大きな貢献を果たしている。

他の一八社にも、このようなエピソードが満載である。東京散歩を一層楽しくするために、本書とともに、『素敵な日本で、こころに残る旅をするにっぽんの旅⑤東京』（昭文社）のような江戸絵図や歴史ある見処・食べ処が一杯の案内書も携帯することをオススメしたい。

5月7日号（3254号）

『若い読者のための第三のチンパンジー
――人間という動物の進化と未来』

●ジャレド・ダイアモンド［著］　レベッカ・ステフォフ［編著］　秋山勝［訳］　●草思社

環境破壊が人類の未来の暗雲である――七〇〇万年前にチンパンジーから分かれた私たちの祖先は、言葉によって人間になった

晩年の司馬遼太郎は、二十一世紀まで生きられないと予感したのか、「二十一世紀に生きる君たちへ」（『小学国語』六年生、下、大阪書籍）という未来世代に対しての強いメッセージを送った。〈自然へすなおな態度をとり、人間は助け合って生きていかなければならない〉と。一方、著者ジャレド・ダイアモンドの息子やその世代に捧げられた本書も、長谷川眞理子の解説にあるように、〈この本は、人間という動物はどんな動物で、どんな点で他の動物とは違っているのだろうという疑問をテーマにしていますが、最終的には、私たちがこれからどんな社会を作っていけるかを探求するための材料を提供している〉と、若いヒトに人類の進化史や歴史に学んで将来の手引きとするように提案している。司馬のエンディングは、〈書き終わって、君たちの未来が、真夏の太陽のようにかがやいているように感じた〉と、必ずしも明るい未来を断定はしていない。本書では？

この本は、世界的なベストセラー『銃・病原菌・鉄――一万三〇〇〇年にわたる人類史の謎（上・下）』（草思社）の著者が、初期の作品『人間はどこまでチンパンジーか――人類進化の栄光と翳り』（新曜社）をベースに、その後の研究成果を取り入れ、若いヒト向けに書き換えたものだ。タイトルは、遺伝的距離の点から、ヒト、コモンチンパンジー、ボノボ（ピグミーチンパンジー）は同じ属として扱われるべきで（九八・四パーセントのDNAを共有している）、ヒトはまさに第三のチンパンジーに他ならない、という観点からつけられた。なぜ、私たちはチンパンジー（類人猿）から突然人間性の高みに押し上がることができたのか。二足歩行、脳の容量増大がすぐに思い浮かぶだろう。しかし、恐竜、鳥類も二足歩行を行い、さらに、脳の容量が現代人とほぼ同じくらいまで増大した後も、それから数十万年もの間、石器は非常に稚拙な状態でとどまり、また、六万年前、ネアンデルタール人は現生人類よりも大きな脳をもっていたことなどから、両者はその解決の決定打にはならない。

私たちが人間になった瞬間と呼べるときがあるとすれば、それは六万年前に遡る「大躍進」の瞬間に他ならない。ネアンデルタール人やフローレス原人らとの戦いで私たちの祖先、すなわち、クロマニヨン人を勝利に導いた最後の要因、つまり魔法のひとひねりがあったのだ。それは言葉である。解剖学的あるいは身体的な変化によって、複雑な話し言葉を操ることが可能になった。それは、人類の最も重要な要素、文化的多様性をもたらすことに繋がった。

その文化的多様性を加速度的に進化させたのは、一万年前から出現した農業であった。飼育下に置かれたチンパンジーは、美術専門家さえうなるような絵を描くことがある。他方、野生のチンパンジーで芸術作品を作った例はこれまで観察されていない。野生に生きるチンパンジーの日常は、食べ物を探すこと、生き延びること、ライバルの群れを追い払うことで精一杯だからだ。同様に、狩猟採集民には決してもてなかった余暇の時間が農業のおかげで授けられた。この余暇の時間を使い、私たちは芸術を生み出した。これこそ、農業が人類に与えた最大の贈り物だった。しかし、疫病を引き起こし（人口密度が高まったため）、男女間や社会的な階級間に不平等を生み、強権的な支配者による専制という害悪をもたらしたのも農業である。ヒトの文化的特徴の中で、よくもあり悪しくもあるのが農業なのだ。

ダイアモンドは、生物地理学［生物（植物、動物）の地理的分布およびそれに関連する問題を取り扱う学際的な探求分野」を重視する。民族間や文化間に遺伝的な違いに伴う知能の差があることを示す、十分な証拠などこれまでに発見されたことはない。もっていた遺伝子が優れていたから、ヨーロッパ人はアメリカ大陸とオーストラリアを征服できたわけではないのだ。彼らが征服できたのは、もっていた病原菌（特に天然痘）のせいであり、武器や船舶などの進んだ技術、文字による情報の蓄積、政治体制のおかげだったのである。例えば、地図を見ただけでも、旧世界の動植物は気候の変化に出会うことなく長い距離を移動していけるのがひと目でわかる。動植物は北半球の温暖な気候地帯から外れることなく、中国、インド、中東、ヨーロッパへと移動していった。しかし、新世界においては、北アメリカの温帯地域と南アメリカの温帯地域は、数千キロにもおよぶ熱帯地域で分断され、温帯地域に生きる種はそこに生存することはできない。アンデスで家畜化されたラマ、アルパカ、モルモットは、メキシコや北アメリカにまで到達できなかった。ジャガイモもアンデスから北アメリカに広がっていけず、北アメリカ原産のヒマワリもまたアンデスに辿り着くことはできなかった。もしも、北半球と南半球が九〇度回転していて、旧世界が南北に向かって伸びる軸をもち、新世界が東西に伸びる軸をもっていたら、旧世界では動植物の普及はもっと遅かったはずで、逆に新世界では急速に広まっていったことだろう。そうであれば、もしかすると、アステカやインカがヨーロッパに向かって侵攻していたことも十分考えられなくはないのだ。結局、大きな目で見てみれば、私たちがどんな人間になるのかという問題は、私たちがどんな場所に住んでいるかによって決まるものなのである。

　自分たちの子や子孫が生き延びられるか、地球が生存する価値のある惑星なのか、そうした問題について人類史上はじめて真剣に悩んだのが私たちの世代である。種としての生存に関して、頭上に二つの暗雲が垂れ込めていたからだ。雲のひとつは、全人類を破滅させる核の危機である。二番目の雲は、環境破壊の危険である。ダイアモンドは、前者に対しては楽観的だが、後者に対しては大きな危機感を抱いている。例えば、私たちはいまだに捕鯨を行い、熱帯雨林の森を伐採している。彼は、〈温暖化の方が深刻、原発を手放すな〉と強く主張する（朝日新聞、二〇一二年一月三日）。自然に学び、過去に学ぶ、というスタンスは司馬と同じであり、そうすれば、他の二種のチンパンジーの将来よりは明るいのではないか、という希望的予測で本書を終えている。

6月25日号（３２６０号）

『人間VSテクノロジー――人は先端科学の暴走を止められるのか』

●ウェンデル・ウォラック［著］　大槻敦子［訳］　●原書房

最先端技術は人類を幸せにするのか、滅ぼすのか――人工頭脳（ＡＩ）が人類を追い越すのは時間の問題だ

社会学者・上野千鶴子は、長年の教師の体験から次の印象をもった。「偏差値の高い学生さんは騙しやすいのに対し、そうでもない人は騙しにくいと思ってきました。子どもと同じように、彼らは相手の言語的なメッセージにではなく、非言語的なメッセージに反応するからです。このひとは自分に対して本気かどうか、と」（朝日新聞二〇一六年五月七日）。トランスヒューマニズム（ナノテクノロジー、バイオテクノロジーなどの新しい科学技術によって人間以上の存在になること）は、他の人間主義や宗教の影響を受ける世界観が、科学的手法や次々に立証される新事実を完全に受け入れることができずにいるために、それを補う理想像として生まれた。トランスヒューマニストは、偏差値の高い学生なのか。

オキシトシン（分娩時の子宮収縮作用を有するが、ストレスを下げ、母親のような優しさ、寛大さをもたらすことから、「愛情ホルモン」や「信頼ホルモン」とも呼ばれている）は、道徳強化剤と考えられている。例えば、鼻腔スプレーで既婚男性にオキシトシンを注入すると、美人の写真をみても、たとえ美人に会っても、浮気心が起きなかった。一方、詐欺師が騙す相手の信頼を得るために、オキシトシンを利用する手がある。オキシトシンによって詐欺師を盲目的に信頼してしまって損害を被っても、再投与によって再び被害を受けてしまうのだ。

さらに、プロプラノロール（β-アドレナリン作動性受容体遮断薬）も道徳的洞察力を高める。例えば、恐ろしい体験をした直後に服用すれば、心的外傷後ストレス障害（PTSD）を発症する可能性を小さくする。しかし、強姦被害者が襲撃直後にプロプラノロールを与えられたら、被害者の気持ちは楽になるかもしれないが、加害者に対する法廷での証言がマイルドに修飾されてしまうかもしれない。逆に、強姦犯が犯行前・後に飲んだら、罪の意識や後悔の念が弱まり、道徳の向上ではなく、未来の不道徳な行動に免状を与えてしまうことになる。このように、トランスヒューマニストは、道徳的行動をテクノロジーの力で強化できると主張するようになった。加えて、人間の限界を技術的な手法で超えることが可能だとも考えている。

本書は、大型ハドロン衝突型加速器（LHC）が極小ブラックホールを生み出す可能性はないと断言できず、地球が吸い込まれてしまうかもしれない、という衝撃的な懸念からはじまる。著者のウォラックは、常識を覆すような発見や道具が次々に飛び出すことをテクノロジーの嵐、すなわち、「テックストーム（techstorm）」と呼ぶ。にわか雨は植物の命を育むが、止むことのない激しい雨は破壊的な影響をもたらす可能性があるからだ。本書の中心をなしている議論は、私たち人類全体に自分たちの運命をコントロールする能力があるのかどうか、あるいは私たちの欲求や意図はすでに先進テクノロジーの津波の下に沈んでしまったのかどうか、ということである。人類が生み出した最も難解なゲームといわれる囲碁の人工知能（AI）「アルファ碁」が、世界トップ級のイ・セドル九段（韓国）を打ち破ったように、技術的特異点（技術的な可能性が人間の精神を踏み躙って人間の運命を決定するという特異点）は遠くないようだ。未来の歴史学者は、歴史を西暦の紀元のように、インターネット前（BI）とインターネット後（AI）に分けるかもしれない。コンピュータは、二〇二八～二〇三〇年頃に人間並みの知能をもつと予測されている。技術的特異点はその後すぐに続くという。

科学の道は、一段と細胞の生物学と死にゆく組織や器官の置き換えに関心が集まりつつある。平均余命の延長がもたらす危険のひとつは、医学によって、心は老化しているにもかかわらず体を生かしておく方法が次々に発見される可能性だろう。そうなると、精神生活がほとんどあるいはまったく存在しないのに生きている人々が、何百万人も施設に収容されるような事態を招きかねない。人生には限りがあると覚悟する必要がなくなったら、人生はどのようになるのだろう？　何百年生きても自分にとって有意義な活動がみつかるのだろうか、それとも退屈するのだろうか？　何十億単位で増え、資源をむさぼり、互いにいがみ合う、無限に増加する人類を地球は支えきれるのだろうか？　ウォラックは、極端な寿命延長をひとつの目標と定めるよりも、地球で暮らす人々全員の生活の質を向上させることが先決と考えている。なにせ、より多くの人が菜食主義になるよう遺伝子によって食欲変化させたり（菜食は肉を食べるよりもはるかに少ない二酸化炭素しか排出しない）、資源の消費が少なくなるように人間の身長を低くするという案や、臓器の提供者に適しているので豚と人間の交配種をつくるなど、何でもありで、それらは決して夢物語ではない。

本書は戒めの物語である。殺人ロボット（自律型致死兵器システム）、自動運転、デザイナーベイビー、マインドアップロード（人がコンピュータの中で自分の精神を再現するこうと）など、最先端技術の進歩は、ますます加速するだろう。私たち人類全体には、技術革新の期待と危険をうまく通り抜けていくだけの知性があるのだろうか。人間が、入ったときと同じ状態でこの世紀を出られる可能性はほとんどないだろう。技術的特異点を過ぎたら手遅れだ。開発がゆっくり進めば、安全対策を考える余裕ができる。時間にゆとりができれば、技術的特異点に目が向けられ、進路変更のチャンスが広がる。ウォラックは、次の言葉で本書を終えている。「未来を無事に航行するために、私たちがしっかりと意識してかかわることが求められている」。

7月9日号(3262号)

『お皿の上の生物学——阪大出前講座』

●小倉明彦 ●築地書館

料理の実践をとおして、生物学の知識の身体化を目指す大阪大学講義録——五月病に感染しつつある新入学生を目覚めさす科学エンターテインメント本

著者の小倉明彦は大阪大学教授であり、記憶が固定される仕組みを細胞レベルで研究している神経生物学者である。二〇〇一—二〇〇五年、文系・理系が混じった新入生に対する「基礎セミナー」の一環として、実際に学生と一緒に料理をつくり、それに関連した生物学を学ぶ「料理生物学入門」は、高校生までの受動的な「被教育」から能動的な「自己教育」に転換させる目的をもつ名物講義であった。「五月病予防薬」の役目も果たした。「カレーライスの生物学」、「ラーメンの生物学」、「ホットドッグの生物学」などの七つの講義は、『実況・料理生物学』(大阪大学出版会、二〇一一)にまとめられ、大好評を博した。最近、研究室の移転などで中断していたこの講義が、料理などの実習が伴うのはそのままだが、より

ベーシックな内容で復活した。

本書は、新しい講義四回分と予備の講義三回分に、理学部生物学科の学生実習「レポートの書き方」を加えた八つの講義から構成されている。順に、「味の話」、「色の話」、「香りの話」、「温度の話」、「食器の話」、「宴会料理の話」、「季節の食品の話」、「論文の話」だ。いずれの講義も、末尾に三項目の解説が付けられ、学術的な理解を助けている。本書のタイトルは二つの意味をもつ。ひとつは、お皿の上の料理についての生物学。もうひとつは、生物学自体を料理してお皿の上に載せる試み、すなわち、新入生に生物学（科学）の動機付けをすることだ。

例えば、はじめの「味の話」である。光の三原色は有名だ。一方、味にも原味がある。古来、それは四原味とされてきた。甘い、酸っぱい、塩辛い、苦いの四種類の味の組み合わせだ。甘味は糖の存在を意味し、塩味はミネラルである。酸味や苦味は避けるべき物質の存在を示唆している。甘味は舌の先、酸味は横、塩味は中央、苦味は奥で感じる、という味覚分布地図は、以前は理科の教科書にも載っていた。しかしながら、それらを感じる味蕾は至るところに存在し、特定の領域に限定されておらず、間違いであったことがわかっている。なお、辛味（塩辛さではなく、唐辛子やマスタードの辛さ）は、舌ではなく全身に分布する痛覚センターが感知する刺激応答、いわば舌の痛覚なので、生物学でいう「味」には含めないそうだ。しかし、汗が出るような辛い韓国料理、タイ料理やメキシコ料理の美味しさ、醍醐味、そして、辛さの程度による微妙な味の違いの魅力は、個人的には辛味を第五の原味としてもよいのではないか、と思えてしまう。

一九〇七年、東京帝国大学教授・池田菊苗は、コンブから「これぞ旨味」という物質を抽出した。グルタミン酸である。商品名は味の素。その専門担当センサーが発見され、「旨い」を加えて、目下、五原味が認められている。味の素は、一〇〇カ国を超える国々で販売され、楽しまれている。さらに二〇一〇年、ディーキン大学（オーストラリア）などの研究グループが、「脂肪酸味」という味覚を発見した。味蕾に存在するそのセンサーも同定され、目下、六つの原味が提唱されている。六番目のセンサー（CD36）の発現は肥満とも関連し、注目を浴びている。すなわち、CD36の発現の少ないヒトは、脂っこい食べ物に鈍感で、大量に摂取できるため肥満になりやすい。

本講義の実習の一部を紹介する。通常は、オレンジジュース、リンゴジュース、パインジュース、マスカットジュースを区別できないヒトはいないだろう。しかし、アイ・マスクをして、さらに鼻をつまんで飲むと、特にリンゴ、パイン、マスカットの区別が困難になる。私たちの日常の「味覚」は、触覚（舌ざわり）に加えて、かなりの部分、嗅覚や視覚にもよっている。「風邪をひいて鼻がつまると味がわからない」というのはこのことだ。また、脳で食べるという見方もある。例えば、ミラクル・フルーツという木の実を先に舐めてポッカレモンを舐めると、酸っぱくなくなる。ミラクリンというタンパク質が甘味受容細胞の甘味センサー分子と結合し、そこに酸（ポッカレモン）がくると、ミラクリンの構造が変わって甘味センサーを活性化する。甘味センサーが活動すれば、脳は糖がきたと解釈せざるを得ず、つまり、酸を甘く感じることになる。ミラクル・フルーツは、ダイエット食品として応用できそうだ。さらに、いくら清潔であっても、ビーカーのお茶、検尿用の紙コップのビールを飲む気にはならないだろう。

このようなリズム、内容で講義が続く。タル・ベン・シャハーの『ハーバードの人生を変える授業』（大和書房、二〇一〇）の日本版ともいえそうだ。

7月30日号（3265号）

『沿岸と20万年の人類史――「境界」に生きる人類、文明は海岸で生まれた』

●ジョン・R・ギリス［著］ 近江美佐［訳］ ●一灯舎

沿岸という枠から見た独創的な人類史――ホモ・サピエンスは陸と海が出合う沿岸という移行帯で進化した周辺種である

評者らは、一九七〇～七一年にかけて、津軽半島から北海道を目指してイカダによる津軽海峡横断を試みた。考古学的に少なからず証拠がある縄文人の海峡渡航を実証することが目的であったが、四回目に成功した。そのときに、本州から北海道が見えたので彼らの渡航意欲が高まったのではないか、と想像した。もしも、本州から北海道が見えなければ、難破以外の渡航はほとんどなかったのではないか。たとえ距離的に短くても、見えなければ太平洋に繰り出すのと変わりはない。

実際、近年まで、世界の海運は大部分が沿岸航行だった。探検家・フェルディナンド・マゼランよりずっと前に太平洋に進出していたポリネシア人は、一万もの島が存在したせいで、この海の驚異的な広さに気づかず、むしろ小さいと感じていた。島の多くは群島の部類に属し、住人たちは水によって島が離されているというより、水によって島がつながっていると感じていた。

ノルマン人（通称ヴァイキング）は、古代に海に出た人々と同様に沿岸を航行し、島から島へと移動して内海を征服したに過ぎず、インド洋や太平洋ですでに実現されていたことを成し遂げただけだ。つまり、海の周囲には陸があり、海という恐るべき無に対し、その周囲には海岸が並んで島が点在すると頭の中で想像して、海を制したのだ。古代や中世に海を渡ったヨーロッパの沿岸民族の中で、彼らが最も遠くまで進んだが、航海の性質は他の民族と変わらなかったのである。

本書のタイトルの一部は、約二〇万年前に現生人類のホモ・サピエンスが現れたことによる。ホモ・サピエンスは、遅くとも一六万年前にはアフリカの内部から東部の沿岸部に進出したと思われる。そして、五万年前にアフリカを出て、さまざまな認知能力が発達していくと、ネアンデルタール人など他のヒト属より有能な種となった。ホモ・サピエンスが最後に残ったのは、身体構造上の特徴ではなく、脳の発達が原因だ。言語の習得やシンボル行動などができたことが、他のヒト属との差だった。陸と海の境界への進出が、人類を大きく変えた。人類は海辺で現生人類に進化したという考えには、もっともな理由がある。現生人類は、イルカなどの海洋哺乳類と同様に、脳が発達し、脳の容積が大きい。イギリスの神経化学者・マイケル・クロフォードは、その理由を魚介類の摂取によるものと考えた。魚介類には、脳の発達に必要な栄養素の脂肪酸（特にＤＨＡ）が豊富に含まれているからだ。内陸では植物や動物の肉を食糧としたが、魚介類は入手できず、海辺で生活をはじめてから、脳の容積が今の人類と同じになったと推測される。そして、これが起点となり、社会的、文化的な進化がはじまった。

真のエデンの園は内陸ではなく沿岸にあり、ホモ・サピエンスは陸と海が出合う沿岸という移行帯で進化した周辺種だと考えるのが妥当である。また、石器時代からグローバル化が進んだ現代に至るまで、新しいことは常に沿岸の住民によってはじめられ、変化は内陸ではなく沿岸で発生してきたことも判明した。欧米諸国では、人類の歴史は大地ではじまり大地で終わると考えられているが、実はそうではないのだ。沿岸文明はゆっくりと平穏に発達したが、遺跡や文書が残っていないために、内陸文明と違って容易に調査することができなかった。だが、（水中）考古学の発展により、沿岸という移行帯の漁労採集民は豊かな物的資源や文化的資源を入手できたために、内陸の狩猟採集民より早くから定住生活を送っていた。

最終氷期が終わる前、すなわち、ちょうど一万年前には海面は現在より四〇〇フィート（約一二二メートル）も低かった。人類が暮らした場所の多くは、満ち潮に流されたり、高波にのまれたりして、あるいは海面上昇によって消失してしまった。最終的には、Homo littoralis（沿岸人類）が存在した痕跡はすべて消えてしまった。沿岸は歴史上に現れたり消えたりし、その速さは他の地勢より速い。ヨーロッパとアメリカの大陸棚に沿って遺物が発見され、これらの地で暮らした漁労採集民が適応力と創造力に富んでいたことが判明している。北アメリカでは、ヨーロッパ人が持ち込んだ伝染病によって先住民が激減してしまい、彼らが半農耕の狩猟採集民として活発に活動していたことを実際に目で見る機会がなかったために、先住民がいかにそつのない栽培者で捕食者だったか、ということを気づかなかったのだ。

世界の人口の半分が、海から一二〇マイル（約一九〇キロメートル）の範囲内に暮らし、二〇二五年にはその比率は七五パーセントに達すると推測される。この半世紀、沿岸部への移住は続き、これほど短期間での大規模な人口移動は、人類史上に類を見ない。沿岸域と定義される区域は国土のわずか一五パーセントであるため、アメリカの沿岸部の人口密度は内陸部の三倍にのぼる。海の波は岸に押し寄せるものだが、今や人間の波が、海に向かって強烈な勢いで押し寄せている。

こうして、将来、沿岸侵食や沿岸洪水から避難する人々は何十億人にものぼるだろうが、それらをみな乗せられるほど大きな箱舟はない。かつては漁業など海洋活動に関係する建物だけが沿岸に建てられ、住宅はすべて内陸に建てられていた時代があった。今こそ、われわれはこの賢明な法則に戻るべきだ。護岸や防波堤や浜辺の砂の補充などによって沿岸を防護する、という考え自体を捨てるべきである。自然を乗り越える方法は、征服しようとせず、ただ従うことだ。本書は、沿岸という枠から見た独創的な人類史であり、さらに、東日本大震災を経験した日本人にとって、沿岸で暮らすことを改めて考え直す機会を与えてくれる書でもある。

8月6日号（3266号）

『料理の情景』

●西村徹　●FOND

一日一組限定の、いつもシアワセ気分にさせてくれる赤坂のフレンチ「FOND」――コンタドールが最高の状態で飲めるレストラン

ブドー酒はねむる。
ねむりにねむる。
（中略）
わずかなわれらの日々の食事のためだ。
ハイホー
ブドー酒はねむる。
われらはただ一本の空壜をのこすだけ。
（長田弘：「ブドー酒の日々」『食卓一期一会』、晶文社）

本書は、東京の赤坂で、完全予約制で一日一組の客しか受けない、隠れ家のようなフレンチレストラン「ＦＯＮＤ」のオーナーシェフ・西村徹の料理のコンセプトを綴ったものである。オリジナル料理の写真が満載で、目でも味わえる。店名は、ソースのベースに使用される出汁の一種を意味する（和食のだしに相当）。タイトルから反射的に連想する本がある。池波正太郎の『食卓の情景』（朝日新聞社・新潮社）だ。「食」エッセイの名作である。池波のは、「家庭や店で味わう食卓の情景」、すなわち、家庭のぬくもり、サービスや客の質など食文化全体を評価するいわば総論的な内容であるのに対し、本書は「皿の上の料理の情景」に主眼を置く、料理中心の各論的内容である。

西村シェフが大事にしていることは、「ワインに合わない料理はつくらない」と「料理は食材が八割、調理が二割」だ。前者は、流行の、一時代のものを追うのではなく、「ワイン」という、変わらないその価値観に寄り添うことで、芯のしっかりとした料理をつくっていけるのではないか、というコンセプトに基づいている。ワインの香り、味に料理を「どのように合わせるか」「合わせるようにどうつくっていくか」という感覚だ。メイン・ワインは、スペインの天才醸造家・ベンハミン・ロメオによるものである。彼は二度来店している。すなわち、「ＦＯＮＤ」のただ一本の空壜とは、二年続けてパーカーポイント一〇〇点を獲得したコンタドールであろう。コンタドールの白と呼ばれるケ・ボニート・カカレアバとともに、肉や魚や多くの食材とすこぶる相性がよい。

食材が八割なら当然かもしれないが、築地で毎日仕入れている。材料がよくなければ、やりようがないのだ。一方、「素晴らしい食材ほど手をかけない」とよくいわれるものの、素晴らしい食材ほどしっかり手をかける。西村シェフの理想は、「大変手をかけているけれど、自然な料理」「奇をてらっていないが、結果として新しい料理」だ。食材に関しては、「食べものの食べもの」まで意識する。例えば、雷鳥は針葉樹を食べるので、付け合せに松茸を選ぶように。

フランスから来た客に、いわゆる正統派のフレンチを出したところ、「こういった料理なら、パリでも食べられる」といわれたそうだ。これをきっかけに、「日本で採れた美味しいものを使って、料理をつくるべきだ」と考えるようになった。また、包丁と味の関係を、鮨の名店「ほかけ」から学んだ。こうして、「フランス料理の香水文化」と「虫喰いをも愛でる加賀友禅のような日本文化」の両者の感覚を上手く合わせられるような料理を目指している。実際、最後まで箸で食べられるコースも珍しくない。

ここで、『食卓の情景』のように、各論から総論に話しを戻したい。「ＦＯＮＤ」は、いつも笑顔の由起子夫人と二人三脚で切り盛りされている。料理、ワインばかりではなく、調度品、雰囲気などいずれも上質だ。そのため、居心地がすこぶるよく、敷居も高くない。八名程度で一杯になる小さなレストランだが、和と洋が渾然一体となった、さらに素晴らしい情景を期待したい。

9月3日号（3269号）

『孤高のハンセン病医師――小笠原登「日記」を読む』

●藤野豊　●六花出版

ハンセン病という負の遺産を一歴史の日記から眺める
――小笠原登はハンセン病患者にとっての杉原千畝だ

今年で強制隔離を定めたらい予防法の廃止から二〇年、国の隔離政策を違憲と断じた熊本地裁判決から一五年を迎え、ハンセン病（らい病）の元患者の名誉を回復し追悼する式典が六月一六日、厚生労働省で行われた。今崎幸彦・最高裁事務総長が式典後、「苦しみと無念の中で亡くなられた方々に哀悼の意を捧げた。偏見差別を助長し、患者の人格と尊厳を傷つけたことについて四月におわび申し上げたところであり、今後このようなことを起こさないように具体的な方策を実行していく決意を新たにした」とのコメントを発表した（朝日新聞二〇一六年六月一六日）。

ハンセン病研究者・光田健輔は、東京市養育院医官の時代、院の規則を破ってハンセン病患者を無断で解剖したことを晩年、一九五〇年に悪びれることもなく回想している。当時は、こうした事実を公表しても死者に対する冒涜だとか、医の倫理に反するなどとは認識されず、光田への社会的評価をいささかでも貶めることもなかった。この翌年、光田には文化勲章が授与された。実際、国公立のハンセン病療養所は、ハンセン病を研究する医師にとって自由に解剖対象を確保できる場であり、患者の遺体は「材料」と呼ばれていた。このような光田らのスタンスは、アイヌの墓を発掘した児玉作左衛門（北海道帝国大学教授）が、発掘は決して盗掘ではなく、地元のアイヌ民族の了解を取り、発掘後は墓標を建て、アイヌの信仰に基づいて供養したと弁明するが、その一方で、墓の発掘に反対する人々を「迷信深い古老」「頑迷なる古老」と蔑視した態度と共通するものがある。

また、光田らが主導して一九二九年頃から強制隔離政策（無らい県運動）が実施され、一九九六年にらい予防法が廃止されるまで、自宅療養患者をも監視しつつ進められた。一九四八年、厚生省医務局長・東龍太郎が「癩病予防法を改正して、軽快者の退所をみとめるべきだ」という画期的な答弁を国会で行ったが、光田の「軽快者だとて出してはいけない」という主張の前に挫折し、無らい県運動の強化のみが合意された。

このような時代背景の中で、小笠原登は強制隔離政策と闘いながらハンセン病診療・研究を行った。小笠原は、一八八八年、愛知県海東郡甚目寺村（現あま市）の真宗大谷派の古刹圓周寺に生まれ、一九〇五年、真宗京都中学を卒業して僧侶の資格を得た。一九一五年に京都帝国大学医科大学を卒業、一九四八年まで同大学医学部附属病院皮膚科特別研究室（皮膚科特研）の主任（助教授）として、一九五五年まで国立豊橋病院皮膚科の医長として、一九六六年まで国立療養所奄美和光園の医官として、主にハンセン病の診療を担当し、一九七〇年に死去した。

小笠原は、京都帝国大学で初めてハンセン病患者の診察に携わった当時の診療室の実態を、後年、次のように回想している。〈其の頃の状態を顧るに我が癩診療室の空気は頗る人間性の無い存在であるかに扱はれて居た。毎土曜日に集って来る患者は七十名位あったが、狭い待合にはゐりきれずして大部分は戸外に立って居た。雨と雪とは傘で凌いで居るより外なく、寒風は吹くに任せて居るより外は無かった。……（中略）……待合室が汚れるに儘に打ち捨てられてあったので考妻に附添って来た一老人が「たゞさへ悲観して居る患者が斯様な室に入れられる時は一入の悲しさを増す」と云うので大掃除をして呉れた事があった。患者用の便所を汲み取るものが無いので小便が溢れて外へ流れ出して居たのも此の頃であった〉（原文ママ）。小笠原は、こうした診療室の実態を改革し、一九三六年には「癩は遺伝病に非ず」「癩は万病を懸絶する悪病に非ず」「癩は単に細菌性疾患であると云うに止まって強烈なる伝染病には非ず」「癩は治癒する」という標語を掲げるに至っている。こうした来歴を持つ皮膚科特研は、まさに小笠原の信念を顕示する場であった。

一般的な「救癩」は患者を絶対隔離に追い込む論理であったのに対し、小笠原の言う「救癩」は患者を治療し治癒させる論理であった。一九三八年、小笠原は「現在癩患者が苦痛としてゐるものは、癩そのものでは無くして、癩の誤解に基づく社会的迫害である。従って救癩事業の急務は、社会の誤解を除いて患者を迫害より脱せしめるにある」と明言している。こうして、小笠原は、皮膚科特研に患者を入院させることで、患者を国立療養所への強制隔離から守る「最良法」と考えていた。官費患者七名の枠を融通させて、資力の乏しい患者を官費で治療し続けた。隔離から患者を守るため、ハンセン病ではなく多発性神経炎としばしば診断した。小笠原はハンセン病患者にとっての杉原千畝であったかもしれない。小笠原も杉原も、ともに法律の枠内で巧みにハンセン病患者やユダヤ系避難民を守ったのだ。一九四七年、米国で製造されたハンセン病の特効薬・プロミンによる治療がわが国でも開始され、ハンセン病は「不治」と決め付けて絶対隔離を正当化してきた論理そのものが崩壊していった。それが、東による画期的な国会答弁に繋がった。それにもかかわらず、光田をはじめ療養所長らは、一九五一年の段階でもプロミンの効能を疑い、絶対隔離に固執した。現在の視点から光田らを糾弾するのは簡単なことだが、戦後まもなくのバックグラウンドを考えると、やむを得ない面もあったに違いない。一方、彼らがＥＢＭ（根拠に基づく医療）というセンスを有していれば、あるいは少しの想像力があれば、事態は小笠原の目指した方向に動いたであろう。本書は、学問的真理以外のいかなる権威にも屈さなかった小笠原を〝孤高を恐れぬ医僧〟と評して終えている。北海道浦河町杵臼の墓から研究目的で掘り出したアイヌ民族の遺骨一二体について、北海道大学は七月一五日、遺骨返還をめぐる訴訟の和解に基づいて遺族らに返還した。（朝日新聞二〇一六年七月一六日）。他方、ハンセン病患者の骨格標本などが遺族に返還されるのはいつの日であろうか。

9月10日号（3270号）

『「平穏死」を受け入れるレッスン——自分はしてほしくないのに、なぜ親に延命治療をするのですか？』

●石飛幸三　●誠文堂新光社

老衰の人のいのちの長さを延ばすことにこだわり過ぎない——自分の口から好きなものを食べて死を迎えるのがベスト

タレント・永六輔の死を、次女でフリーアナウンサーの麻里が次のように明かした。〈ふっと力が抜けるように、苦しむことなく『じゃあね』という感じで。本人も死んだことに気づいていないんじゃないかなぐらいに、自由な人だったから、自由に旅立った。照れ屋だから、私も姉も『えっ、今？』と夢でも見てるような感じで逝っちゃった。見事に生ききった。幸せな最期を家族と過ごせてよかった〉（東京スポーツ二〇一六年七月一一日）。

著者の石飛幸三は、東京都済生会中央病院副院長時代、スーパー血管外科医として絶頂期を迎えていた一九九六年、病院の不正調査委員会長になった。不正の調査報告をまとめたところ、病院側は一転して組織ぐるみの隠蔽を図り、調査書類は没収され、一〇年間も窓際に追いやられ、地位や名誉を失い、裁判にも敗訴した。この一〇年の苦節を経て七〇歳のときに、血管外科手術を武器にした延命至上主義に疑問をもったこともあり、メスを捨てて、世田谷区立特別養護老人ホーム・芦花ホームの常勤配置医となった。本書は、芦花ホームで体験し辿り着いた「平穏死」という考え方を紹介した「平穏死シリーズ」の最新刊である。この本のみ独立して読んでも、何ら不都合はない。

〈自然な最期というのは、もう食べなくてもいいのです。飲まなくてもいいのです。痛みも苦しみもありません。ただ眠って、眠って、いのちの終焉を迎えます〉。この死にゆくさまが、延命至上主義者であった石飛が「平穏死」に至った原点である。それは、二〇〇〇年の三宅島噴火によって芦花ホームに避難した八七歳の女性が、嚥下性肺炎で一時入院した病院に経鼻胃管を施されて芦花ホームに帰った際に、鼻から管を入れられている母親を見て号泣した息子が発した次の言葉がきっかけとなった。「三宅島では、食べられなくなったら水を与えるだけです。水だけで一か月は保ちますし、苦しまずに静かに息を引き取ります」（病院の胃ろうの提案は拒否していたが、三宅島に戻っていたので、経鼻胃管は会うまで知らなかった）。火が消えるときは、炎が細く小さくなっていって、スーッと消えていく。人間の自然な最期も、それと同じである。人間も自然の一部なのだ。自然の一部であるから、自然にいのちを終えていく、そうすれば最期は平穏なのである。永の死は、まさに平穏死であった。

すなわち、寿命が来て、人生の終着駅に近づいている人に、〝死なせない〟ための医療を施すことは、自然の流れに逆行している。本書は、外科医としてさんざん自然の摂理に挑んできた石飛が、「人はよけいな医療などしないほうが上手に死ねる」と言うようになった軌跡、自分の歩んできた航跡から見えてきたものを記したものである。そのよけいな医療の象徴として、胃ろうにフォーカスが当てられている。確かに、胃ろうは回復の見込みがある場合には有効な手段である。しかし、石飛は芦花ホームで元気になって帰った人を一人も経験しておらず、口からものを食べることがなくなった人は、口の中、顎、食道などの筋肉を使わなくなることで、一気に老化が進み、衰えていく。結局、胃ろうは本人の希望よりも、家族の「このまま逝かせたらかわいそう、何もしなかったら悔やむだろう」という「情念」が大きな要因なのだ。自分がして欲しくないものは、親や配偶者にもしないことだ。「情念」なんて捨ててしまえ、と石飛は主張する。

もしも、死の直前まで頭脳明晰・清新剛健であれば、死の恐怖に脅え、この世に未練たらたらであろう。老いというのは、安らかに逝くための自然からのギフトであり、最も安心なルートかもしれない。

9月17日号（3271号）

『気くばりのすすめ、三十四年目――どっこい、まだ生きております。』

●鈴木健二　●サイゾー

日本の男は七五歳まで働け、年金で生きていこうという考えはもってのほかだ――三〇代までに特異な技を磨くことが、幸せな五〇歳につながる

サブタイトルにあるように、あのレジェンドの元NHKアナウンサー・鈴木健二は、まだ亡くなってはいない。ただ、あとがきに〈本書が奇跡的に出版されたなら、表紙には「遺稿」の二文字が印刷されていることでしょう〉とあるように、ボロボロだ。そのため、熊本県立劇場館長（一九八八―一九九八年）として文化を求めて全市町村を巡歴し、NHK時代よりも充実したときを送ったようにみえる熊本県が、本年四月一四日からの地震で大打撃を受けたが、〈今日は五月一日です。今すぐ熊本に飛びたいのですが、病は篤く、杖を頼りによろよろ歩く体では、かえって迷惑をかけます。ただひたすら熊本県民の心に共通して流れる郷土愛の努力を信じるのみです〉と呟く他はなかった。

こうして、本書は八七年の自らの人生を振り返り、定年をキーワードにして後悔しない老後を迎えるためのノウハウを伝えているが、「遺言書」のような性格も帯びている。最後は、南インドの海岸での散骨をみたことから、〈あの満天の星の中の一粒となって、キラキラと永遠に輝くのだ……と、私は思い……そうなるのだ……と……信じています……〉という文で終わっている。

東京の下町育ちの鈴木は、小中学校や「静けさ」を求めて入学した旧制弘前高等学校での体験から、十代の終わりまでに得た友達は、生まれ故郷を本能的に恋い慕い、思い出す心の風景の中にいつまでも存在していて、特に、処世訓の一つ、「感動なしに人生はありえない」が実際の生活に反映できた弘高の三年間への思い入れは強い。充分な人生を送ったと思われる人の多くが、十代の青春時代に何らかの花を、自分の心の中に咲かせていたようだ。

対照的に、鈴木を全国区にしたＮＨＫ生活は超多忙を極めたが、肩を組み合って酒を酌み交わす友達が一人もできず、六〇歳の定年退職時に玄関で見送ってくれた人は一人もいなかった。弁護士で元フジテレビアナウンサーの菊間千乃が、一九九八年、「めざましテレビ」のロケでマンション五階から転落したとき、「ＩＣＵで一〇日間の治療を終え、テレビをみると、自分の出ていた番組にもう他のアナウンサーが出ていた。自分にしかできない仕事だと思っていたが、（アナウンサーも会社にとっては）一つの駒なんだと思った」とショックを受けたことを振り返っている（デイリースポーツ／神戸新聞社二〇一六年七月三〇日）。鈴木のＮＨＫに対する気持ちは、これに近いのかもしれない。

五〇歳のときに重度の糖尿病で左の腎臓を摘出し、それ以来、放送界酒豪番付東の横綱の看板を下ろし、酒に永遠の別れを告げた。このときに、五〇歳は人生の節目で、会社ならば幹部になれるか窓際族で終わるのかが決まる、そのためには、三〇代で何でもよいので得意技を磨くことだ、すなわち、「人生五〇年」という見解をもつに至った。同時に、「日本の男子は七五歳まで働け」という自家製の処世訓も得た。その信条に従って、熊本県立劇場館長の後に就いた青森県立図書館長を七五歳で辞し、フリーターとなって年金生活に入った。

定年退職は、それまでの人間関係がすべてご破算になる。その後、年金で生きていこうという考えはもってのほかで、孤独と餓死が待っているだけだ。男女ともに七五歳までは自分と家族のために働く時間であり、七五歳の誕生日からが老後だ。ここからは、社会の中で自分にできることをみつけ、周りの人たちと力を合わせて取り組んでいけば、八〇歳の天下の嶮を、なんとか明るく乗り切れるのではないか。その先には平原がある。このように、本書は悔いのない人生を送るための実用書でもあるのだ。

10月15日号（3274号）

『ディーゼル車に未来はあるか——排ガス偽装とPM2・5の脅威』

●杉本裕明、嵯峨井勝［著］　●岩波書店

ディーゼル車の排ガス由来の微粒子（DEP）は最強の環境汚染物質だ——排ガス対策がディーゼル車生き残りの大きな課題である

フォルクスワーゲン（VW）の排ガス不正問題は、記憶に新しい。〈VWは、「クリーンで燃費がよい」とディーゼルエンジン車を米国市場に売り込むため、不正ソフトを使っていたことを認めた。検査時には浄化装置が作動して米環境保護局（EPA）の排ガス基準をクリアでき、実際の走行中にはこの装置が無効化されて排ガスをまき散らし、その代わりエンジンはフルパワーで稼動する仕組みになっていた。世界中に販売されたVWのディーゼルエンジン車は年間ほぼ一〇〇万トンもの大気汚染物質を放出している。英紙ガーディアンの推定によると、この量は英国のすべての発電所、工場、農地、自動車から排出される汚染物質の総量にほぼ匹敵するという〉（ニューズウィーク日本版二〇一五年九月二四日）。

ディーゼル車のメリットの第一は、燃料の軽油がガソリンよりも安いことである。第二は、燃費がよいこと。ガソリン車よりも一〇～二〇％前後燃費がよく、温室効果ガスのCO2排出量も少ない。第三は、トルク（タイヤの回転力）が大きいため発進時や坂道を登るときに力を発揮し、エンジンが頑丈につくられているため、耐久性が高い。一方、デメリットの第一は、健康被害をもたらす粒子状物質（PM）やNOxの排出量が多いことである。第二は、精密な燃料噴射装置や複雑な排ガスの後処理装置をつけたりするために、車体価格が高く、同型車で比べると二〇万～五〇万円高い。

こうして、EU各国では、軽油が安く燃費がよいので、車のほぼ半分をディーゼル車が占める。他方、VW事件が起きた米国では、車全体の一％くらいである。早くから厳しい排ガス規制を課す上に、排ガスが汚く道路をいためるという理由で、軽油税を高くする政策を採っているからだ。わが国は約一〇％がディーゼル車で、その大半がトラック・バスのような大型車である。一九九九年の石原慎太郎・東京都知事によるディーゼルトラックによる大気汚染の訴えや国の規制によって、特にディーゼル乗用車が激減したが、大型車も含めて最近は増加傾向がみられる。

本書は、著者の一人である嵯峨井の『PM2・5、危惧される健康への影響』（本の泉社）

をベースに、ディーゼル車に焦点を当てたものである。ディーゼル車排ガス微粒子（DEP）のうち、とりわけPM2・5（大きさが二・五マイクロメートル以下の空気中に浮かんでいる微粒子）、ナノ粒子（〇・一マイクロメートル以下の超微粒子）が要注意だ。PM2・5は、タバコのタールのように蓄積性、毒性が強く、体内や家屋内から消え去るには相当の時間がかかる。PM2・5は、鉄筋コンクリート・アルミサッシ住宅でも大気中の五〇～七〇%、木造住宅では九〇%も侵入する。ナノ粒子は、極めて小さいため体内に侵入しやすく、毒性がさらに強い。DEPは環境中に放出される化学物質の中で発がん性が最強である。加えて、高齢者の記憶・認知機能を低下させ、自動車沿道に近い人ほど低下が著しい。PM2・5は、沿道から五〇〇メートル離れても汚染濃度は二十数%しか低下せず、ガスとは異なり拡散・減衰しにくい。

こうして、PMの規制は重要な課題となり、一九九四年の「短期規制」がその端緒となった。規制値に初めてPMが盛り込まれたが、米国から六年、EUから二年遅れで、規制値は米国、EUよりも二倍も甘かった。その後、規制値は段階的に厳しさを増しているが、この構図は継続し、現在は実質的にはEUより一〇倍以上緩い規制しか実施していない。例えば、環境省の中央環境審議会小委員会で、審議会会長が基準値未達成の測定局について、「測定局の位置を（よりクリーンな方へ）変えたら達成できる」という逆立ちした意見を述べたように、行政サイドの企業寄りのスタンスが目立ち、ＥＵとの差は広がるばかりだ。

トラック・バスは、当分の間はディーゼルが担わざるを得ないだろうが、乗用車は、ハイブリッド、プラグインハイブリッド、電気自動車へと進むことが予想される。将来、ＰＭやナノ粒子の個数規制が世界で採用され、規制値も強化されれば、ディーゼル車は技術革新で乗り切るか、あるいは撤退の道を迫られることになるだろう。ＶＷは、莫大な罰金が科せられ、信頼を失い、大打撃が予想されたが、意外にも、本年上半期の世界販売台数ではトヨタを抜いてトップに立った。来年は、規制対応型のＶＷ新世代ディーゼル車が日本に導入される予定で、その技術力、迅速性、柔軟性、したたかさをわが国の行政や企業が見習うべきだろう。

10月22日号（3275号）

『老いてますます明るい不良』

悠々とマイペースで生きる老人はみんな機嫌がいい
——明るい不良老人になるためのB級指南書

●嵐山光三郎　●新講社

ちょっと不良だった、涙を誘うシャンソン歌手・クミコに老人の本質を突いた言葉がある。〈老人を介護するオンナの人にとって一番つらいのが、お尻などを触られることだと聞いたことがある。まあ、老人になってもねえと眉をしかめる向きもあるが、これは当然のことであろう。いや、老人になればなるほど、人に触りたいし、触られたいのかもしれない。赤ちゃんの頃、コドモの頃、働き盛りの人の頃、と人に触り触られる機会は、それぞれ形を変える。でも、人の記憶は続いている。老人という人の中の記憶が滅びることなんてない。動物の本能は変わらない。人は触って触られるものだ〉（『ヘコタレナイ　人生はまわり道したっていいじゃない』、主婦と生活社）。

さらに、ずっと不良中高年を実践していたスタイル画家・長沢節が語る。〈広い世の中には老人が好きだという人はごまんといる。老人でなければイヤという若者もいるのをご存知ないらしい。老人は老人同士で求めあってもダメである。それこそ老醜が衝突するだけだが、老人と子供なら求めあうものが実にうまくかみあうだろう。老人は自信を持って青少年を誘惑することだ。それは異性と同性を問わずに成功率が高いのである〉（『大人の女が美しい』、草思社）。

著者の作家・嵐山光三郎は自ら明るい不良老人と名乗り、〈不良とは人間が本来の自分に戻る状況のことで、人間的営為をなそうとすると不良になってしまうのです〉と定義する。三人に共通することは、不良とは生理的な一種の自然現象のようである、ということだ。安西水丸がイラストを担当した幼児絵本シリーズ『ピッキーとポッキー』（福音館書店）の著者とは思えない守備範囲の広さが、嵐山の魅力だ。嵐山は、「昔はよかった」とは考えない。なぜなら一番いいのは「今」だからで、これは高校生のときからずっとそう思ってきた。すなわち、老人にとっても「今」がベストであり、本書は読者もそう思えるように、「七転び八起き」しながら誘導してくれる。

「七転び八起き」について、七回転んだら七回しか起きることができない、どうしたら八回起きることができるのか、と疑問を持った。自宅で缶ビールを飲んで寝転んでいて、宅配便のチャイムで立って、また寝転んだときにその謎が解けたのも不良老人らしい。立っている状態から数えるのではなく、最初は転んだ状態にあるのだ。つまり、そこから立って転ぶと「一起き一転び」になり、七回繰り返して「七起き七転び」、最後に立って「七転び八起き」となる。

こうした明解な解釈で、不良老人へと導いてくれる。〈会社で役員になるコツは大した自己決裁をせず、敵をつくらずに忍従する体力にある。なにがなんでも自己流を実施したい人は、独立してベンチャー企業をつくる。独立すれば「いい人」ではすまず、不良感覚を身につけなければ生きていけない。平気で敵をつくる〉。その成功のコツは、老人になるまで生を全うできなかった元祖不良（放蕩無頼）・色川武大による〈博打も人生も九勝六敗のヤツが一番強い〉だ（『友は野末に　九つの短篇』、新潮社）。九勝六敗に辿り着けなかったフツーの不良老人は趣味に生きることだ。

同年齢の不良隠居のエッセイスト・坂崎重盛と一致した老人の趣味は、①東京散歩、②山の湯探訪、③居酒屋めぐり、④古書店まわり、⑤銀座寿司店調査、⑥世界秘境視察、⑦「おくの細道」自転車走破、⑧句会、⑨大相撲。嵐山自身の趣味を加えると、⑩ローカル線の旅、

⑪廃線旅行、⑫芭蕉研究、⑬鏡花耽溺、⑭下駄の生活、となる。嵐山の場合は、趣味と仕事が一致しているところがうらやましがられるが、そのつもりで生きてきたのだった。不良老人にとって、なにか一貫とした本職に殉じることは美徳ではないのだ。こうして、男も女も、年をとってから「家族という牢獄」の中に閉じこもらず、明るい不良老人となって、この世を旅立つ最後の瞬間まで、楽しみを用意しておけば、死の恐怖を克服できるかもしれない。

『〈わたし〉は脳に操られているのか
——意識がアルゴリズムで解けないわけ』

●エリエザー・スタンバーグ[著] 大田直子[訳] ●発行/インターシフト 発売/合同出版

私たちは脳に操られる生きたマシンなのか
——意識に特有の非アルゴリズム的性質はまだほとんどわかっていない

明治維新の十傑の一人で、討幕軍の司令官であった大村益次郎の言葉。「数学や物理がわからなければ世の中のことはわからない」(Eテレ「先人たちの底力 知恵泉」、二〇一六年九月二〇日)。

一方、人間のことも、数学や物理がわからなければわからないかもしれない。神経科学分野の発展のおかげで、人間の行動が脳内のニューロンとそれに関係する化学物質との相互作用にどう関係しているか、理解がどんどん深まっている。現代の科学者の大半は、このような生化学的実体の仕組みが、人間の行動にとって唯一の決定因子であるという前提で研究している。周知のように、生化学的相互作用は一連の厳格な法則、つまり化学と物理の法則にしたがっているので、数学的方程式のかたちで表現できるほどである。私たちの思考や選択が脳内の化学物質によって引き起こされるのなら、やはり物理の法則で決定しているはずであり、したがって、原理的には数学的方程式で表現できる可能性がある。

このように、本書は、意識のある行為主体性とは、神経科学の重みの下で崩壊する時代遅れの概念であり、人間の意思決定のあらゆる局面は、坂をころげ落ちる石の運動を支配しているのと同じ決定論的メカニズムで説明できる、という自由意志や道徳的行為主体性を否定することからはじまる。石があなたの手を離れた瞬間に、あらゆる動き――ぶつかったり、曲がったり、回転したり――は、その瞬間の条件によってすでに決まっているのだ。

道徳的行為主体性が成立するのは、私たちの思考と行動は決定していないし、ニューロンや神経伝達物質の機械的活動によって生まれるものではない、という前提があってこそである。脳内の決定論的な化合物のやり取りが、私たちの行為の唯一の原因であるなら、私たちは不道徳な行動の責任をきちんと負うことはできない――倫理的な過ちを犯そうとする傾向が、道徳的行為主体によって克服されることはありえない。人間の悪の根源は脳なのだ。

例えば、一九二四年、エリート家庭出身であらゆる点で優位に立つ有能な若者、リチャード・ローブ（一八歳でミシガン大学を史上最年少で卒業）とネイサン・レオポルド（シカゴ大学の超優秀な法学生で、五カ国語以上に堪能な一九歳）は、ただ完全犯罪を信じているだけで、たまたま顔見知りの一四歳のボビー・フランクスを殺害した。この残忍な殺人ニュースは、その背景からも全国のあらゆるメディアを賑わせた。特に、人々を熱中させたのが裁判だ。世間は殺人者の極刑を求めたが、弁護人のクラレンス・ダロウの裁判史上、前代未聞の奇策が、ローブとレオポルドを死刑から救った。彼は、二人の殺人行為は決定していた、すなわち、二人は生物学的組成によってフランクスを殺させられたのだ、と主張した。その行動は決定していた——脳内のニューロン、血中のホルモン、彼らの育つ過程によって、その行動の責任を負うべきは、彼らの体という「機械」、彼らの脳である。ダロウは、すべての犯罪者は決定論的弁護に訴えることができるはずだ、といっている。

実際、多くの暴力的犯罪者の脳脊髄液（ＣＳＦ）サンプルの５―ヒドロキシインドール酢酸（５―ＨＩＡＡ、幸せホルモンと呼ばれるセロトニンの主要代謝物）が低いことが明らかになっている。逆に、高値を示す一部の犯罪者では、暴力行為が前もって計画されており、セロトニンが低濃度のときには衝動的暴力と、高濃度のときには計画的暴力と関係することが示唆されている。同じく、情動に大きな影響を与えるドパミンやノルアドレナリンの活動低下も、衝動的暴力の一因であることが示されている。さらに、自発的な行為の前に脳の電気活動が増加することが発見され、「準備電位」と名づけられた。例えば、手首を曲げる意識的な決断は、準備電位の三五〇ミリ秒後に行われていた（実際の手首の屈曲はその一五〇ミリ秒後）。私たちが意識的に行動を開始する約三五〇ミリ秒前に脳が行動の実行をはじめているのだ。つまり、意識される意志は私たちの行動を引き起こさない。原因は結果の前に起こるはずなので、自由意志は私たちの行動の原因ではありえない。こうして、自由意志や道徳的行為主体性は存在しないようにみえる。

このように、自由意志と道徳的行為主体性を擁護するのは確実に少数派のようにみえるが、実は著者のエリエザー・スタンバーグもそうなのだ。例えば、手を曲げようと決断することと、脳卒中により全身が麻痺し、左目のまばたきで文字を示して本を一冊まるごと頭の中で組み立てることとの違いは、後者の方が複雑というだけではなく、さらに深いように、スタンバーグには思えたのだ。動物の中でも原始的な種は、道徳的行為主体ではなく、決定している機械的なシステムであり、さまざまな有機物がアルゴリズムだけで作動する。他方、意識をもつ生物に関しては、新しい概念に基づく新しい法則に入れ替えなくてはならない。現在の決定論はロジックに飛躍があり、理論というよりも世界観である。決定論者は、圧倒的多数の証拠が自分たちに味方していると信じているが、それは妄信である。

しかし、ニューロンの構造や大脳皮質からは、まだ意志の秘密は何も明らかになっていない。スタンバーグは、これからの数年で、意識される行為主体性についての現在の理論に磨きがかけられ、新しい理論が提案されることを確信している。人間の思考がアルゴリズムではないことの説明が達成されるだろう。私たちが生物学的構造のアルゴリズムやメカニズムよりも優位なのは、進化の勝利である。数学や物理がわかっても、大村益次郎は自分の暗殺はわからなかった。

11月19日号（3279号）

『大統領の冒険——ルーズベルト、アマゾン奥地への旅』

●キャンディス・ミラード［著］　カズヨ・フリードランダー［訳］　●エイアンドエフ

第26代米国大統領・ルーズベルトの探検家としてのアマゾン旅行——1600キロの謎の川をブラジルの地図に記入した

垣根涼介の出世作『ワイルド・ソウル』（幻冬舎）は、アマゾンからはじまる。

「アマゾンに移住させることとは、わが国民を死地に陥れるのと同じようなものだ」（一八九八年、初代の駐ブラジル公使・珍田）

「アマゾンはとても外国人が住めるところではない。万一わが国民を移住させたなら、幾百名の移民は数カ月のうちにことごとく惨死するのは確実である」（一九〇〇年、同じくブラジル公使・大越）

「日本人がアマゾンに移住すれば、三代目にはサルになる」（一九五一年、サンパウロ在住の代表的知識人・アンドー・ゼンパチ）

一九六一年から、アマゾンでこれら三つのコメントのような生活を強いられた移民たちが、この移民事業自体が戦後の食糧難に端を発した口減らし政策、すなわち、国と外務省が推し進めた棄民プロジェクトだと知ったときにはじめる、日本政府に対する復讐劇だ。ジャングルで獣のような生活を余儀なくされる中、主人公の一人・衛藤が唯一、ブラジル原住民と接触した。それは、アメーバ赤痢に効く薬草を与えられるという幸運な出会いでもあった。

本書は、米国史上、最も愛された大統領の一人といわれるセオドア・ルーズベルトが、三期目の大統領選で劇的な惨敗を味わった翌年の一九一三年十月から翌年四月まで、招待講演も含めて行った南米旅行を綴ったノンフィクションである。特に、十二月からブラジル高原を通過するアプローチがはじまり、二月から四月にかけてのテラ・インコグニタ（未知の大地という意味）であった〈Rio da Duvida〉（謎の川）下りが圧巻だ。十月にブラジルに入国してすぐに会った外務大臣のラウロ・ミューラーによる「ルーズベルト大佐、未開の川を下ってみてはどうです？」という一言で、予定していた比較的安全な探検ルートを変更したのだった。ルーズベルトは、困難や壁にぶつかると、必ずといってよいほどより困難で高い壁にチャレンジすることに癒しを求める性癖をもっていた。そして、自分をギリギリの限界まで追いつめ、乗り越えることによって、ことの終結と心の安息を得ようとするのだ。

幹部隊員一一名、一般隊員のカマラダ（仲間の意味で、現地人の助っ人）一四八名ではじまった旅は、それぞれ六名、一三名で終えた。食糧や丸木舟不足などによる隊員の削減が最大の理由だが、溺死、殺人、遺棄によって失った隊員もいた。この探検は、米国側トップのルーズベルトとブラジル側責任者のカンディート・ロンドン大佐（ヨーロッパ人と原住民の混血で、アマゾンの測量遠征および原住民のサポートに生涯を捧げた）のやや異質な組み合わせが、ほとんどの隊員が生きて帰れるとは思っていなかった状況から奇跡の生還をもたらしたに違いない。お互いにリスペクトしていたからだ。殺人が起きたり、信頼できるカマラダの存在など、興味深い人間模様が描かれているが、常にこの二人が中心にいた。

ルーズベルトは、政治家の合理的な面も加わり、目的に達するための方法論よりも、結果を出すことが何より重要だと考えた。また、カウボーイとして、ハンターとして、そして兵士であり探検家としてのルーズベルトの最も確固たる信条のひとつは、ひとりの仲間の健康状態が残りの者の命を危険に晒してはならない、ということだった。そのため、このような旅では常に致死量のモルヒネの小瓶をしのばせていた。実際、マラリアとバクテリアによる化膿とで深手を負い、自力歩行ができなくなったとき、「私はここに留まろう」という決断を述べた。

一方、ロンドンは、ブラジルの辺境での貧しく苦しい生活体験から、結果を尊重する考え方に強く反発し、どんな場合にも彼自身の信じる法や正義のもとに行動しようとした。傾倒しているオーギュスト・コントの「実証哲学」の思想に沿って対立を好まず、ヒューマニストであった。食事中など、ルーズベルトは、ロンドンが椅子に座らなければ自分も座らなかったし、他方、ロンドンは、米国人たちに潤沢な食事をさせるために、彼の兵には食事量を減らすよう命じ、荷物を削減しなくてはならなかったときにも、カマラダたちの大切な供給食だけを捨て去って、米国人たちがより多くの荷物を探検にもち込めるようにしていた。

「謎の川」は、川幅が少なくとも一〇〇メートルはあってそれなりの深さだったものが、このあと、なんと最短でわずか二メートルしかない峡谷を怒涛のように流れる川となるように、実に手強い川下りであった。丸木舟を失っては新たにつくった。しかし、ジャングルはさらに手強い存在であった。絶え間なく降る雨で、ありとあらゆる昆虫が軍隊のように押し寄せた。レインフォレストでは、生きとし生けるものは、動物から昆虫、そしてバクテリアまで、保身と生存への本能のままに、常に獲物を狙っているのだ。ジャングルの木の低い枝や地面には、世界でもとりわけ毒性の高い蛇がとぐろを巻いていた。毒のあるカエルやヒル、音もなく徘徊するジャガーなどが急襲するのだ。加えて、目には見えなくても必ず存在する謎の原住民（シンタ・ラルガ：太いベルトの意味で、腰に太い木の皮を巻いている）は、いつ何時、毒矢の雨を降らせるかも知れなかった。

川と森の間を行きながら、隊員たちは、分厚い森林の緑をとおして、原住民の声をはっきりと聞くことができた。しかし、姿が見えないばかりに、それは余計不気味さを増した。原住民が一行を取り囲んでいることは、火を見るよりも明らかだった。シンタ・ラルガの意見は分かれていた。何人かは、外からの侵入者からは隠れていた方がよいという意見だった。逆に、他の何人かは、攻撃するべきと主張した。不思議な男たちは招かれざる侵入者であり、害を及ぼさないとは限らない。そして、一行が携帯している食料や価値ある道具類を奪うことができる。結局、シンタ・ラルガは彼らを見逃してくれた。これが、彼らが生還できた最大の理由であろう。シンタ・ラルガは、伝統的な意味での村長をもたず、すべての決断が全員の合意によらなければならなかったのだ。幸運にも、ルーズベルトたちは原住民に出会うことはなかった。

これほど痛快でワクワクする物語は、めったに見られるものではない。

12月10日号（3282号）

『エベレスト初登頂』

隊長ジョン・ハントが綴ったエベレスト初登頂記の決定版
――チームワークと酸素補給による勝利

●ジョン・ハント［著］　吉田薫［訳］　●エイアンドエフ

わが国を代表するジャズピアニスト・秋吉敏子は、一九五三年、東京で初めてのライブハウス「テネシー・コーヒー・ショップ」で、偶然にオスカー・ピーターソンの前で演奏する機会を得た。その演奏が認められ、初レコードを出すことになり、それが三年後に渡米するきっかけとなった。ピーターソンとのワンチャンスをものにしたのだ。〈私は、宇宙には眼に見えない波のようなものがあるのではないかと思っています。「タイミング」という言葉があります。そのような波のように上下する宇宙の動きを、私たちはコントロールすることが出来ません。コントロール出来るのは私たちの努力です。このコントロール出来る自己の波と宇宙の波がぶつかった時が、私にとってのタイミングです。仮に自然の波が私のほうへ来た時、私がそのタイミングを逃がさないだけの努力をしていなければ、人々から注目される機会を逃すことになります。もしも、ライブハウスがまだオープンしていなければピーターーソンとは巡り会えず、私は異なった人生を歩んだ可能性が高い。タイミングというものは私たちの人生を左右するといっても差し支えないと思います〉（秋吉敏子：『NHK人間講座 私のジャズ物語〜ロング・イエロー・ロード』）。

本書は、あまりにも有名なエドモンド・ヒラリーとテンジン・ノルゲイによる一九五三年のエベレスト初登頂記である。著者は隊長のジョン・ハントであり、最後のアタックをヒラリーが書いているので、まさしく決定版だ。わが国では長らく絶版になっていたため、二〇一三年版から翻訳出版された。

幸運にも、ヒラリーとテンジンもタイミングを逃さなかったのだ。後日、ヒラリーは述べている。〈天候に恵まれるなど、成功はさまざまな状況が重なった結果だったのだ。わたしは、ある意味で、エベレストは登られるのを待っていたような気がしている。そして、タイミングよくそれができる用意があったのが、われわれだったのだ〉。彼らは、タイミングを捉えるスキル・体力と幸運をもっていた。

幸運とは、まず、ヒラリーとサポーターとして大活躍したジョージ・ロウがニュージーランド人であるにもかかわらず、隊員として選ばれたことだ。国外からの応募者で当時英国にいなかった者については、条件的に優れていても断ることになっていた。二人は、以前のチョー・オユー登山などから英国隊に参加しており、その実力が認められていたからだ。ただ、英連邦の国民でなければ除外されたに違いない。年齢は、二五歳から四〇歳までとされた。ヒラリーは三三歳、テンジンは三九歳であった。さらなる幸運は、前年、一流のクライマー集団であったスイス隊が、頂上を目前にして天候に恵まれず登頂を断念したことだった。彼らが残した酸素や食料を利用できる、というおまけもついた。英国隊にとってではなく、第二次アタック隊であった二人にとっての次なる幸運は、第一次隊のトム・ボーディロンとチャールズ・エヴァンズが約八七五〇メートルの人類が登りえた最高峰であるサウス・ピークに立ったが、酸素補給器のトラブルでまたとない登頂チャンスを見送るしかなかったことだ。アタックを連続して行えるのは二回までだった。

この英国隊の隊長は、高名な登山家エリック・シプトンにほぼ決まっていた。しかし、運営委員会は、シプトンには頂上を目指すひたむきな闘志が欠けているとみていた上に、組織のリーダーとしての能力にも懸念を抱き、ヒマラヤで素晴らしい功績を挙げていたハント大佐を共同隊長に指名すると、シプトンは辞任した。ハントは、たちまち隊員の忠誠と尊敬を獲得した。シェルパたちからもほとんど不平が出なかったのは、ハントを中心に隊員全員によって築かれた良好な関係があったからだが、サーダー（頭）としてのテンジンの存在も大きかった。テンジンは、シェルパながら六度目のエベレスト登山であった。彼は、シェルパではなく、隊員として扱われた。軍人ハントがつくった組織は盤石であり、成功に導いた最大の要因だったように思える。

さらに、酸素の補給を重視したことも、重要な成功要因であった。酸素補給器を担当したボーディロンの最終アタックのときに、同行者のエヴァンズの補給器が故障したのは皮肉であったが、睡眠用酸素を用意するなど、酸素補給なくしての登頂はありえなかっただろう。数多くの無酸素登頂や単独無酸素登頂までがなされている昨今、英国隊の酸素に頼る組織登山は、一見、低レベルにみえてしまうかもしれない。しかし、何でも初めはこんなものであり、ハント隊の快挙があるからこそ、今日の大量のエベレスト詣でがあるのだ。例えば、以前は一〇〇メートルを一〇秒以内に走ることは不可能といわれた。一九六八年、全米陸上選手権予選でジム・ハインズが人類で初めて一〇秒を切ると、準決勝ではハインズに加えてチャーリー・グリーン、ロニー・レイ・スミスの三選手が九秒九を出した。これは、一〇秒以内で走ることは到底無理だ、という思考の壁が取り払われた結果であった。天候にさえ恵まれれば、エベレストの頂上がおカネで買えるようになった現在、本書の出版は意義深い。

12月17日号（3283号）

『50代からの「老いない体」のつくり方』

●満尾正　●三笠書房

五〇代にきちんと体のケアを行って、元気な老年期を迎えよう——キーポイントは「心のもち方」「食べ方」「体の動かし方」

元NHKアナウンサー・鈴木健二は、五〇歳は人生の節目で、会社ならば幹部になれるか窓際族で終わるかが決まる、そのためには、三〇代で何でもよいので得意技を磨くことだ、すなわち、「人生五〇年」という見解をもつに至った（『気くばりのすすめ、三十四年目——どっこい、まだ生きております。』、サイゾー）。

本書は、その直後の五〇代は、「老年期」に備えて新たな活力を養う大事な時期であり、その過ごし方によって、天寿をまっとうするまでの数十年間の幸福度に大きな違いが出ることから、食習慣、運動、睡眠などを含む具体的な生活習慣を見開き二ページを一項目として、図や写真を多用し、計五三項目をやさしくわかりやすく解説したものである。著者の満尾正は、二〇〇一年に日本人で最初の米国アンチエイジング学会認定医となり、翌年には米国先端医療学会キレーション（キレート剤を体内に投与し、有害金属を排出すること）治療認定医も取得し、わが国のアンチエイジング医療の草分けの一人だ。各項目は六グループに分けられている。それぞれ、興味深いものを一つずつ紹介したい。

①今日から変わる！「五〇代からの人生」●男性は「朝立ち」が減ってきたら要注意‥男性にも更年期がある。四〇代半ばから六〇代半ばにかけて、疲労感、抑うつ感、不眠などの不快な症状が出てくる。朝立ち（早朝勃起）がその信頼できる目安となり、男性ホルモン減少と関係している。男性医学の父ともいわれる熊本悦明札幌医科大学名誉教授も、九〇歳までは朝立ちがあり、なくなると心筋梗塞、脳卒中などのリスクが高まる、と警告している（日経トレンディ、二〇一五年六月一一日）。

②実感！五〇代の体が若返る「食習慣」●まず「五〇代の肥満は病気」と考える‥中年以降の肥満は、内臓脂肪型肥満と呼ばれる。五〇代の肥満の割合は、男性が三割強、女性が二割強である。内臓脂肪型肥満は、血管系の病気を引き起こしやすく、脳卒中や脳血管性認知症の発症リスクを高める。さらに、慢性的炎症状態であることから、がんや糖尿病などの生活習慣病も引き起こすので、肥満は決して軽視できない。

③五〇代から「サビない体・コゲない体」をつくる食材　●五〇代以降は、コレステロールよりホモシステインに注意！：体の大敵は、コレステロールや血圧よりも、体内でつくられるアミノ酸の一種のホモシステインだ。悪玉LDLコレステロールを血管壁に沈着させ、動脈硬化を引き起こすからだ。高脂血症とは直接関係ない独立した動脈硬化危険因子であり、血管性認知症、アルツハイマー病や骨粗鬆症の誘因にもなる。ビタミンB6、B12、葉酸やタウリンの摂取が効果的である。

④五〇代の体がよみがえる「満尾式・体の動かし方」　●血圧を下げるには、血流をよくする運動を！：血圧は通常、収縮期圧が一四〇mmHgを超えると高血圧症と診断されるが、「年齢＋九〇」であれば問題はない。すなわち、五〇歳以上の人は一四〇を超えても心配する必要はないが、一八〇を超えたら要注意だ。血圧を下げるには、「歩く」のが最良の方法であり、額に汗がうっすら浮かぶ程度で充分である。さらに、筋肉に負荷を与える運動（ストレッチ）も有効だ。

⑤熟睡できる五〇代は、いつまでも「脳」が若い！　●「腹式＆鼻呼吸」が、脳を健康にする！：呼吸は呼気が大切で、副交感神経を刺激して休息モードになる。ポイントは、吸気の二倍くらい吐くことだ。このとき、背筋を伸ばして、お腹をへこませたりしながら「鼻呼

吸」をする。つまり、「腹式&鼻呼吸」になり、横隔膜を強化し、呼吸力を高める。「口呼吸」は、口からさまざまなウイルスや細菌が侵入して免疫力を低下させ、顎や口元の筋肉が緩んで、だらしないフェイスラインの原因にもなる。

⑥元気で長生きできるかは、「腸内環境」で決まる！●「朝、一杯の水」が腸を目覚めさせる！：下痢よりも便秘の方が好ましくない。便秘は、悪玉腸内細菌を増加させて毒素を発生し、免疫力を低下させる。慢性の便秘は、大腸がんだけではなく、乳がん、子宮がんの発症リスクも高める。これには、（一）朝、コップ一杯の冷たい水か、冬なら白湯を飲む、（二）食物繊維の多い食事を心がける、（三）一日一回、発酵食品を摂る、が有効だ。

山のように類書があるこの分野で、本書は五〇代にフォーカスを絞った点がユニークであり、健康寿命を延ばすよきナビゲーターになってくれるに違いない。

2017年

1月14日号（3286号）

『ニワトリ――人類を変えた大いなる鳥』

●アンドリュー・ロウラー［著］ 熊井ひろ美［訳］ ●発行／インターシフト 発売／合同出版

ニワトリの光と影の歴史――日常生活で見なくなったニワトリは、大量生産工場で爆発的につくられている

本書は、ニワトリの起源とされているセキショクヤケイに〈ありがとうを言うために、この鳥を救いたいのだ〉で終わっている。ニワトリは、原種とはまったく異なった形質にさせられ、大量生産工場という地獄で爆発的につくられている。こうして、純粋なセキショクヤケイを、臆病で敏感なもともとの性格のまま、生まれ故郷の東南アジアの森やジャングルに返すことは、私たち人間の最も忠実で多才な伴侶であることを身をもって証明したこの動物に、敬意を捧げるための行為なのだ。イヌやネコとともに、ニワトリは人間にとってごく身近な動物である。しかし、イヌやネコほど、その実態や歴史はあまり知られていない。

セキショクヤケイは、何千年も前に、東南アジアのどこかで人間社会と融合したのだ。早

朝と夕方遅くに餌を食べ、日中の最も暑い時間は日陰で休んでいるリズムは、熱帯地方における初期の農業社会の多くと同調していた。雑食性とはいえ、タケノコのような茎や生きている虫の方が、穀物や草の葉や死肉よりも好みなので、初期の農民たちと仲よくなれたのだろう。セキショクヤケイの家畜化が起きたのは一度きりで、場所はタイであり、そこから世界中に離散した、という論文（ＰＮＡＳという一流雑誌）を書いたのは、秋篠宮文仁親王であった。

すなわち、ニワトリの移動ルートを知ることは、人類の移動ルートを知ることなのだ。ニワトリの最大の旅は、太平洋を西から東へ横断したことで、この大移動は一六世紀以前には人類最高の偉業でもあった。例えば、紀元前一〇〇〇年から西暦一五〇〇年までのイースター島のサンプルは、古代のチリのニワトリのものと一塩基対しか違わなかった。つまり、ほとんど同一ということだ。これは、ポリネシア人がコロンブス以前に新世界に辿り着いた可能性を示唆している。

ニワトリが食料になったのは、結果論でしかないのかもしれない。現代のニワトリの特徴である豊かな肉量と多数の卵は、何千年にもわたる人類の介入の結果に過ぎず、原種の特性ではない。食料以外に、魔術的であると同時に実用的でもあった。占いをする力を備えていただけではなく、旧世界のほとんどの地域でニワトリの宗教的な役割が増していったのは、信仰の変化を反映する能力があったからだ。神に捧げる生贄としても、小型ですぐ繁殖する動物は理想的だった。さらに、華奢な骨は、縫い物や刺青や、小さな楽器をつくることにも使えた。雄鶏の豪華な羽は、衣類を飾り立てるのに役立ったし、この鳥に薬効成分が含まれていることはよく知られていた。特に、戦闘に適した能力で、闘鶏という娯楽を世界中に提供してくれた。縄張りを守ろうとするときの雄の獰猛さは、史上最大の二本脚の恐竜であるティラノサウルス・レックスのアミノ酸配列のうち、およそ半ダースがニワトリのものと完全に一致する、という事実に由来しているのかもしれない。ティラノサウルス・レックスは、本質的には大型のニワトリともいわれるのだ。

世界中のイヌとネコとブタとウシの数を合計しても、ニワトリの数の方がまだ多い。地球上のあらゆるネズミの数を足しても、まだまだ届かない。常時、二〇〇億羽以上が生息しており、ヒト一人につき三羽の割合だ。世界中で一カ国と一大陸だけ、ニワトリがいない場所がある。小さなヴァチカン市国には鶏小屋を置くスペースがないからだ。一方、南極大陸は、国際条約によりペンギンを病気から守るため、生きたニワトリも生の鶏肉も持ち込みを禁じられている。

コケコッコーと鳴く雄鶏は、何千年もの間、納屋の前庭もニワトリの象徴性も牛耳ってきたが、現代世界における目覚まし時計の普及と無精卵の需要増のさなか、今や雌鶏の時代が始まろうとしている。雄鶏は、肥料かペットフードになる以外に、経済価値はほぼ皆無だ。十数年も生きることがあった雌鶏が、今ではわずか六週間で肥らされて屠畜されるようになった。このような出来事は、人類史上初めてのことだった。主要な食料――肉、乳製品、穀物、果物、野菜――の中で、これほど急速に量も規模も拡大したものは、他に記録がない。ニワトリの運命は、絶滅する運命ではなく、増殖する運命だ。ニワトリは地獄に堕ちていて、そこから出ることはないだろう。すでに地獄にいて、今後、さらに多くのニワトリが地獄に堕ちるだけなのだ。食用として飼育される家禽は、動物の福祉を統制する米国政府のありとあらゆる法律から除外されている。

しかし、希望もある。フランスの家禽の女王にして、王者の家禽と賞賛されている「ブレス鶏」や、ベトナムの「フモン鶏」のように、伝統的にまっとうに飼育されたものは断然美味しいのだ。例えば、ラオスの国境付近のあるベトナムの市場町では、淡い色の大きな胸肉をもつ産業用ニワトリが、地元の品種よりも安いのに売れ残っていた。「本当は、誰も好きじゃないんですよ」と売り手が打ち明けてきた。「味がないいんだもの」。

もし、私たちが他の惑星へ移住するときがきたならば、最も重要なタンパク質源として、ニワトリをまず同行させるだろう。実際、ＮＡＳＡは、ニワトリが火星旅行を生き延びられるかどうか研究している。ニワトリと人類の二人三脚は、まだまだ続くことだろう。

1月28日号（3288号）

『土の記 上・下』

●高村薫 ●新潮社

農事と土と自然のすべてが身体に滲み込むということ——高村薫の新境地

一九六七年、武満徹は、長野県御代田の山荘で、彼の国際的評価を決定付けた「ノヴェンバー・ステップス」を作曲した。鳥や虫の鳴き声、風の音、木々の音や匂いなど、すなわち、自然からの呼びかけに身を任せ、調子が悪く声が割れたような農協の拡声器のアナウンスまでもBGMにして生まれた作品だ（NHK総合TV「あの人に会いたい」、二〇一六年一二月二四日）。本書も、奈良県大宇陀の山地にある限界集落に近い農村が舞台で、御代田のように自然が一杯であり、植物の香りが充満し、鍬の一振り一振りごとに土の匂いが立ち、日の光を浴びたミミズやケラや蝉の幼虫たちが声もなく這い出してくるところだ。

主人公の上谷伊佐夫（旧姓・佐野）は、東京の国立の出身であり、東京の大学を出て、恩師の紹介で関西にあるシャープの前身の早川電機工業に入社し、大宇陀の旧家に養子に入った。上谷の長女である妻の昭代は、不可解な交通事故でびまん性軸索損傷（頭部外傷後、意識障害があるにもかかわらず、ＣＴ・ＭＲＩなどで明らかな異常所見を認めない病態）となり、一六年間植物状態が続き、伊佐夫の介護が実らずに、東日本大震災の前年一月八日に死亡した。本書は、その年の六月からはじまり、七二歳の伊佐夫の農作業を中心とした日常生活が、あたかも亡霊の昭代と一緒に暮らしているかのようにストーリーが展開し、翌年九月に突然幕を閉じる。

伊佐夫は、田舎の旧家の養子になるぐらいで、女房の尻に敷かれてちょうどよいぐらいの大人しい人物であった。一方、昭代は美人の誉れ高く、細かい論理には向かない代わりに、大胆な発想をする女だった。実際、昭代は不貞を働いていたらしく、交通事故にもそれが関連していたことが示唆されている。しかし、二人とも稲作をはじめとする農作業には実に熱心であった。〈ふと自分がヤモリかゲジゲジ、あるいはカメムシになって、この柱や梁、壁土、天井、畳などと一体化したような感覚に襲われ、四十年の間に自分は旧姓の佐野ではなく、もう完全に上谷の人間になって、上谷の地所で上谷の人びとと同じように考え、生きているのだと感じる。昭代の身体の一部だった農事と土と自然のすべてが、確かに自分の身体にも滲み込んだのを感じる。あるいはまた、上谷や集落の人びとと同じように日々祖霊たちの気配とともに暮らし、地虫や鳥や獣の声が聞こえ、ときには幽霊にさえ出会う〉、と。

自由奔放で、自称小股の切れ上がった熟女のキクエ小母さんを連想させる昭代がいて、祖霊たちの気配が充満し、幽霊が出現し、伊佐夫にイノシシかクマになったと感じさせるトーテミズムのような興奮が生じ、終始土の匂いがして、その土による対照的な最終場面などは、本書が、同じく山梨県の限界部落を賛美した『四人組がいた。』（文藝春秋）のアンサーソングならぬアンサーノベルと言えるかもしれない。

かつて、伊佐夫に恋心を抱いた昭代の妹の久代の亭主が十一月に病死し、その後、プラトニックな関係ではあったが、二人は連れ合いを亡くした者同士、夫婦のように振る舞った。しかし、それ以前から伊佐夫は、〈最近は自分のなかで昭代と久代の区別がつかなくなりかけていることや、日々影が薄くなってゆく昭代の上に久代の顔や声や物言いが上書きされてゆくような感じ〉をもっていた。そして、〈死んだ者はいかにしても生きている者と張り合うすべはなく、生きている者の記憶のなかで一秒毎に薄れてゆく運命に抗うために、むしろ言語を絶した努力を重ねるのではないか。そんな死者の囁き、つまり、死んだ昭代との他愛もない会話のような男と女の戯言の積み重ねが人類の歴史をつくってきたのではないか〉、という大仰な着地をしたりした。こんな伊佐夫と昭代と久代の関係は、二〇一一年九月四日、台風十二号による大規模な深層崩壊による土石流によって終わりを告げた。穏やかな日常は、最後の最後で突然ひっくり返される。〈生きるときは生きるし、死ぬときは死ぬ。人間だったらこういうものだ〉、と著者（「大地に染みこむ記憶と生きる」、朝日新聞二〇一六年一二月二八日）。

こうして、伊佐夫のノヴェンバー・ステップスは未完のまま終了した。普通なら百ページも必要としないようなストーリーを、上下二巻にしてしまう著者の筆力は、流石としか言いようがない。

2月18日号（3291号）

『死にゆく患者《ひと》と、どう話すか』

●明智龍男［監修］　國頭英夫［著］　●医学書院

死にゆく患者には、優しい言葉よりも優しい態度が必要だ
――末期がん患者に接する極意

四度の結婚をしたアーネスト・ヘミングウェイは、『武器よさらば』を書くきっかけとなった初恋を、一九歳の時に第一次世界大戦で負傷して入院したミラノの赤十字病院で体験した（「ヘミングウェーの初恋」、NHKBSプレミアム、二〇一七年一月一七日）。相手は、同じく米国から志願してイタリアに渡ったばかりの七歳上の美人看護婦、アグネス・クロウスキーだった。アグネスは、モチベーションが高く、立派な看護婦だったらしいが、アーネストの退院後も、手紙は熱い想いに溢れていたものの、日記には彼のことはほとんど記さずに手紙とは大きなギャップがみられ、他の男性とも恋仲になるなど、アーネストに負けず劣らずの積極的で不可思議な女性だった。知り合って約八カ月後に、米国へ帰っていたアー

ネストに結婚の約束を破棄する手紙を一方的に送り、二人の関係は終わった。「死にゆく患者と、どう話すか」、すなわち、末期医療における医療従事者の態度やパフォーマンスには、アグネスと共通するものが少なからずあるように思える。

本書は、肺がんを専門とする呼吸器内科医師・國頭英夫による、一三名の日本赤十字看護大学一年生の学生との基礎ゼミ「コミュニケーション論」の講義が詳細に紹介され、末期がん患者に対するコミュニケーションの取り方、接し方のスキルが身につく。〈私は基本的に、日本の未来を悲観視しているが、ここにだけはそれを覆すポテンシャルがあると思うようになった〉と述べられているように、著者の単純ではない要求に真正面に対応する真摯な学生の態度は素晴らしい。しかし、本書の真髄は、著者の長年の臨床経験、読書経験、社会経験から得られた、國頭節とも言える何でもありの言葉のサーカスであり、時にピエロが登場し、ブランコから落ちそうになったりした。その一端を紹介する。

医療者と患者のコミュニケーションにおいて、言葉が果たす役割はわずか七%で、残りは表情・姿勢・身振りなどが五五%、声の調子が三八%、つまり九割以上が言語以外の要素で決まっている、と報告されている。それを受けてか、「医者が、患者の信頼を得る方法」を編み出した。【基礎編】その一。休日に回診すること（これが一番ウケがいい）。その二。回診の時には体に触れること（触るのはどこでもよく、患者は「診てもらった」気になる）。その三。話す時には、こまめに座る（椅子に座って話せば、「この人は自分の方を向いてくれている」と考えるようになる）。その四。患者さんは名前で呼ぶ（例えば、世の中の爺さん婆さんは、医療者から「おじいちゃん、おばあちゃん」と呼ばれることを非常に嫌がる）。【応用編】その一。婆さんの患者に抱きつくこと（結構効き、人前でやるのがコツ。「女性らしくあろう」としている上品な老婦人、なんてのには慎重に）。その二。爺さんにも抱きつく（なだめる時に効果的。若い看護師がやっちゃダメ）。その三。代替治療・健康食品などについては一律に禁止しない（頭ごなしに全部止めろ、なんて言ったら、闇に潜るに決まってる。家族共々、いい気分で治療を受けさせる方が優先）。その四。贈り物は喜んで受ける（「そういう決まりになっているから」と突っ張るのは、小役人根性というもので、一番嫌い）。その五。回診の時に食べ物を勧められたらその場で食べる（臨床医を三〇年やってて、これはその極意の一つ）。

〈ホスピス病棟などでは、看護師さんが非常に高率にバーンアウト、つまり燃え尽きてしまうそうです。それは特に、まじめな人に多い。全身全霊で、家族や恋人を看るようにやっていれば、そりゃあ燃え尽きますよね。患者の一人一人に個人的思い入れをしていれば、やってられなくなるのが当然でしょう。いかに患者と心理的に距離を置くか、そして、あえて言えば「演技として」患者に優しく接するか、というのが非常に重要になります〉。すなわち、いい医者になることは難しいが、いい医者を演じることは可能である。〈いい人かどうか幼稚園くらいで決まってしまうことであり、二〇歳以上になった人に、いい人になれと言っても無駄です。だから、医学生には、『いい人と思わせるスキル』を身につけさせるんです〉。テリー伊藤流の「TV業界でこんなに成功したのは、なめてかかってマジメにやったからだ」に通じるものがある。

医者は、六道の辻で死者をさばく閻魔王ではなく、地蔵菩薩となって地獄に落ちた者を救済することもできない。生きている間に、たとえ演技であろうと、患者や家族のサポートに尽力すべきだ。〈心電図が止まる時にそこにいるかどうかなんて、あまり本質的な意味はないと私は思います。それよりもっと前の、意識がある時、もしくは手を握って呼びかければ反応がある時、の方が重要ですね〉。触覚は残る。向こうから手を握ってきたら、それ以上のことで応じるべきだ。「話せなくなったらもうやることは一緒」とは思わない方がよい。さらに、〈私は、タバコ好きな患者には「最期の一服」を吸わせてあげてもいいんじゃないかと思うのだけれど、今は、どこの病院も敷地内全面禁煙ですよね。そんなに堅いこと言わなくてもいいと思いますが。最期なのに、ねえ。一方、「酒が飲みたい」って言ってくれた。有り難い、よしきたってなもんでね〉。

進行がんの患者に限らず、我々だって、いつか必ず死ぬ。そのことを忘れて日々の生活を送っているだけだ。アーネストに対するアグネスのように、引導を渡す（ご臨終と伝える）までは、患者やその家族に仮に二重人格者のように接しても、バチは当たらないであろう。「人間は、生れた瞬間から死に向かって生きはじめる」（池波正太郎）のだ。早いか遅いかの違いだけだ。

3月11日号（3294号）

『回想　私の手塚治虫

――『週刊漫画サンデー』初代編集長が明かす、大人向け手塚マンガの裏舞台』

●峯島正行　●山川出版社

手塚治虫にとってアニメーションは諸刃の剣だった
――大人漫画でも天才ぶりを発揮した

二〇一六年度朝日賞の贈呈式で、漫画家・萩尾望都は次のスピーチを行った。〈手塚治虫先生をはじめとする多くの漫画家が表現の革新という波を起こしました。私はその波を浴び、好きな世界で仕事をすることができました〉（朝日新聞二〇一七年一月三一日）。一九八九年に六〇歳で亡くなった手塚治虫は、存命中から「マンガの神様」と評されてはいたが、この朝日賞や羽生結弦が一九歳で受賞した紫綬褒章など、漫画が名称に付く以外の賞はほとんどもらっていない。因みに、天才歌手・美空ひばりも一九八九年に五二歳で亡くなったが、同年に国民栄誉賞を没後受賞した。六〇歳という若さで亡くなったことが最大の理由かもしれないが、漫画に対する当時の社会的評価が窺い知れる。

手塚の仕事は、子供漫画、大人漫画、アニメーションの三つに分類される。子供漫画ではトップの座を築いたが、それは天才といえども、次のような努力の結果であった。〈子供漫画の激烈さは、従来の大人漫画の世界では、考えられない。その新陳代謝は、四、五年ごとにやってくる。それは読者である子供が、五年たつと全く交代してしまうからだ。新しい読者が現れると、彼らの時代感覚は今までのそれとは全く違う。今まであった漫画の作風を全く受け付けない。同じ作風に固執している作者は、皆ふるい落とされる。こういうわけで、九割までの児童漫画家は五年の寿命しかない。私は、何をしていいか、ジレンマに陥り苦しんだものだが、今まで何回もそういう変革期を乗り越えてきた。実際、「鉄腕アトム」にしても「ジャングル大帝」にしても、最初の頃と今のものとでは、全く異質な漫画になっている〉。

本書は、手塚と同年代で身近な存在であった、「週刊漫画サンデー」創刊編集長の峯島正行が、主に大人漫画家・アニメーターとしての手塚を論じている。一九五五年に「文藝春秋増刊号」に掲載した「第三帝国の崩壊」が、大人漫画の処女作といわれている。アニメーション制作に早くから強い夢をもっていた横山隆一（峯島は、手塚と同様に近代日本の漫画界で抜きん出た天才と評している）との出会いをきっかけに、大人漫画の世界でも仲間に入れられて、一九六四年に漫画集団に加盟した。〈とにかく大人漫画家と付き合って僕はいろいろの勉強をした。以来僕は大人漫画家の態度や考え方を自分なりに消化して、子供漫画を描く上にプラスした〉。漫画集団の会合や行事に出ることは、多忙を極めた手塚にとって、最も楽しいストレス解消法であったかもしれない。

手塚にとって、大人漫画と子供漫画は、砂糖と塩のような関係であった。両方は全く異質なものであるが、片方をやり出すと、片方が欲しくなる。両方が相乗効果を出した。大人漫画は、客観的に冷静にものを見て、判断し、批判するという態度でないと描けない。大人漫画は、描く対象に対して冷酷、ドライで、ある意味でそこにはペシミズム、ニヒリズムが流れている。子供漫画には、これらの大人漫画の様相はいっさいタブーである。子供漫画では、描く対象に主観的に飛び込んでいかないといけない。そこに夢があって、進歩的な情感がなければならない。テーマがセックスの大人漫画は、少年漫画の合間には描けないということで、毎週、他の連載をすべて片付けてから、頭を切り替えて最後に取り掛かった。

一九六〇年代後半の劇画ブーム時代、手塚は古いタイプの漫画家とみなされ、人気が低迷し、自らも一九六八年から一九七三年を「冬の時代」と称した。しかも、漫画執筆と同時並行していたアニメーションの虫プロ商事と虫プロダクションが一九七三年に倒産し、手塚にとって人生最大の窮地に立たされた。これを救った救世主は、一九七三年から「週刊少年チャンピオン」で連載がはじまった「ブラックジャック」である。当時の壁村耐三編集長の「マンガの神様」に対する同情ではじまった連載だったが、大人漫画での経験が生きたに違いない。さらに、大阪帝国大学附属医学専門部卒によって取得した医師免許証も生きたようだ。しかも、ほぼこの時期（一九六七〜八年）に「週刊漫画サンデー」に連載された「人間ども集れ！」を、峯島は人類の本質に迫る第一級の思想物語と高く評価し、大人漫画でも天才ぶりを発揮した。

実は、手塚が本当にやりたかったのはアニメーションであった。一九五一年に封切られた尊敬するウォルト・ディズニーの「バンビ」は、八〇回以上観たらしい。漫画は、手塚にとってアニメーション制作の資金を得る手段であった。漫画で稼いだ大金を虫プロにつぎ込み、そしてアニメの制作が少し進み、また漫画を描いて制作が何歩か前進し、の悪循環の繰り返しで、結局、アニメに充分に打ち込む時間が取れず、虫プロ倒産に至ってしまった。「自分にとっては、漫画は本妻、アニメは愛人だった」とジョークを述べている。皮肉なことに、宮崎駿は、漫画家の手塚には敬意を表しているが、アニメーターとしての手塚に対する評価はすこぶる手厳しい。〈僕は手塚さんがひどいアニメーションをつくったことに、ホッとしたのかもしれません。これで太刀打ちできる〉と（ウィキペディア）。

虫プロの倒産、早過ぎる死という負の面も絡めて、手塚の人生にかさぶたのようにまとわりついたのは不眠だ。〈一日の睡眠時間は二時間ほどあっただろうか。しばしばスタジオの床の上で、ぼろ雑巾のように眠っていた〉。「鉄腕アトム」ではなく、「徹夜アトム」と揶揄された。二〇〇三年、第七回手塚治虫文化賞特別賞の受賞挨拶で、水木しげるは手塚家遺族の前で、〈手塚君と石ノ森（章太郎）君は、いつも睡眠不足を自慢して早死にした。睡眠は大事だ〉と述べた（漫画家・浦沢直樹談）。充分な睡眠は、手塚にさらにすばらしい漫画・アニメと長寿をもたらしたに違いない。

4月8日号(3298号)

『なぜ保守化し、感情的な選択をしてしまうのか ——人間の心の芯に巣くう虫』

●シェルドン・ソロモン、ジェフ・グリーンバーグ、トム・ピジンスキー[著] 大田直子[訳]
●発行/インターシフト 発売/合同出版

人間の心の芯に巣くう死という虫は、想像以上に日常生活のパフォーマンスに影響する——文化的世界観と自尊心は死の恐怖を管理するのに役立つ

サブタイトルの「人間の心の芯に巣くう虫」とは、死のことだ。アーネスト・ベッカーは、一九七三年の『死の拒絶』(平凡社は一九八九年出版)で、人間の活動は主に、死を拒絶し超越しようとする無意識の努力によって引き起こされる、と推論した。この書は、死を一般的な話題に持ち込み、二カ月後にピューリッツァー賞を受賞し、若きビル・クリントンら大勢の読者の人生に影響を与え、大いに注目を集めた。しかし、ベッカーの分析は具体的な分野の進歩に直接貢献しなかったため、そのブームは急速に勢いを失った。

十年後、眠ったままであったベッカーの考えに、本書の著者である三人の若い実験社会心

理学者が出会い、死の恐怖は多くの人間の行為の原動力になっている、という主張に引き付けられた。当初、そんな死の認識が人を弱らせるほどの恐怖を生み、その恐怖を管理するために、人間は自分が進行中の文化のドラマにとって重要な貢献者である、というベッカーの中心的な主張はほとんど賛同が得られなかったが、三人の実験をはじめとする数多くの研究の結果、広く受け入れられるようになった。

例えば、売春目的の客引きの罪で逮捕されたケースだ。この種の違反に対する保釈金の標準は五〇ドルである。事前の判事への性格質問票の中に、「自分自身の死を考えたとき、心のうちに生じる感情を簡単に説明してください」「あなたの肉体が死ぬとき、そしてあなたが肉体的に死んだ状態になったとき、自分に何が起きると思うか、できるだけ具体的に書き出してください」という死に関する二問を入れた。質問表に自分の死すべき運命についての質問がなかった対照グループの判事たちは、五〇ドルという平均的な保釈金を課した。一方、自分の死を思い起こさせられた判事は、平均で四五五ドルとはるかに懲罰的な保釈金を強いた。極めて理性的な専門家のはずの判事が、死の質問に答えること（だけ）で、（意に反して）自分の判決に影響したのだ。

さらに、死についての質問に答える方法のほか、むごたらしい事故の映像を見たり、葬儀場や墓地のそばに立つだけということでも、自分の信念に反対する人や背く人たちを批判したり罰したりし、その信念を支持する人や擁護する人たちに称賛や報酬を与える。彼らに対する反応は、死を思い起こさせられることとのみ相関し、興味深いことに、社会的排斥、試験の不合格、強い痛み、自動車事故での手足の喪失といった、ほかのネガティブな出来事を思い起こさせられても、同じ効果は生まれないのだ。実際、死すべき運命についての懸念は、昼ごはんに何を食べるか、ビーチでどれだけ日焼け止めを塗るか、最後の選挙で誰に投票したか、買い物についての態度、心身の健康、誰を愛し誰を憎むか、日常生活から重要なことまですべてに影響する。

死の恐怖は、ほとんどの人が認めているよりもはるかに強い。人は、生き続けるためにはほとんどどんなことでもやる。それでも、その望みは必ず挫折することを知りながら生きているのだ。この究極の存在の危機を理解するまでに知性が進化すると、人は同じ知性を使って、その破滅を招きかねない死の恐怖を食い止める手段を考え出した。すなわち、文化的世界観と自尊心だ。共通の文化的世界観である魂は、人類の最も古く巧みな発明である。そのおかげで、肉体が死んだ後もずっと、文字どおりに、または象徴的に、あるいはその両方で、生き続けるのだと人に確信させるからである。また、自尊心とは、自分に肯定的な感情を抱き、自分は価値ある人間だと信じることだ。自尊心は、人生の成功や大きな成果を保証するものではないが、心理的安心感の鍵であり、恐怖に対する強力なワクチンである。

動物は、よだれを垂らし、好きな場所で排便し、体が命じるままに交尾する。そして、動物は死ぬ。半分食べられた死体をハゲタカがつついていたり、内臓が道路わきにはね散らされていると、死んでいることが目に見える。自分も動物と同じように、ちっぽけな限りある肉が呼吸しているだけなのだと考えるのは、人間にとってとても恐ろしい。魂のような超自然世界をつくり出したのは、死の意識を遠ざけるため、動物と距離を置く必要があったからなのではないか。

ほとんどの文化において、死ぬ運命にある動物のような飾りのないそのままの体は、常に「自然」過ぎるので不安をかきたてる恐れがある。そのせいで、人間の裸体は恥ずかしいものになった。そして、イチジクの葉が初めて人体の体を飾るのだ。多くの文化でタトゥーは、幸運をもたらし、事故を防ぎ、有望な配偶者を魅了し、若さを保ち、健康を増進し、不死を約束し、私たちが単なる動物ではない、という考えを強化する。因みに、米国人の四人に一人、そして四〇歳未満の約半数が、一個以上のタトゥーを入れている。

こうして、死の恐怖から完全に逃れる方法はまだないが、〈人はみな最初の生物の直系子孫であり、ゆえにその親戚であるだけでなく、地球上にこれまで生きてきた生物とも、縁続きである。生きていることも、同時にそれを知っていることも、なんとうれしいことだろう〉という進化のベルトコンベアに乗っている安堵感によって、自分は死んだとたんに存在しなくなる無益な動物に過ぎない、と考えずにすむのかもしれない。

4月15日号（3299号）

『なぜ・どうして種の数は増えるのか――ガラパゴスのダーウィンフィンチ』

●巌佐庸［監訳］　山口諒［訳］　●共立出版

ガラパゴス諸島のダーウィンフィンチから生物の多様性を解明する――グラント夫妻による環境変化に応答した自然淘汰による急速な進化の実証

進化のメカニズムは、チャールズ・ダーウィンの自然淘汰（自然選択）と突然変異という二つの武器ですべてが説明できる、と思いがちだが、実はまだ穴だらけだ。例えば、われわれはジャン・バティスト・ラマルクの「獲得形質は遺伝する（キリンの首の例えが有名）」という用不用説は間違いだと学習したが、実際には獲得形質が遺伝することは日常的に出現している。例えば、エピジェネティクスだ。セントラルドグマ説で提唱されているDNA複製→RNA転写→タンパク質への翻訳→形質発現の経路ではなく、DNA配列の変化によらずに、遺伝子発現を長期的または恒久的に活性化させたり不活性化させたりする仕組みである。具体的には、体内外の環境要因の変化によって、DNA塩基のメチル化（メチル基が水素原子と置き換わり、遺伝子を不活性化するとりわけ重要な反応）やヒストン（DNAを核内に収納する役割をもつタンパク質）修飾（遺伝子の発現を活性化させる）などによる遺伝子発現の変化を指す。まったく同じ遺伝子を有する一卵性双生児が、大人になるにつれて外見も性格も徐々に違ってくるのは、エピジェネティクスが有力な原因の一つと考えられている。

驚いたことに、最も基本的な進化の単位である生物学的種の定義がコンセンサスを得ていない。一般的には、「他集団からは生殖的に（遺伝的に）隔離されていて、内部では交配を行う自然集団のグループ」とされる。しかし、本書の主人公であるダーウィンフィンチ類は一四種が認められているが、どの種についても交雑（異種交配）障壁は完全ではなく、稀ではあるが、根強く継続的に交雑が起こっている。それによって生まれた個体は、繁殖まで生存する。著者のピーター・レイモンド・グラントとバーバラ・ローズマリー・グラントの夫妻は、種を定義せず、種分化の過程についてその原因と結果が重要である、と強調している。

こうして、さまざまな進化へのアプローチが存在する。例えば、植物もこの世界に能動的に反応する存在で、神経系や知性や記憶を具えているという考えは、非常に興味深いものがある。ダーウィンのように、知性を生存に必要なことを有効に処理する能力と考えれば、植物についても適用できるだけではなく、すべての生物には知性が備わっている、というインクルーシブな視点から自然界を観ることが可能となるかもしれない（矢倉英隆：医学のあゆみ、二六〇：九三四、二〇一七）。人間国宝の三代山田常山の〈使い勝手を突き詰めると最後は美しい形になる〉（ＮＨＫＢＳプレミアム「美の壺　注ぎつつ愛でる急須」、二〇一五年五月一五日）は、まるで進化を究極的に表している言葉のようだ。

本書は、進化生物学者であるグラント夫妻が、一九七三年から毎年六カ月、ガラパゴス諸島の大ダフネ島に滞在してダーウィンフィンチ類に関する研究を行ってきた集大成である。二〇〇九年、ノーベル賞にほぼ匹敵する権威がある第二五回京都賞（基礎科学部門）をグラント夫妻は共同受賞した。ダーウィンフィンチは、南米大陸から二〇〇～三〇〇万年前に祖先種の一群がガラパゴス諸島にやって来て、環境に合わせて適応放散［異なるニッチ（生態的地位）を占める数種が、共通祖先から急速に進化すること］的に進化し、一四に種分化した。これまで、人の攪乱による絶滅が生じていないという点がユニークだ。ガラパゴス諸島は一九の主な島々で構成されているが、ゾウガメやマネツグミ、甲虫のゴミムシ、ゾウムシらは、一つの島には二種以上は棲まない。一方、ダーウィンフィンチは、一つの島にいくつもの種が共存している。さらに、ガラパゴスの鳥類は、マネツグミ類（異所的な四種）を除いてまったく分化していないのに対し、ダーウィンフィンチ類は既述のように一四種に分かれるほど特殊化した（種の数が増える）。加えて、陸生動物で適応放散したのは、カタツムリのたった一つのグループだけである。

これらの不思議に対して、グラント夫妻は、ダーウィンフィンチ類は、他の鳥類と比べて、より多くの多様化へとつながる生態的な機会を経験したこと、および種分化への高い潜在能力を有していることを、二〜三百万年前からの地球物理学的データ、嘴・体・さえずりなどの観察データ、あるいは分子生物学を用いた遺伝子データなどを駆使して、多くの部分を明らかにした。その中で最も重要な形質は嘴であり、深刻な食料不足による自然淘汰の結果として急速に変化した。また、交雑のバリアとして、さえずりと嘴の形態の両方が交配前隔離（二集団のメンバーが、配偶者選択や繁殖のタイミングの違いから交配しないこと）効果を発揮する。しかし、さえずりの効果が圧倒的に重要だ。メスは鳴かないので、これはダーウィンの進化論でも特に重要な性淘汰の現象といえる。グラント夫妻の業績は、進化の謎の行間を埋める、またはジグソーパズルのピースを何枚もつくり出す役割を果たしたことだ。

〈その昔この広い北海道は、私たち先祖の自由の天地でありました。天真爛漫な稚児の様に、美しい大自然に抱擁されて人びとと楽しく生活していた彼等は、真に自然の寵児、なんという幸福な人たちであったでしょう〉(知里幸恵編訳:『アイヌ神謡集』、岩波書店)という自然な進化の流れに身を任せてきた人類は、遺伝子を自分の思いどおりにデザインできるようになった現在、これからどこに向かって流れていくのか、誰にもわからない。

4月22日号（3300号）

『イップス——スポーツ選手を悩ます謎の症状に挑む』

●内田直［監修］　石原心［著］　●大修館書店

イップスとは、何も考えずにできていた動作ができなくなってしまうことだ——イップスによって引退を余儀なくされたスポーツ選手は少なくない

藤子不二雄Ⓐの『新版　プロゴルファー猿⑦』（中央公論社）で、天才ゴルファーの猿谷猿丸は、今まで入っていたパットが突然、どうやっても入らなくなってしまう病気、パット病にかかったが、名人・左甚五斎作のパター「正宗」を使用してピンチを切り抜けた。このパット病の状態は、ゴルフ以外の野球、テニス、卓球、サッカー、アーチェリー、射撃などあらゆるスポーツで出現し、総称してイップスと呼ばれている。同じゴルフ競技で名付けられたもので、一九三〇年前後に活躍したトミー・アーマーが、自分の思いどおりのプレーができなくなる運動障害に陥り、その状態をイップスと呼んだ。パターを打つ際に、「小刻みな震えや硬直の症状が起こり、その症状がまるで仔犬の泣き声（yips）のようだ」というの

が由来らしい。

イップスは、メイヨー・クリニックの研究者によると、プロゴルファーの三三～四八％に経験があり、また、ケルン体育大学のグループによれば、ゴルファーのごく最近の有病率は一六・七～二二・四％であった。イップスは、「自動化された動作の遂行障害」と定義される。イップスは、運動動作が一通り獲得され、スポーツをはじめた後に獲得した運動の失調と捉えることができる。それら複雑に見える運動のほとんどすべてが、実は生まれてから積み重ねてきた「自動化された単純な運動」の組み合わせである。すなわち、イップスとは、何も考えずにできていた動作ができなくなってしまうこと、だ。

著者の石原心は、イップスは不安症の一種と考え、「失敗してはいけない」と認識する原因を二つに分けた。（一）一度失敗した経験があるケースで、多くの場合、その失敗経験の記憶がフラッシュバックするもの、（二）これまで経験したことのないような緊迫した場面に身を置いたケースで、失敗してはいけないと認識するもの。例えば、「ハエ叩き」だ。家の中でハエを見つけたら、ハエ叩き、新聞紙などをもって、ハエに近づき慎重に退治するが、そのときは決して緊張はしていないだろう。一方、このシチュエーションが、東京ドーム五万人の大観衆の中で、確実に一回で仕留めなければならない状況であったらどうか。いつもどおりにハエに集中できる人もいれば、「観衆の視線」により過剰に失敗を恐れてしまう人もいて、個人差は大変大きいに違いない。その不安によって、家では気にすることがなかった、失敗しないための「叩き方そのもの」の動作に神経質になるかもしれない。叩き方への過剰な意識は、スポーツにおけるイップスと状況が酷似している。

石原と異なり、メイヨー・クリニックの研究では、イップスには、心理的緊張の要素が強い群に加えて、より器質性の要素が強い群が存在することが示されている。後者はジストニアと呼ばれ、無意識に筋肉がこわばってしまう不随意運動の一種で、その原因は脳（主に大脳基底核）からの指令の異常にある。さらに、ケルン体育大学の研究では、イップスは、不安という心理的な要素の影響はさほど強くないことが示唆されている。こうして、イップスの本体はまだ明らかになっていない。

種々の治療法が紹介されている。しかし、原因が定かでなければ、治療法が確立されていないのは当然であり、治療のマニュアルはまだない。ここでは、簡単で比較的効果が得られる治療法として、「口角を上げる」と「リズムの決まりをつくる」を紹介したい。前者は、つくり笑いのことで、脳がポジティブな状態と勘違いしてリラックスした気持ちになる。一分以上続けると、ナチュラルキラー（ＮＫ）細胞を増加させ、免疫力を高めるという付加価値もある。後者は、例えば、猿丸が「チャー・シュー・メーン」とアドレスに入ってからリズムの中でショットを打ったり、女子テニスプレーヤーのマリア・シャラポアがショットの際に叫び声を発するように、とにかくショット自体を「一連のルーティーン」の一部として組み込むことだ。

イップスによって引退を余儀なくされたスポーツ選手は少なくなく、特にプロゴルファーに目立つ。各自の「正宗」を持つことがとりわけ重要であり、イップス研究の今後の発展を期待したい。他方、イップスとは無縁のスポーツ選手が存在するのも事実だ。一九九六年九月一七日、標高一六〇九メートルの高地にあるので、打者に圧倒的に有利な球場として知られるデンバーのクアーズ・フィールドで、ロサンゼルス・ドジャースの野茂英雄投手は、コロラド・ロッキーズ相手にノーヒットノーランを達成した。最後のバッターは、当時、ナショナルリーグで最強の打者といわれたエリス・バークスだった。ツーボール・ツーストライクの平行カウントからフォークボールで三振をとったが、その表情は実に冷静だった（NHK　BSプレミアム二〇一七年四月四日、「アナザーストーリーズ　運命の分岐点「野茂英雄　NOMO伝説の誕生」」。

5月20日号（3303号）

『ビートルズ原論——ロックンロールからロックへ』

●根木正孝　●水曜社

ジョン・レノンとポール・マッカートニーの結合にザ・ビートルズの本質がある——ビートルズはロック音楽の創始者だ

二〇一七年四月一〇日、浅田真央が引退を表明した。直後からのテレビや新聞、週刊誌などのマスコミのフィーバーぶりは凄まじいものがあった。オリンピックで金メダルを取れなかったアスリートに対するこのような騒ぎは、過去に例がなく、今後もきっと起こらないだろう。しかし、仮にこのときに米国が北朝鮮を攻撃したならば、引退報道はベタ記事や瑣末ニュースで終わったに違いない。タイミングが重要だ。

一方、評者らは、一九七〇～七一年、イカダで津軽海峡横断を試みた。津軽半島から北海道を目指し、四回目に成功した。冒険心からであったが、大義名分は縄文人が海峡を渡っていたことを学術的に実証することであった。評者は、このことをザ・ビートルズにたとえて、前者はジョン・レノン的、後者はポール・マッカートニー的と評した。〈ポールのあの一般性をもった音楽がなければ、ビートルズの例の熱狂的な人気は決して生まれなかったでしょう。また、あのような幅の広い音楽になりえなかったでしょう。しかし、彼らの本当の叫びを代表しているのはジョンであり、その魅力は彼の才能ばかりでなく、彼自身の生き方に大きく由来しています〉（現代の探検、八：六六、一九七二）。

本書は、すでに数多のビートルズ本がある中で出版された。ファンなら周知の事実がほとんどだが、それにもかかわらず、最後まで一気に読ませる。ロジカルに書かれているからだ。執筆の動機は、ビートルズが引き起こしたパラダイム・シフトを検証することが、ロックという文化を、さらにはビートルズ文化という現象の本質を解明する重要なポイントとなるはず、という思いであった。すなわち、ビートルズのレコードデビューは一九六二年であったが、その頃が英国でも米国でも絶妙のタイミングであったこと、およびジョンとポールの結合にビートルズの本質があったこと、この二つの観点を中心にストーリーが展開されている。

デビュー当時、ラジオやテレビの普及率が上昇するにつれて、プロモーションにおける電波メディアの果たす役割の大きさは、英国でも米国でも肥大化する傾向にあったが、これを最も上手く利用できたのがビートルズだった。ビートルズが出現する前に、電波メディアの環境が整いつつあったのだ。加えて、絶妙のタイミングを並べると、(一) ベビーブーマーが成長し、強大な購買力と消費傾向をもった大きな層を形成するようになったこと、(二) 高級品であったレコードが、ポータブル・プレーヤーとシングル盤の開発によって、誰でもが購入できるほど一般的になったこと、(三) エレクトリックギターが発明され、普及していたこと、(四) エルヴィス・プレスリーが徴兵により不在となり、それに続く次世代のロックンロール・スターたちが相次ぐ事故死やスキャンダルなどで姿を消していった一九六〇年代初頭、パワーをもたない作り物のスターしかいなかったこと、(五) ビートルズの初の米国公演の数カ月前にジョン・F・ケネディ大統領が暗殺され、社会全般に沈鬱な空気が漂い、マスメディアにとってビートルズはそれを一気に払拭する素材として最適だったこと、などである。しかし、これらの状況を享受するチャンスがあったのは、同時期にデビューした他のアーティストもほぼ同じだ。「なぜビートルズだったのか」。

それは、一九五七年七月六日のジョンとポールの出会いにはじまった。ジョンが結成したビートルズの前身「クオリーメン」にポールの参加が許されたときから生じた、相反する二人のキャラクターが組んだことによる化学反応こそ、ビートルズの原動力だった。ジョンは、ポールのギターテクニックに驚き、一方、ポールは、ジョンのボーカル以上にそのキャラクターに大きな衝撃を受けた。初期（一九六四年）のアルバム『ハード・デイズ・ナイト』では、収録曲一三曲中一〇曲がジョンの曲であり、ロックンロールの完成形だった。翌年の『ヘルプ！』で変貌の兆しがみられた。「Yesterday」の存在だ。このポールによるバラードの成功によって、ロックンロールとは無縁の曲を歌ったとしても、彼らの曲として認知してくれる土壌がすでにあることを、彼ら自身が知ったのだ。そして、その年の終わりにリリースされた『ラバー・ソウル』によって、その音楽性が一挙に広がり、もはやロックンロール・ナンバーといえるのは一曲のみであった。つまり、このアルバムが出た時点で、ロックンロールと呼ばれるジャンルは、より広義な意味をもつ「ロック」に吸収され、その一ジャンルに過ぎない存在となった。彼らは、ロックの創始者だった。しかし、この『ラバー・ソウル』の成功は、ビートルズ解散の予兆でもあった。ジョンとポールの音楽性が乖離しはじめたのだ。

ヒッピー文化が最盛期だった一九六七年の『サージェント・ペパーズ・ロンリー・ハーツ・クラブ・バンド』は、ビートルズの最高傑作といわれる。サイケデリック文化、ヒッピー文化などカウンターカルチャーを象徴しながら、ロックンロールからビートルズ自身が発展させてきたロックという文化の行く道を提示した道標であった。ザ・ローリング・ストーンズをはじめとするさまざまなアーティストにさまざまな方向性を示した。他方、この頃からジョンとポールの有機的な繋がりは切れ、ビートルズの神通力の根源である二人の結合は、もはやありえなかった。一九六八年には、ビートルズはその役割を終えていたのだ。解散の前年である一九六九年に、『アビイ・ロード』（実際は最後のアルバム）というモンスターアルバムを作ったのは奇跡としかいいようがなく、改めて彼らの天才ぶりを示した。

一九八〇年にジョンが殺されるずっと前に、ジョンとポールは和解していた。死の前に残していたジョンの言葉。「俺が人生で選択したのは、ヨーコとポールだけだ。そして、その選択は間違っていなかった」。ビートルズの本質がジョンとポールの結合にあったと、ジョン自身が理解していたということだ。ジョン、ポールどちらが作ったものでも、作者のクレジットは「レノン＝マッカートニー」とするという「血の盟約」は、解散まで守られた。通常、「流行」とは終焉も伴う現象であり、その流行が終焉せずに定着したならば、それは文化と呼ぶべきものである。ビートルズ文化は、レナード・バーンスタインの言葉を借りるまでもなく、これからも歴史に残り続けるだろう。

5月27日号（3304号）

『看護婦の歴史——寄り添う専門職の誕生』

●山下麻衣　●吉川弘文館

第二次世界大戦前は、エリートから女中程度まで多様な看護婦が存在していた——准看護師は看護師の地位の低さの象徴かもしれない

わが国には、二つの看護師資格がある。看護師と准看護師だ。〈一九五一年、戦後の荒廃した状況下において、当時女子の高校進学率が三七％であり、看護婦を充分に増やすことが難しいとして、中学校卒業を要件とし看護婦を補助する者として准看護婦制度が発足しました。保健師助産師看護師法（二〇〇一年に改題）で「准看護師」とは、「都道府県知事の免許を受けて、医師または看護師の指示を受けて、傷病者もしくはじょく婦に対する療養上の世話または診療の補助を業とする者」と規定されています〉（日本看護協会ホームページ）。日本看護協会は、准看護師制度について、入学条件が中学卒業であること、専門教育期間の短さ（履修時間は、看護師が三〇〇〇時間以上、准看護師が一八九〇時間以上）のために専

門性が低いことなどを理由にあげ、一貫して批判し、制度そのものの廃止を訴え続けている。

一方、日本医師会は、〈准看護師制度は、カリキュラムも改正され充実が図られているにもかかわらず、なぜ未だに養成停止運動が続けられ、熱意と向上心をもって働く准看護師や准看護師を目指す人を傷つけるのか理解に苦しみます〉（ホームページ）と反論している。興味深いことに、第二次世界大戦前の医師会立の看護婦養成所が、戦後の準看護学院に引き継がれていることはすでに実証されており、医師会の反論は歴史的にも筋がとおっている、といえる。しかし、近い将来、准看護師制度が廃止されるのは時代の流れだろう。

このような継続あるいは断絶も本書をとおして読み解くことができるが、本書の目的は、「看護婦」という主体が、どのように養成され、誰を看護し、どのような場で働いてきたのかに関する歴史を示すことにある。明治時代から第二次世界大戦までにほぼ焦点が絞られ、七つの章からなる。それぞれ簡単に触れたい。

第1章「資格職としての看護婦」：看護の実習と理論を学ぶ教育機関としての看護婦養成所は、一八八〇年代後半以降設立された。有志共立東京病院看護婦教育所（一八八五年、現・慈恵看護専門学校）、同志社病院京都看病婦学校（一八八六年、一九五一年に閉校）、櫻井女学校附属看護婦養成所（一八八六年、一九〇六年に閉校、母体は現・女子学院）、帝国大学医科大学附属第一医院看病法講習科（一八八七年、二〇〇二年に閉校、東京大学医学部健康総合科学科看護科学専修としては存続）、日本赤十字社病院看護婦養成所（一八九〇年、現・日本赤十字看護大学）、および聖路加国際病院付属高等看護婦学校（一九二〇年、聖路加女子専門学校を経て、現・聖路加看護大学）が代表例で、卒業生はいずれもエリートだった。その後、いくつかの看護婦へのルートがつくられたが、エリート看護婦を筆頭に特等、一等、二等……という区分があり、日当にも少なからず差がみられた。結婚した場合、一部の例外を除いて退職を求められた。

第2章「戦地に派遣された看護婦」：第二次世界大戦前における日本赤十字社の主な活動は、戦争によって傷を負った、あるいは病気になった者に対する救護であった。これを主体的に担っていたのが、「従軍看護婦」とも称せられた日本赤十字の看護婦であった。支部における看護婦養成は一八九六年にはじまり、志願者は卒業後二年間、病院で看護業務に従事し、二〇年間は国家有事を踏まえた本社召集に応じる義務を負った。戦後は一転して、「戦争加担者」としての眼差しを社会から向けられることもあったが、徐々に災害時に主体的にいち早く任務に当たる存在、さらに専門性が高い職業人として理解されるようになった。

第3章「派出看護婦会で働く看護婦」：病院の看護婦の主な仕事は医師の補助であったため、入院患者の付き添いは、一般的に家族か派出看護婦が担っていた。付添看護婦といった方がわかりやすく、第二次世界大戦前は数的に大きな割合を占めていた。キャリアを積んだ看護婦が派出看護婦会を個人経営していたので、どこにいくつあったのか、全体像ははっきりしていない。自身が求められる職務遂行のための能力を高めようとする者がいた反面、人妻になれない「容貌のあまり香ばしくない御連中」が、親のすねをいつまでもかじれないから、（派出看護婦会の）産婆や看護婦になったり、あるいは学術技能を高めようとせずに虚栄的、外見的形式的になり、ついには女中程度まで落ちたり、まさに玉石混交であり、派出看護婦は研究対象としてはかなりおもしろそうだ。一九九四年の新看護体系導入によって、この職業は消滅した。

第4章「病院で働く看護婦」：主に、病院附属の養成所の生徒であった見習看護婦、一九二七年では全国に一五一カ所あった指定看護婦養成所を卒業し、無試験で資格を得た看護婦、それ以外の養成所を卒業し、試験を受験して資格を得た（私立病院に多くみられた）看護婦、および派出看護婦会に所属しながら資格を取得した派出看護婦の四つのタイプに分けられた。

第5章「貧困な患者のために働く看護婦」：済世会が「巡回看護婦」、日本赤十字社が「社会看護婦」と呼ぶ「病気と貧困に苦しんでいる者がいる家庭を訪問する看護婦」が紹介されている。済世会とは、一九一一年に明治天皇による生活困窮者に対する救済の意向を受けて設立された組織である。とにかく、悲惨だ。

第6章「海外により近かった看護婦」：特に、日本赤十字社や聖路加女子専門学校出身の看護婦の中には、一九二〇年代から三〇年代にかけて、米国で実践されている「進んでいる」とされた公衆衛生の理論に依拠した看護を現地で学び、実践していた者がいた。これらの看護婦の少なからずが、占領期の看護改革において、米国とわが国の看護の橋渡しをする役割を果たした。全国の医学部に公衆衛生学講座が設置されたのは、GHQの公衆衛生学教育に関する覚書が発せられたことによる。彼女らは、まさに時代の先駆けであった。

第7章「小学校で働く看護婦」：一九〇五年、児童に対する健康増進や疾病予防という目的をもって、初めて尋常高等小学校に学校看護婦が置かれた。しかし、小学校内部での衛生教育の位置づけが明確ではなく、同僚や小学生からの仕事上の理解を得ることが困難であり、自身の職業アイデンティティと実際の業務の間に存在するギャップを感じていた。戦後、養護教諭に改められた。

6月3日号（3305号）

『産後ケアの全て』

出産後四カ月間の産後女性のケアが特に重要だ――高齢者施設と産後ケア施設とのコラボが、少子化改善に貢献するかもしれない

●林謙治［監修］　●財界研究所

少子高齢化社会では、高齢人口が年少人口より優位になるため、政治家の政策的動機として高齢者対策が優先される。子供の代弁者は、限られた年齢層の親世代に過ぎない。こうした政治的優劣の立場は、先進国では世代戦争（ジェネレーション・ウォー）と呼ばれている。すなわち、高齢者向けの社会保障が充実する一方で、子どもや若年層に対する社会保障や施策がどんどん手薄になっていく。しかし、高齢者対策にいくら財源を投入しても、結局、平均寿命がどんどん延びていくだけで、少子化はますます進み、社会保障の財源はますます足りなくなるのだ。他方、乳幼児期を大切にされた子どもは、成人後も健康である可能性が高く、ひいては医療費削減・節税にも繋がる。こうして、二〇一四年度から厚生労働省は、母

子についてはフィンランドの「ネウボラ」をモデルにして、妊娠・出産包括的支援モデル事業を全国各地で開始した。

「ネウボラ」とは、フィンランド語で「アドバイスをする（ネウヴォ）場所（ラ）」を意味する。出産・子どもネウボラとは、妊娠期から就学前にかけての子どもとその家族を対象とする支援制度であり、「かかりつけネウボラ保健師」を中心とする産前・産後・子育ての切れ目のない支援のための地域拠点（ワンストップ）そのものを指す。一九四四年、フィンランドではこのような支援活動が国によって制度化された。運営主体は市町村であり、利用は無料である。現在、このネウボラは一〇〇％近い定着率だ。一人の保健師が一貫して担当し、ネウボラおばさんと愛称されるほどあらゆる所得・経済階層の子ども・家族にとって身近な存在であり、多様な家族に対応できるよう専門教育を受けた専門職である。その結果、フィンランドは、女性のほとんどがフルタイムで働く男女共同参画の先進国であるにもかかわらず、合計特殊出生率は約一・八（二〇一二年）と高い水準を保っている（髙橋睦子：『ネウボラ　フィンランドの出産・子育て支援』、かもがわ出版）。

わが国には、子どもが生まれたことがゴールで、出産すればあとはなんとかなる、といった空気がある。しかし、実際は母子が社会の中で孤立し、例えば子供が泣くだけでプレッシャーを感じてしまう、まさに「弧育て」という問題が年々深刻になっている。さらに、わが国の母子保健行政は、母子保健という割にはずっと子どもが主体となってきた。予防接種、乳児健診など、子どもに対する事業は切れ目なく行われてきた。一方、母親に対しては、特に出産直後の支援が手薄であり、実際、産後三カ月までに不安を抱える人が多く、七割の母親が宿泊型のケアを希望していることがわかってきた。とりわけ、マタニティブルーは、児童虐待や産後の自殺に繋がることがあるほど深刻だ。わが国には、産後四カ月くらいは、これらにかかわる行政サービスは何もない。

本書は、妊娠期から就学までの支援のうち、特に産後四カ月までに焦点を当て、新しい産後ケアの取り組みを紹介している。主に、有床助産所、病院、診療所で実施されている産後ケアの実践母体は助産師である。例えば、つくばセントラル病院産後ケアセンター「いろは」では、牛久市内に住所を有する出産後四カ月までの母親で、次の三条件のいずれかを満たす母子が対象になる。(一) 家族から産後の支援を受けられない、(二) 体調不良や育児不安がある、(三) 育児技術を習得したい。医療行為の必要な人は利用できない。日帰りケアは二七〇〇〇円 (自己負担は、市の補助があれば二五〇〇円)、一泊二日の宿泊ケアは五四〇〇〇円 (自己負担は五〇〇〇円)。料金負担の軽減が課題で、(公的補助がもう少しあれば）利用者の増大に繋がるに違いない。たった一日の滞在であっても、利用者の反応は、来る前と帰るときとでは顔の表情がまったく違うほどだ。〈本当に少しだけれど二〜三時間仮眠できた、自分だけでお風呂に入れた――そういうことがこんなにうれしいと思わなかった、リフレッシュできたから明日からも育児を頑張れる〉などと大好評だ。

今後、「産後ケア」施設がうまくいくためには、高齢者施設との併設が一つの可能性かもしれない。お年寄りを観察すると、子どもが大好きなことがよくわかる。お年寄りと子育てが一緒にできれば、世代間の交流も一気に充実するのではないか。特に、おばあちゃんは子どもと一緒だと本当に元気になり、母子に対して産後ドゥーラ（ギリシャ語で、他の女性を支援する経験豊かな女性の意味）的な役割も果たしてくれそうだ。合計特殊出生率を上昇させることにも繋がるかもしれない。

6月10日号（3306号）

『心を操る寄生生物——感情から文化・社会まで』

●キャスリン・マコーリフ［著］　西田美緒子［訳］　●発行／インターシフト　発売／合同出版

我々は人間なのか微生物なのか——脳を操る寄生生物による
ストレスを減らすことは、世界に平和と繁栄をもたらすだろう

男といふものは
みなさん　ぶらんこ・ぶらんこお下げになり、
知らん顔して歩いてゐらつしやる。
えらいひとも、
えらくないひとも、
やはりお下げになつてゐらつしやる。
恥ずかしくも何ともないらしい、
お天気は好いしあたたかい日に、

ぶらんこさんは包まれて、
包まれたうへにまた叮嚀に包まれて、
平気で何食はぬ顔で歩いてゐらつしやる。
お尋ねしますがあなた様は今日は
何処で誰方にお逢ひになりました。
街にはるかぜ　ぶらんこさんは
上機嫌でうたつてゐらつしやる。

（福永武彦編：「夜までは」『室生犀星詩集』、新潮社）

本書の中心的存在である腸内細菌は、五〇〇〇種類以上、体細胞数約六〇兆個をはるかに超える一〇〇－一〇〇〇兆個が生息し、腸内フローラ（花畑の意味）を形成して、ヒトと共生している。それ以外の部位にも、ウイルス、細菌、菌類、原生動物などが数多く存在している。すなわち、自分の約九〇％は、実は自分ではない（細菌の細胞は、ヒトよりもはるかに小さく、重量比が宿主を上回ることはない）。腸内細菌は、善玉菌、悪玉菌、日和見菌の三種類に分けられる。善玉菌は、整腸作用、ビタミン合成作用、悪玉菌・病原菌の増殖抑制作用、がんの予防など、ヒトに有益な働きをし、悪玉菌は、メタボリックシンドロームの誘発、慢性炎症の原因、発がん物質の産生など、有害な働きをし、最も多く存在する日和見菌は、善玉菌・悪玉菌のどちらか優勢になった方に加担して、同様の性質を示すようになる。後述するように、そのときの優勢な腸内細菌が、脳の働き、構造にまで影響する。

このような縦横無尽な腸内細菌の働きは、池波正太郎の名言を想起させる。〈人間というやつ、遊びながらはたらく生きものさ。善事をおこないつつ、知らぬうちに悪事をやってのける。悪事をはたらきつつ、知らず識らず善事をたのしむ。これが人間だわさ〉（「谷中・いろは茶屋」『鬼平犯科帳2』、文藝春秋）。さらに具体的には、「ぶらんこさん」であろう。腸内細菌は必要不可欠（無菌マウスは、奇妙な心の動きや行動を示したり、肥満になりやすかったり、明らかに正常マウスと異なる）だが、ぶらんこさんも、もちろんなくては困る。肥満やがんとは関連がないようだが、（ご存じのとおり）奇妙な心の動きや行動の火種となるときは珍しいことではない。腸内細菌は、高脂肪食を控え、プロバイオティクス（善玉菌の乳酸菌やビフィズス菌のように、腸内フローラのバランスを改善する生菌）を豊富に含む発酵食品や、プレバイオティクス（オリゴ糖類や食物繊維などのように、プロバイオティクスの働きを助ける物質）を摂取することによって、ある程度コントロールできるし、ぶらんこさんも、心のもちようで、ある程度（かなり）調節することができる。

一方、無菌マウスに健全な腸内微生物相を移植すると、異常行動が正常に戻ることから、腸内細菌が脳とも繋がりがあることが示唆される。実際、腸内細菌は、感情を調整している主な神経伝達物質のほぼすべて（ＧＡＢＡ、ドーパミン、セロトニン、アセチルコリン、ノルアドレナリンなど）や、さらに精神活性作用をもつホルモンまで、大量に生産している。これらの精神活性化合物は、腸神経系（腸の全長に沿って走っているニューロンの太い束）によって検知され、迷走神経を介して脳と繋がっているので、腸は「第二の脳」とも呼ばれる。マウスの迷走神経を切断すると、脳の神経科学を変化させる信号が腸から脳に届かず、心の動きや行動に重大な影響を与える。脳が第二の脳に支配されているかのようだ。驚いたことに、頭部のＭＲＩスキャンから、そのヒトの体内でどんな微生物の花畑が育っているかが実際に予測できるらしい。腸内に住みついた微生物の種が、脳内の灰白質の密度と量だけではなく、大脳皮質の異なる領域を繋ぐ白質にも影響を与えているのだ。

こうして、抗生物質が腸内細菌を激減させた結果、肥満人口が増加しているかもしれず、最近、日常的に行われるようになってきた糞便移植療法（潰瘍性大腸炎、クローン病などの難病の治療のために、健康人の腸内細菌を移植すること）が、人格を変えてしまうかもしれない。

本書では、腸内細菌以外のトキソプラズマをはじめとするさまざまな寄生生物が、いかに宿主の心を操るか、そして、いかに地球的規模の影響を与えているかを、最新の知見によってわかりやすく紹介されている。不思議のオンパレードだ。他方、ほとんどの野生動物は元気であり、顕微鏡や薬箱をもちあわせていないのに、どうやってこんなにうまく感染を避けているのか。一例を示そう。「口の中の薬箱」の利用だ。唾液には、抗菌剤、免疫を上げる物質、皮膚と神経の両方の修復を刺激するための成長因子がたっぷり含まれている。オスのネズミ、ネコ、イヌは交尾の後、何分間は夢中でペニスを舐め続ける。たっぷりの唾液は、これらの種の性感染症の主な原因となっている数種類の病原体を殺すことができる。自分で自分のペニスを舐めることができないウシとウマは、はるかに性感染症にかかりやすい。人間も性感染症にかかりやすく、それはたぶん体の構造に同じ限界があるからだろう。

このような現象を解明する神経寄生生物学は、まだスタートラインについたばかりだ。どこまで、われわれは人間というよりは微生物という方が相応しいのか、今後の研究の成果を(少しハラハラしながら)興味深く待ちたい。

6月17日号（3307号）

『登山の運動生理学とトレーニング学』

●山本正嘉　●東京新聞

八〇〇〇m峰登頂を夢から現実にしてくれるガイドブック
――登山ダイエットはメタボリックシンドローム改善の最強のツールだ

〈いちばん弱い人のペースに合わせてゆっくりゆっくり登っていく。私は体が小さくて弱かったけれど、みんなと話しながら登っていけば、頂上に着くことができて、ああ私にもできたのねって、こうやったという満足感がすごくありました。それとどんなにつらくても、あれは誰も選手交代ないんですね。絶対自分ががんばらなきゃいけないという〉（NHK総合テレビ「あの人に会いたい　田部井淳子」、二〇一七年四月一日）。

「誰も選手交代ない」。これは、登山の本質の一つだ。病気、外傷などで行動不能にならない限り、どんなに疲れても苦しくとも、自分の足で歩かなければならない。登山では、最も弱い人のペースに合わせて歩く必要がある。一人でも弱い人がいれば、ペースは激減する。

天候の急変など、歩行速度を上げたいときにもそれができず、全員が危機的状況に陥りかねない。著者の山本正嘉・鹿屋体育大学教授は、中高年者の集団登山は極力避けた方がよい、と唱える。さもなければ、数名に一人はサブリーダーをつけ、それぞれ別パーティーとしても行動できるように配慮するべき、と。つまり、集団登山では、最も弱い人でも登ることができる山をチョイスすることが重要だ。

一方、それではいつまでたってもやさしい山にしか行くことができない。その解決には、個々の登高能力を知り、適切なトレーニングによって登山体力を改善することが重要だ。登山技術の習得は、その次のステップだ。本書は、高尾山ハイキングから無酸素のエベレスト登山まで、八〇〇〇m峰サミッターである著者の実際の山行、低酸素負荷などの実験、マイペース登高能力などのテスト、あるいはトップクライマーらの事例をとおして、具体的に登山体力をステップアップさせる方法を紹介している。読み進むにつれて、無酸素の八〇〇〇m峰登山は無理としても、酸素ボンベを使えば、評者のような前期高齢者でも八〇〇〇m峰に登ることができるような気分にさせる、実に巧みな構成である。八〇〇〇m峰でも酸素を吸入すれば、生理的な高度は七〇〇〇m以下となるからだ。酸素ボンベや加圧バッグ以外に意識呼吸によっても、生理高度を一〇〇〇〜二〇〇〇m程下げられるのは興味深い。

先ずは、各自の登高能力を知ることからはじまる。それには、六甲タイムトライアルがよく知られている。六甲山麓の芦屋川駅から山頂まで、累積の標高差がほぼ一〇〇〇m、標準タイムが三時間のコースを、自分の体力に無理のない範囲でなるべく速く登る。そのタイムから、自分がどのレベルの山に行ける基礎体力があるかを評価する。例えば、三時間三一分以上かかる人は、五メッツ以下の体力で、低山ハイキングでも心許ない［メッツは、身体活動の強さを、安静時（一メッツ）の何倍に相当するかで表す単位。一～二kgの荷物を背負って一般の山を登るのは七・五メッツ（厚生労働省）］。著者は、六甲タイムトライアルを参考にして、LT（きつさを感じる一歩手前の運動強度）レベルのスピードで一時間登る、独自のマイペース登高能力テストを開発した。百名山をはじめ多くの山が体力別に分類されている（山のグレーディング）ので、その結果から自分に分相応な山を選択することができる。

次に、登山体力上進だ。トレーニングとしてまず浮かぶのはウオーキングであろうが、著者は、平地でのウオーキングは登山のトレーニングにはならない、と断定する。トレーニングにも登山が最適なのだ。どんな低山であっても、それなりの効果が得られる。少なくとも、二週間に一度は山に出かけたい。登山のもう一つの本質は、「飽きない」なのだ。しかし、この方法が通用するのは「初心者向け」と「一般向け」の山までだ。「健脚向け」以上の山は、下界での筋力トレーニングなどが必須になり、目標の山のレベルが高くなるだけ、よりハードなトレーニングが要求されるのは、他のスポーツと変わらない。

登山は比較的運動強度が高く、運動時間が長いので、他のほぼすべての運動よりも脂肪の減量効果に優れている。本書では、「登山と健康」にも一章を割き、「ジョギングからウオーキングへ、そして登山の時代へ」と、健康増進へのツールとしての登山の有用性にも触れている。栄養、水分摂取情報もたっぷりだ。まるで、登山のエンサイクロペディアだ。そのため、かなりの大冊となり、山への携行には不向きである。すぐ利用できる情報だけを凝縮した小冊子が付録にあれば、山へ持参でき、知識の確認に役立つだろう。

著者の登山の原点の一つは、二九歳のときに実施した、一五日間の日高山脈単独無補給縦走（楽古岳〜芽室岳）であろう。評者は、一九歳のときに初めて、一八三九峰を目指して日高山脈の稜線に上がった。コイカクシュサツナイ岳から、南北に続くやせ尾根をみたときの感動を上回る登山はまだない。日高山脈は、わが国最後の秘境といっても過言ではない。本書は、日高山脈をはじめ、高尾山から八〇〇〇m峰に至るまで、たくさんの山へ誘ってくれることだろう。

7月15日号（3311号）

『ホスピスで死にゆくということ——日韓比較からみる医療化現象』

●株本千鶴　●東京大学出版会

日本よりも韓国のホスピスの方が宗教的、スピリチュアル的要素が大きい——ホスピスの医療化によるデメリット

松本市立旭町中学校桐分校。桐分校は、わが国で唯一の刑務所内公立中学校だ。全国の受刑者が対象であり、義務教育未修了者であること、刑務所での生活態度が良好で学習意欲があることなどが入学の条件であり、年齢、性別に制限はない。一日七時間の授業を一年間（夏休み、冬休み、中間休みはない）受けて、卒業証書が授与される。〈生徒は、受刑という目をそらすことのできない現実から自分の過去の人生の軌跡を直視し、学習することを通して何とか更生の道を歩み、自分の将来に明るい展望を持ちたいという切実な願いを秘めています〉（松本市ホームページ）。

一方、主に末期がんや末期ＡＩＤＳにより、死を前提としてホスピスに入っている患者は、桐分校生徒と同様に、閉鎖的な環境で過ぎ去った人生に思いを巡らすことだろう。しかし、決定的に異なるのは、生徒には（困難なことが予測されるものの）生（社会）が待ち、患者には死が待ち受けることだ。ＡＬＳ（筋萎縮性側索硬化症）患者の武藤将胤は、「NO LIMIT, YOUR LIFE」をキャッチフレーズに、目の動きだけで音楽をつくり出す。人生の終末期を迎えようとしていても、実に前向きだ。しかし、明日、目が覚めるとさらに体が動かなくなっているのでは、と思うと、言いようのない不安にかられるそうだ。死を目前にしたホスピス患者であっても、過去の思い出ばかりではなく、生徒にとっての授業、武藤にとっての音楽のように、生活にハリを与えるツールがあると、ＱＯＬが間違いなく上がることだろう。

本書は、二〇一五年に京都大学大学院人間・環境学研究科に提出した学位請求論文『死にゆくこと』の現代的変容に関する社会学的研究——日本と韓国のホスピスの〈医療化〉をめぐって」を加筆・修正したものである。ホスピスは、終末期（ターミナル）ケアや、それを実施する施設を指す。無理に治療や延命処置を施すことをせず、主に麻薬による「痛みのコントロール」や、精神的・社会的なサポートを実施して、死を迎えるまで生きていることに意義を見出せるケアを行う。一九六七年、現代ホスピス第一号が英国のセント・クリストファー・ホスピスで設立され、一九七三年、わが国では淀川キリスト教病院で実質的なホスピスケアが開始され、一九六五年、韓国では修道会「マリアの小さな姉妹会」が設立したカルバリ医院での地域住民のための医療活動がホスピスのはじまりとされている。

ホスピスの発展の中で緩和ケアが考案され、医学としての緩和医療が創出された。ホスピスと緩和ケアは厳密には異なるが、歴史的経緯から両者の実質的な区別は困難である。WHOの緩和ケアの定義：緩和ケアとは、生命を脅かす疾患による問題に直面している患者とその家族に対して、痛みやその他の身体的問題、心理社会的問題、スピリチュアルな問題を早期に発見し、的確なアセスメントと対処（治療・処置）を行うことによって、苦しみを予防し、和らげることで、クオリティー・オブ・ライフ（QOL：生活の質）を改善するアプローチである（二〇〇二年）。現実に、ホスピス緩和ケアという言葉が、日本ホスピス緩和ケア協会のようにオフィシャルにも使用されており、本書でも両者を事実上区別していない。

本書の最大のテーマは、日本・韓国における「ホスピスの医療化」による影響である。ホスピスの医療化とは、ホスピス特有の心理的ケア、社会的ケア、スピリチュアルケアよりも、身体的ケアでの医療的介入の度合いが増す現象を示す。日本では、一九九〇年に緩和ケア病棟入院料が公的医療保険制度での診療報酬の適用対象となった。韓国では、二〇〇〇年代に入ってからはじまった。日本より遅れて診療報酬化を進めている韓国にとって、日本は先進事例として参考になり、先進であるために実践面や制度面で障壁に直面している日本にとって、韓国は問題の本質の抽出や改善策の考案に役立つ。

わが国のホスピスは、草創期からまもなく医療システムに組み込まれ、医療として発展し、がん対策とともに政策の対象とされてきた。このような経緯の結果、ホスピスケアを提供する従事者の多くが医療者で、その他のケア従事者が不充分な状況にある点が特徴の一つである。すなわち、診療報酬制度や緩和ケア施策が、利益優先、終末期への配慮や身体的ケア以外のケアの不足、医学や医療への傾倒というデメリットをかかえている。他方、韓国では、ホスピスは宗教団体や看護専門職の活動としてはじまり、医師の参画によって、緩和医療としてのホスピスが形成されるようになった。非医療機関のホスピスが多く、ホスピスケア従事者の多様性があることが特徴だ。このような関連主体の違いをみると、韓国に比べて医療者の役割が大きい日本の方が、ホスピスの「医療化」が生じやすい環境にあるといえよう。

わが国で望ましいホスピスの構想を実現するには、医療者以外の主体が活躍できる方策を、積極的につくり出すことが必要である。一方、聖職者によるケアを診療報酬の対象にすることの困難さなど、課題は少なくない。

7月29日号（3313号）

『親友が語る手塚治虫の少年時代』

●田浦紀子、高坂史章［編著］　●和泉書院

手塚治虫マンガの原点は昆虫採集にあった
——手塚は小学生のときからすでに天才だった

手塚治虫の大ファンである編著者らは、二〇一六年四月、手塚プロダクション資料室長で「手塚マンガの生き字引」と呼ばれた森晴路が急逝したときに危機感を覚えた。〈「手塚治虫が歴史になってしまう」。人口に膾炙している手塚治虫伝説ではない、少年時代の手塚治虫に関する証言をそのまま記録する本を作りたいと思いました。今まで書いた原稿を整理する作業を急ピッチで進めました〉。これが、本書を生んだきっかけである。

主な証言者は、手塚の実弟の浩、実妹の宇都美奈子や、手塚が在校した大阪府池田師範学校附属小学校・大阪府立北野中学校の同級生、同窓生、および手塚プロのスタッフらだ。手塚の同級生は米寿を迎える年齢であったが、この年代のヒトたちは、自分の生きてきた時代

や戦争体験が活字になることにものすごく執念を燃やしているようで、取材はスムーズに進んだ。エピソードをいくつか紹介したい。

小学校同級生：手塚は、クラスの中にいたガキ大将や番長クラスの子どもにひどい目に遭わされ、クラスメイトからも馬鹿にされて、いびりの標的になっていた、と伝記に書いたり講演でも述べていた。たくさんの作家も、彼の話を参考に伝記を書くので、今では一般に、手塚は子どもの頃はいじめられっ子で、泣き虫だったというのが定説となっている。実はそんなことはまったくない。非常に仲のよいクラスで、卒業後六五年にもなるのに、いまだにクラス会をやっているくらいだ。彼は自己顕示欲が強く、豊かな創作力が生み出したつくり話に違いない。いじめられたという負のイメージをいえば、読むヒト聞くヒトに感動を与える、といった気持ちがあったかもしれない。

手塚浩は、歴史というものは半分が真実であるとすれば、後の半分はフィクションで構成された物語というヒトがいるけれど、一人の人間の歴史にもまったく同じことがいえるのではないか、と続ける。例えば、北野中学時代の戦争体験を描いた自伝的マンガ「紙の砦」。タイトルは、悲惨な毎日の中、マンガを描き続けることで抵抗を示したことに由来する。「戦争は嫌だ」という手塚の思いの原点だ。一方、実際は脚色や誇張をふんだんに交えている。よく知られた火の見櫓にのぼったシーンもフィクションであり、（なかば無意識的かもしれない）手塚一流のサービス精神だったようだ。

浩・美奈子：ヒョウタンツギやスパイダーと比べると影が薄いが、愛嬌のあるママー（フクロウの一種）を発案したのは美奈子だ。手塚の代名詞のようなヒョウタンツギと、その首がキリンのように伸びたブクツギキュも美奈子が生みの親である。浩は、「オムカエデゴンス」という台詞のスパイダーの原画をつくった。こうして、治虫を中心に幼い兄妹が一緒にマンガを共作して、いろんなキャラクターを生み出し、後の手塚作品に登場するようになった。

浩・中学校同級生・手塚プロスタッフ：小学校四年生のときに同級生から昆虫採集と標本作製の手ほどきを受けた手塚は、中学校でも同級生数人と雑誌を出すほど、昆虫採集にますますのめり込んだ。しかし、戦後まもなくして突然昆虫から離れた。戦争が終わった一九四五年にも続けていた事実は、戦争が直接影響したのではない、と推測された。おそらく、昆虫の生涯は自分で脚色しない限り、それ以上発展しないということに限界を感じたのではないか。要するに、自分の趣味としての昆虫に限界を感じた、それ以上に発展させることは昆虫に対する冒涜ではないか、と考えたのであろう。だが、手塚作品は昆虫から大きな影響を受けている。昆虫の完全変態を何度もみて、マンガやアニメーションのメタモルフォーゼに発展したのは間違いない。さらに、同系統の配色、補色の妙、反対色の対比などの昆虫の無限に近い多彩さは、少年手塚治虫の美的感覚を育んだに違いない。

本書は、紫綬褒章を辞退するためにわざわざ文部省に出向いたなど、気分が高揚するようなエピソードはあまりみられないが、手塚ファンなら見逃せない、すでに天才ぶりを発揮していた手塚少年の足跡でいっぱいだ。編著者の一人：手塚治虫の姿が、ずっと生き続けますように——。

8月5日号（3314号）

『和食の英語表現事典』

●亀田尚己、青柳由紀江、J・M・クリスチャンセン［著］ 成瀬宇平［編集協力］ ●丸善出版

外国人ご用達の和食料理屋必携の書
――平易な英語で和食文化に触れよう

〈9・11の後、ニューヨーク・タイムズ紙は亡くなった人たち一人一人のライフ・ストーリーの小さなコラムを連載した。……しかし、報復爆撃で死んだアフガニスタンの死者たちについては誰も報道しなかった。名前の記録さえない死者たちがこの世界には無数にいる。先日亡くなった元沖縄県知事大田昌秀が残した「平和の礎」の意味はそこにある。沖縄人も本土人もアメリカ人も朝鮮・台湾の出身者も、ともかくあの時期にあの島で戦闘で亡くなった人たちすべての名を調べ上げて記す。……ぼくはあの人々の名を一人ずつ読み上げたいと思う。なぜなら、残された者にはそれしかできないのだから〉（池澤夏樹：「終わりと始まり」、朝日新聞二〇一七年七月五日）。名もない雑草など存在しない。元桐朋学園校長の生江

義男は、生徒の名前を全員覚えていたそうだ。名前を覚えることはすべての入口であり、とても重要なことだ。

私たちは、周知の事実と思っていたことが、実は名前すら思い浮かばず、こんなはずではない状態になることが珍しくない。料理もその一つだ。例えば、定食の小皿料理として、あるいは居酒屋の突き出しでよく出される「ぬた和え」は、若い人の大半は、見たことがあっても名前がわからず、中身もイメージできないかもしれない。本書は、まず和食のエッセンスを紹介し、二〇一三年にユネスコの無形文化遺産に登録された和食の料理、調味料、漬物、菓子類に至るまでの約三〇〇点を、それらに関連する歴史やエピソード、あるいは全国のバリエーションを含めて簡潔に説明し、それをごくわかりやすい英語で紹介する事典である。読んでいくうちに、漠然としていた和食の知識が、名前を入口に鮮明になってくる。

本書は、対象読者がはっきりと明記されていないが、「まえがき」は、「外国人が好きな外国料理」の第一位は「日本料理（六六・三％）」、第二位が「イタリア料理（四六・四％）」、第三位が「中国料理（四二・五％）」や、外国人観光客が「訪日前に期待すること」の第一位は「日本食を食べること（七六・六％）」、第二位が「ショッピング（五七・五％）」、第三位が「自然・景勝地観光（四九・七％）」ではじまるように、特に外国人を想定して作られた事典のようだ。そのため、愉快な内容が散見する。(一)質問：鍋料理、一緒盛り、また大皿料理からみなで料理を取り合うときに衛生面で安全にしたいのですが、どのようにすればいいですか？＝答え：一番安全なのはそのような料理には手をつけないことです。(二)質問：もし客がラーメンを音も立てずに食べていたら、ラーメン店のシェフはその人のことをどう思いますか？＝答え：彼はきっとその客が彼の作ったラーメンを嫌いなのだと思い、多分気分を害することでしょう。

一方、まず日本語、そして英語（英訳のない日本語もたくさんある）の構成を貫く本書は、日本語に精通した外国人でないと楽しく読むことができないかもしれない。さらに、日本語ができる外国人には英語は不要だ。とすると、英語は、まるで日本人のために存在しているようだ。実際、英語は中学生でも辞書があればほとんど問題ないくらい平易だ。例えば、アジは、その味があまりにも美味しく参ったと称賛されるほどなので「味」（taste）のアジ、そして「参った魚」（fish overwhelmingly praised because of its delicious taste）の鯵と命名されたといわれている。このように、中高生にとっては英作文の教材としても有益であり、曖昧だった（と思われる）和食の知識もクリアになり、一石二鳥になるだろう。

本書の内容は幅広く、和食をほぼ網羅している。日本人にとっても、興味深い話題が少なくない。よく知られた関西と関東料理の対比では、(一)汁粉は、関西では「善哉、善哉餅」といい、関東で「善哉」というと、椀の中の栗餅や白玉などの上に濃い目の粒餡かこし餡をかけたものをいう、(二)煎餅は、関西では小麦粉煎餅を「煎餅」と呼び、米煎餅は「おかき、かき餅」と呼んだ。関東では米煎餅を煎餅と呼ぶ、(三)薩摩揚げは、関西では「てんぷら」と呼ばれ、関東では「薩摩のつけ揚げ」が詰まって「薩摩揚げ」と呼ぶ、(四)すき焼きは、関西では砂糖、みりん、醤油などで味付けしながら、関東では煮汁で調理する、(五)鰻の蒲焼は、関西では鰻を腹開きにし、蒸さずに素焼きしてタレを付け、関東では背開きにし、白焼きして蒸してから改めてタレを付けて焼く、(六)出世魚のブリは、大きさ順に関西ではツバス(ワカナ)、ハマチ、メジロ、関東ではワカシ、イナダ、ワラサと呼ばれ、成魚はいずれも「ブリ」だ、(七)米飯は、関西は昼炊きだったため、前日の冷や飯を食べる工夫として茶粥が発展し、関東は朝炊きであり、粥はあまり好まれなかった、などが紹介されている。

こうして、本書の最適な読者は、外国人がよく訪れ、店側と対話する機会がある和食料理屋、例えば寿司屋やカウンター割烹などのスタッフのような気がする。オノマトペまで掲載されていて、英会話力が充分ではない人でもすぐに役立ち、豊富な内容は、日本文化に強い関心をもつ外国人の琴線に触れることだろう。

9月2日号（3317号）

『人類はなぜ肉食をやめられないのか——250万年の愛と妄想のはてに』

●マルタ・ザラスカ［著］　小野木明恵［訳］　●発行／インターシフト　発売／合同出版

肉食が人間とチンパンジーの脳の違いをもたらしたかもしれない——肉のうまさはベジタリアンをも肉食に走らせる

ごく最近、肉食ダイエットがブームとなった。今流行りの糖質制限ダイエットのバリエーションといえる。肉好きなヒトにはこの上ない朗報だったかもしれないが、飽和脂肪酸の取り過ぎにより生活習慣病のリスクが増大する、野菜、果物などの繊維類を極端に制限するために腸内細菌のバランスが偏り悪玉菌が増加する、体臭がキツくなる、ケトン体が増加する、などのデメリットも少なくなく、ブームはピークを過ぎたようだ。一方、肉食がダイエットに繋がる意外性、最もチャーミングな食べ物・肉をツールに使うセンスなど、肉食ダイエットの是非は別にしても、その発想力は素晴らしい。

肉食の最大の魅力は、たくさんのヒトをとりこにさせる味の満足度だろうが、効率のよい栄養補給、特に豊富な必須アミノ酸、吸収のよいヘム鉄、亜鉛、ビタミンB類の存在も重要だ。しかし、焼き肉に発生する多環芳香族炭化水素（ＰＡＨ）や加工肉に使用される亜硝酸ナトリウムなどの発がん性物質、および悪玉（ＬＤＬ）コレステロールを増加させる飽和脂肪酸の存在は、健康志向が高まっている今日、時に目の敵にされるほどだ。ベーコン二切れは、タバコ四本に匹敵する。その対策として、臓物と新鮮な鶏肉の摂取が推奨されている（「肉は健康の敵？～ｍｅａｔの真実」、ＮＨＫＢＳ１二〇一七年八月一日）。

肉を摂取することが人間の健康に本当に悪いのであれば、なぜそもそも人間はベジタリアンに進化しなかったのか？　本書は、菜食だったヒトの祖先が肉食をはじめた理由、なぜ肉食がやめられないのかを推測し、太古の先カンブリア時代から二一世紀の半ばまでの肉食の歴史を辿り、そして、人類と肉とのまるで恋愛のような関係を物語り、肉食の昨日・今日・明日を描いている。なぜ私たちは肉を食べるのか、という疑問に答える本が一冊もなかったことが、この執筆のきっかけだった。後半には、進化しなかったベジタリアンにかなりのスペースを割いている。

約一五億年前、古代の細菌の一部が、細胞壁を脱ぎ捨てて、他の細菌を食べるようになった。すなわち、食作用というパフォーマンスが肉食のはじまりとされている。このことは、一連の出来事の発端となった。複雑な細胞をもつ真核生物が出現したばかりではなく、単細胞から多細胞へ（細胞が一つだけでなくたくさんあれば、食べられにくくなる）、小さな身体から大きな身体へ、柔らかい身体から堅い殻をもつ身体へ、遅い動きから速い動きへと移行していった。

時代はずっと下って二五〇万年前頃、気候が変化し、雨量が減少するにつれて果物や葉や花も少なくなり、それにもかかわらず、サバンナの草食獣の数はどんどん増えていった。ほぼビーガン（完全菜食主義者）であった人間の祖先は、チンパンジーやゴリラの祖先と異なり、草食獣とその肉という新たな資源から利益を得ることを選択した。その頃、肉を手に入れるための石の道具と、盲腸（繊維が消化される場所）が縮小し肉を消化できる身体をもっていた。エネルギー効率のよい肉食は、脳の発達をもたらし、体重のわずか二パーセントの脳が、安静時に身体が必要とするエネルギーの二五パーセントも消耗するようになった。そのため、基礎代謝率を大幅に上昇させずに大きな脳を維持するために、どこかの臓器でコストを切り詰める必要があった。選ばれたのは腸であり、短くなったおかげで脳にエネルギーが回り、それは肉食にも適していた。このことから、人類の祖先が非常に高い順応性をもっていたことがわかる。生まれつき肉食だったのではなく、日和見主義だったのだ。

さらに、人類最大の発明ともいわれる「火の使用」が重要だ。火を使って調理した肉は、生の肉よりもはるかに消化しやすく、体重を一層速く増やせる。多大なエネルギーを要する消化の時間が短縮できるほど、身体に行き渡るエネルギーが多くなる。人類の祖先の腸が短くなり脳が大きくなったことに関連し、生の肉ではこうはならなかっただろう。加えて、肉を焼くことによって生じるメイラード反応（糖とアミノ酸を含む食材を加熱調理したときに、褐色化して香気を発生させること）による芳香を中心に、うまみ物質、脂肪の食感が、どれほど肉を美味しく魅惑的なものにしていることか。著者のマルタ・ザラスカは、これが狩猟採集時代から現代に至るまで、肉が食卓の王様であり続けた最大の理由である、と結論づける。そして、多くのヒトが、私たちは食べた物からできているのだから、動物を食べることで、力がみなぎり、回復力がつき、逞しくなる、と信じている。

また、米国の自称ベジタリアンの六〇パーセントが、直近の二四時間以内に動物の肉を食べたことが明らかになっている。つまり、米国内での本格的なベジタリアンやビーガンの数は、わずか一・六パーセントにしか過ぎない。これは、本気でベジタリアンになろうとしているにもかかわらず、肉への渇望が強すぎて抗うことができないからだ。欧米で菜食主義が根づかなかった理由は、肉の代わりになるものがなかったからだ。タンパク質が豊富な豆類や、脂肪種子、野菜料理に風味をつける香辛料が潤沢にあるインドのようにはならなかった。

動物性タンパク質から一カロリーを生産すると、植物から一カロリー生産する場合よりも、二酸化炭素の排出量が一一倍も高くなる。肉食は、全温暖化ガスの原因のうち最大で二二パーセントを占める。この問題を解決するためには、すなわち、私たちが生き延びるためには、人類がみなベジタリアンになるしかないのだろうか。しかし、肉の誘惑に打ち勝つことは、すでに述べたように至難の業だ。食用昆虫や培養肉がその救世主になるかどうか、有望かもしれないが、まだ未知数だ。私たちは、当分、有漏路（俗世、ここでは肉好き）と無漏路（悟りの世界、ここではベジタリアン）との間を行ったり来たりするしかないかもしれない。

10月7日号（3321号）

『決断科学のすすめ
——持続可能な未来に向けて、どうすれば社会を変えられるか？』

●矢原徹一　●文一総合出版

優れたリーダーは一〇万人に一人もいない
——大きな決断を迫られたとき、最終的な判断は翌日まで待つ

〈先ごろの東京都知事選【編集部註：二〇一四年の選挙】に、政界から引退して悠々自適の文化人になっていたはずの元首相が立候補したのには驚いた。脱原発という個人の理念は理念としてあるにしても、それが都知事選と結びつくためには、一定の政治的な深謀遠慮が働かなければなるまい。……また、応援に立ったもう一人の元首相も最近になって脱原発に転向し、以来あちこちでセンセーショナルな発信を続けているのだが、こちらはさらに政治的な思惑が透けて見え、なかなか生臭いことである。……かつてそれぞれに一世を風靡した両者であるが、二人でタッグを組めば勝利できるという皮算用は何にもとづいたものであった

のだろうか。結果から振り返るに、両者とも初めに時代や世論の実態を大きく読み誤ったことになるが、それではあれほど機を見るに敏だった手練の政治家がなぜ読み誤ったか。結論から言えば、端的にこれが歳を取るということなのかもしれない。的確に働いていた観察眼があるとき働かなくなり、判断を誤る〉（高村薫：『作家的覚書』、岩波新書）。

本書は、文部科学省が二〇一一年に開始した「博士課程教育リーディングプログラム」に「九州大学持続可能な社会を拓く決断科学大学院プログラム」が二〇一三年に採択され、植物学者であり進化生物学者である矢原徹一が中心になって、決断科学の教科書に先立ってつくられた、その青写真のような入門書である。

二部構成になっていて、前半の「人間の科学　人間とはどんな動物なの？」では、リーダーシップや決断に言及し、後半の「社会の科学　私たちはどこから来て、どこに行くのか？」では、矢原の幅広い知識・経験に基づいて、屋久島のシカ（ヤクシカ）、東日本大震災やＳＥＡＬＤｓなど、環境、社会や政治問題について言及している。それらのベースには、常に生物進化と比較するという視点があり、社会の歴史には生物の歴史と同様に基本法則などなく、そのときどきの環境や社会状況の下で、ある制度や商品が選ばれてひろがっていくという一種のアルゴリズムがあるだけだ、と結論づけている。

日々、多くの意志決定を行っている中で、難しい問題についての意思決定を「決断」(hard decision)と呼んで区別している。決断する立場にあるリーダーについて、本書はビジネス界のリーダーだけではなく、自治体や政府、学界、市民団体、国際組織など、あらゆるチームのリーダーを想定している。人間の性格は五つの基本要素(ビッグファイブ)に要約できる。すなわち、外向性・開放性・協調性・良心性・情緒安定性だ。これらが極端に高過ぎる人はリーダーに適さない。例えば、あまりに冒険的で創造的な人物は組織を危機に陥れがちだし、協調性が高過ぎる人は決断を躊躇しがちだ。行き過ぎない程度にビッグファイブが高いことが、優れたリーダーの条件だ。これらの間には相関がない。このため、ビッグファイブすべてに秀でた人は希少な存在となる。ビッグファイブの各要素が上位一〇%に入る人は一〇分の一の五乗、つまり一〇万人に一人だ。さらに、優れたリーダーにはしばしば、学習や経験ではなかなか身につかない高度な知性が要求される。このような能力をもつ人材は一〇〇万人に一人か、あるいはもっと希少だろう。

私たちが職場や社会で直面している多くの問題には正解がない。したがって、「正解のない問題を考える力」が必要だが、「正解のない問題を考える力」とはいったいどんな能力なのかを解説した本はほとんどない。これも本書の存在意義だ。すなわち、さまざまな問題解決に取り組む社会的リーダーには、豊かな発想力が要求される。発想とはどんなプロセスか考えるためのクイズはユニークだ。例えば、次の単語に続く三文字の単語は何か?「おこし　につけ　○○○」。この段階で正解できる人は少ない。次の三文字が必要だろう。「おこし　○○○」。この段階で正解できればかなり発想力が高い。このクイズは、発想プロセスの三つの特徴をよく表している。第一に、発想とは脳内データベースに記憶されている言葉やアイデアなどの探索過程である。第二に、手掛かりとなる情報が増えるほど探索は容易になる。第三に、ある探索ルートの設定が、それ以外のルートによる探索を邪魔する。このクイズの正解は、童謡「桃太郎」の歌詞である。「おこし　につけ　たきび」。

大学院における研究では、個々の専門分野の科学的思考法は学ぶが、社会的課題の解決の現場で必要とされる科学的思考法は必ずしも学んでいない。この不足をカバーするのが「決断科学」だ。日常的な判断を担当する認知システムは「システム1」(直感的判断)と呼ばれ、科学的思考を担うのは「システム2」(理性的判断)である。システム1により他者の信頼性を直感的に判断する場合、返報性(過去に恩恵を与えてくれた人を信頼する)、権威(専門家を信頼する)、社会的証明(周囲を信頼する)、一貫性(ぶれない人を信頼する)、好意(ハロー効果:好きな人を信頼する)という簡便な規範を使用する。人を動かすには、これらの規範に基づく直感の癖をうまく使いこなせばよいが、それはしばしばシステム2を誤らせる。矢原は、大きな決断を迫られたとき、まずその場で暫定的な決断を下すが、最終的な判断は翌日まで待つという方針をとる。その間に、自分の決断についてよく考え、可能なら信頼のおける（批判力のある）他者の意見を聞く。つまり、「決断」というと、すぐにでも決めなければならないと考えがちだが、優れた決断をするための王道は、時間をかけて情報を集め、よく考えて判断することである。

こういったスタンスは、「社会をどうすれば変えられるか？」という問いに対する「適応学習による小さな改善の積み重ねだ」という答えに繋がる。これは、生物進化において新しいデザインや機能が生み出される原理ととてもよく似ている。加えて、人による狩猟がない生態系の方が不自然であり、増え過ぎたヤクシカに対して適切な水準の狩猟圧を維持し続ける必要がある、などの興味深い発想が満載である。元両首相が本書を読んでいれば、決断が変わったであろうか。

10月21日号（３３２３号）

『ダウラギリ山域の山と村』

世界第七位の高峰の麓を歩く、ダウラギリ・サーキット・トレッキングの魅力——高山病にバウムクーヘンが救世主だった

●山﨑裕晶、山﨑江理、野上秀雄［著］ ●文沢社

ダウラギリⅠ峰（ネパール、八一六七ｍ）は、サンスクリット語で白い山を意味し、人類が初めて足跡を刻んだ八〇〇〇峰であるアンナプルナ第Ⅰ峰（八〇九一ｍ）からわずか三五ｋｍの距離にある。一九世紀前半は、世界最高峰と考えられていた。難易度はトップクラスではないが、雪崩の多発地帯があり、遭難事故が少なくない。最近では、二〇一三年五月二三日、五〇歳から登山を開始しても、自ら資金をつくって、大仰でなく、シェルパ数名のサポートだけで八〇〇〇峰に登頂できることを示した助産師・河野千鶴子が、ダウラギリⅠ峰の頂上を目前にして疲労凍死した。皮肉にも、典型的な大名登山によって、三浦雄一郎が三度目のエベレスト登頂を果たしたのは、まさにこの日であった。

本書は、二〇一二年一〇月下旬、登山を生業とする夫と趣味とする妻が、ダウラギリ山塊の最高峰であるI峰を囲むサーキットをダラパニからマルファまでトレッキングを実施した記録である。加えて、夫の大学・山の先輩が、ダウラギリ山域の山と登山史、ネパールの農村風景と農業生産を記して、ダウラギリ山域の全体像の把握に寄与している。マルファは、河口慧海がチベットに潜入する前、一九〇〇年三月から三カ月間、間道が通れる季節になるまで待機したところだ。現在、記念館が一般公開されている。本書の最大の魅力は、素晴らしい山岳カラー写真であり、山麓の村の生活の紹介だ。後述するように、評者はさらにトイレと高山病に注目した。

ダウラギリ・サーキット・トレッキングは、ある程度の冬山を含む登山経験と体力は不可欠だが、特別に困難なものではない。しかし、エベレスト街道やトンガリロ（ニュージーランド）のようなポピュラーなコースとは異なり、本サーキットはほとんど未整備であり、快適度は低く、危険度は高い（いざというときのバックアップ体制が得られにくい）。例えば、夫妻とシェルパ二人、ポーター二人の六人パーティーの大半の宿泊は、ホテル（ロッジ）ではなくテントだった。そのため、まっ先に思い浮かべるのは、トイレだ。多くの山岳紀行文は、トイレに関する記述はごく少ない。一方、本書は、妻によるトイレの記述がしばしば出てくる。〈ここ（ドバン、二五二〇ｍ）のテント場にはトイレはなく、どこでもフリーでし放題だから、少し入った森の中は至るところ排便のあとが見かけられ、夜中の用足しのことなど考えるだけでも悩ましい〉。〈テントの外はものすごく寒いが、その寒さも星空の美しさも関係なく、無事用足しを完了するという、一点に集中する（四七四〇ｍのダウラギリＢＣを目指す前夜）〉。わが国でも、トイレがないテント場はたくさんある。ヒマラヤでも、利尻山などのように携帯トイレ持参が義務づけられる日は遠くないかもしれない。

このサーキットは、最高地点のフレンチ・パス（五三三四ｍ）とタパ・パス（五一八二ｍ）の二つの峠を越える。すなわち、高山病の危険性がある。書き出しに、〈トレッキングの報告では、高所での体調の変化について丁寧に書き留めることを心がけた〉とあるように、高山病についても興味深い記述が少なからずある。〈七時からの朝食は、持参したおかゆと梅干にしたが、江里は、おかゆは半分残した。いつもは抜群の力を与えてくれる梅干も、今朝は身体があまり欲しない。いったい自分は今、何が食べたいのだろうと、いろいろ考えてみるものの見当がつかない（ジャパンＢＣ、四〇八五ｍ）〉。〈お互いに「どちら様ですか?」と冗談に聞いてみたくなるほど、二人とも顔が丸く腫れている。シェルパは、我々に比べると高所に強いとはいえ、彼らにもやはり高山病の徴候が現れている（同上）〉。〈夕食は、（江里がこっそり持参した）バウムクーヘンにフリーズドライの豚汁。豚汁は残してもバウムクーヘンだけは二人とも食べられる。今回の私たちの生命線となっているバウムクーヘンに感謝せずにはいられない（ヒドン・バレイ、五一四〇ｍ）〉。

シェルパも罹患するように、高山病は大なり小なりすべての人に生じる。パーティーの人数が多いほど重症者出現の確率が高まり、行動はその人に左右される。今後、今回のような少人数のパーティーで、まだメジャーになってはいないが、魅力あるダウラギリ・サーキットのようなコースのトレッキングが盛んになるだろう。それには、各自のバウムクーヘンを見つけることだ。

11月4日号（3325号）

『文科省／高校「妊活」教材の嘘』

●西山千恵子、柘植あづみ［編著］　●論創社

高校保健・副教材は、捏造・改ざんありの妊娠・出産への圧力教材だ
――なぜ日本はフランスのように少子化対策が成功しないのか

合計特殊出生率は、一人の女性が一生に産む子どもの平均数を示す。二・〇七が人口維持のために必要で、人口置換水準と呼ぶ。一九七四年に二・〇五となって以来、一度もこれを上回っていない。二〇〇五年の一・二六が底で、昨年は一・四四でやや持ち直している。一九六六年は丙午の年で、突然、一・五八と前年より二六％も減少したが、一九八九年には一・五七とこの数字を下回り、「一・五七ショック」と騒がれた。しかし、その後、一度も一・五七を超えてはいない（厚生労働省）。これが、わが国の少子化の現状を的確に示している。

一方、少子化対策に成功した先進国がある。フランスだ。一九九六年に一・六六まで低下

すると、ただちに対策を講じた。後述するように、日本の対策は「産むこと」に重点が置かれているが、フランスは「育てること」を重視した。その結果、二〇〇六年には二・〇〇とV字回復を果たし、現在に至っている。それは、子どもが多ければ多いほど有利な家族手当、充実した育児支援をはじめとする、先進国中最も手厚い補助政策・支援政策の成果だ。わが国がその方式を取り入れた場合、厚生労働省によって一〇兆六〇〇〇億円程度必要なことが試算されている。わが国の少子化対策関連費の約三倍だ（産経新聞、二〇〇七年四月一一日）。加えて、フランスでは、それらの補助・支援は法の整備によって、子どもが婚姻外子であっても平等に与えられる。今や、婚姻外子の割合が五〇%を超えている。家族手当を企業ではなく国家が支給することとあわせて、わが国と大きな相違点だ。

こうして、少子化対策に日本政府が躍起となるのは当然であろう。その一環として、二〇一五年、文部科学省は高校生向け保健体育の啓発教材『健康な生活を送るために』を改訂して発行したところ、「女性の妊娠のしやすさの年齢による変化グラフ」が、女性の妊娠しやすい年齢のピークが二二歳であり、それを過ぎると急速に衰えていく形に改ざんされていることが判明した。二〇一五年の女性の平均初婚年齢は二九・四歳、第一子出産平均年齢は三〇・七歳、結婚願望があるのだから、約五歳前倒しで出産すれば合計特殊出生率二・〇七が実現できる……そんな思惑が透けてみえる。つまり、高校生向け国策「妊活」教材の誕生だ。さらに、それ以外にもさまざまな疑問点が指摘された。これには、日本家族計画協会、日本生殖医学会、日本産婦人科学会など関連九団体も絡んでいたらしい。国の「産ませる」という政策的な意図と、学術・専門家団体の権力への欲望が結びつくとき、「科学的知識」に何かが起こり、それは社会の中でどのように機能するのか、これらについて考えるための材料を提示することが、本書の大きな目的だ。

このように、子育てサポートや女性と男性双方の育児休業制度を整備することなどに重点を置いた少子化対策から、二〇代のうちに結婚し、妊娠・出産することを推奨し、不妊を忌避する「妊娠・出産の適齢期」の教育に重点を置く少子化対策へと舵が切られたようだ。〈あなたたちが早く産まないと、地方は消滅し、年金制度も破綻し、日本は滅びてしまう。そのためにも「女子力」をアップ〉と。これは、まさしく個人の結婚・妊娠・出産の選択への政府からの干渉である。例えば、結婚しない人、結婚しても子どもを産まない人、結婚しないで子どもを産む人、セクシュアルマイノリティ、日本に住む外国籍の人たちを想定していない。女優・山口智子の〈私は特殊な育ち方をしているので、血の結びつきを全く信用していない。私はずっと、「親」というものになりたくないと思って育ちました。私は、「子どものいる人生」とは違う人生を歩みたい〉(FRaU、二〇一六年三月号)という生き方は、特殊ではないのだ。

本書の意義は、この副教材事件を介して、個人の性や生殖、身体への干渉と管理を強めようとしていた少子化対策への抵抗の記録を残したことにある。いずれにせよ、虚偽の情報で誘導しようとするのは論外であるが、〈目玉政策がころころと変わり、一方で社会保障の財源となる増税を先送りした政権〉(「天声人語」、朝日新聞二〇一七年九月一二日)は、フランスのような骨太の改革を実施しない限り、二〇六〇年には総人口が九〇〇〇万人を割り込み、高齢化率が四〇%近い水準になる(厚生労働省)のはほぼ確実だ。

12月16日号（3331号）

『登山を楽しむための健康トレーニング』

●齋藤繁　●上毛新聞社

「毎日登山」の魅力——標高差三〇〇～五〇〇ｍの居住地周辺の低山登山が、本格的登山のトレーニングや健康増進に最適だ

神戸市では、四〇〇〇人以上の市民が、六甲山（最高峰は九三一ｍ）の一一の山筋で、毎日、登山を続けている。「毎日登山」だ。多くは往復一～二時間ほどだ。大部分の人は毎朝仕事前に、一部の人は夕方仕事帰りに、登山後、記録所がある山頂や山頂付近で記入する。二万一〇〇〇回を超えた人もいる。五七年以上かかる計算で、ちょっと信じられない数字だ（台風で登ることができなかった翌日に、二回、三回と登ることもあるそうだ）。記録所や付近の茶屋は社交場にもなっている。健康に悪いはずがない。ただ、ビール一杯という毎日登山者も少なからずいるそうだ。

著者の齋藤繁医師は、群馬大学教授（麻酔神経科学）であり、日本山岳会理事、日本登山

医学会専務理事などとして、山岳イベントの医療支援活動や一般登山者の健康管理に関する啓蒙活動などを実施している。本書の露払い的存在である『病気に負けない健康登山――ドクターが勧める賢い登山術』（山と渓谷社）では、〈山で出会う中高年の方々と話してみると、「体が元気で時間があるから、山の自然を楽しんでいる」というレクリエーション派の方々がいる一方で、「自分の健康管理のために、毎週欠かさず山歩きをしている」といった健康増進積極派も少なくないことがわかる〉と記し、「毎日登山」的な山登りが、六甲山の専売特許ではないことを示唆している。

山登りを健康増進に生かすためのポイントは、「自分の体をよく知ること」「無理はしないこと」「でも積極的に取り組むこと」の三点に要約できる。他方、「山登りをする人はトレーニングをしない」といわれる。最適なトレーニング法は、実は、どんな低山であっても登山だ。本格的な登山の合い間に、二日に一回、三日に一回でも近場の低山を登ろう、それが無理なら、家の近くでまとまった距離を歩く、階段の昇降をする、というのが本書のコンセプトだ。〈著者の住む町では、榛名山の水沢山、赤城山の鍋割山などが定番で、実際、山麓の元気な中高年者が毎日の日課として大勢登ってくる。標高差にして三〇〇～五〇〇mあるから、運動量としてはけっこうなものだ〉（『同上』）という記述を本書は具体化したもので、群馬県に特化したトレーニング用の山々を、カラー写真をたくさん駆使して詳細に紹介している。

群馬県の健康登山コースを紹介する前に、著者の専門である「登山のどこが健康増進によいか」が総論として解説されている。〈近郊の身近な山は〝いろいろな風景の中で歩いてみたい〟という目的にはつまらない存在かもしれませんが、どう登るかを考え、どの力が不足しているかを探るには最適の環境です。行きやすい山に頻繁に通い、いろいろな登り方、下り方を試すことで自身の体の実力を評価してみてはいかがでしょう。近郊での健康増進登山は、健康管理と増進に役立つばかりでなく、真の山の実力をつけ、いざという時に厳しい環境を切り抜ける力をつけることにもつながります〉という記述が、後半の各論に繋がる。行程記録に加えて、健康状態についても記録をこまめにつける重要性を強調している。

各論は、一〇階建てビルの階段の上り下り、市の中心部に広がる前橋公園周回コースのように、毎日実行できるごく身近なエクササイズコースからはじまる。次に応用編として、まず百名山の赤城山系（鍋割山を含む）、榛名山系（水沢山を含む）、妙義山系のファミリーコースからやや困難なコースまで、さまざまなバリエーションが計三三コース登場する。さらに、子持山、桐生市郊外の山、谷川岳、白毛門山の計一四コースだ。すべてのコースに、トレーニングの意味付けがなされている。例えば、水沢山では、「登りに必要な心肺機能と腓腹筋鍛錬のコース」という具合だ。

こうして、近隣エクササイズのトレーニングとしての取り入れ方は、「毎日もしくは二〜三日に一回は三〇分程度の早歩き歩行などを居住地の周辺で行う」「週に一〜二回、本書で紹介されたような標高差三〇〇〜五〇〇m程度の近隣山エクササイズを行う」「月に一〜二回、体力や経験に合わせて、標高差一〇〇〇m程度の本格的な山登りを実践する」というのが理想となる。こういった趣味が高じたのが「毎日登山」のようだ。ランナーズハイのように、登らずにはいられないのだろう。

2018年

1月1日号（3333号）

『忘却の引揚げ史——泉靖一と二日市保養所』

●下川正晴　●弦書房

泉靖一ら京城帝国大学グループの満州→朝鮮半島→日本の引揚者への貢献——強姦によって妊娠させられた引揚げ女性に堕胎手術を行う保養所が設置された

戦後、旧満州・陶頼昭（中国東北部）に入植していた黒川（現・岐阜県加茂郡白川町黒川）開拓団の六五〇人中四五〇人が帰国できた。終戦直後、現地住民から襲撃に遭った。〈これ以上時が経ったなら絶対の時が来る。この黒山のごとくなって来る暴民にはいまの日本人ではなんともならない。やはりソ連を頼むより外に道はなし〉と、一九四五年一〇月に接待所を設置し、一五人の未婚女性がソ連兵らを接待した。〈駅に駐在するソ連兵には豚の料理などで接待し、娘達も協力してくれ誠に感謝の他はない。我々の今日あるのも彼女等のお蔭である〉（「告白～満蒙開拓団の女たち～」、NHKEテレ二〇一七年一〇月七日）。

このように敗戦後に人身御供や強姦の犠牲者となった女性たちは、口を固く閉ざしたままだった。性病と妊娠の不安を抱えて引揚げてきた彼女たちの戦後は、怒りの矛先すらどこにも向けられないまま沈黙の歴史であった。さらに、日本社会も戦争犠牲者といえば、本土空襲や沖縄戦、そして原爆での死者とみなされてしまい、引揚者をはじき出したままこうした事実を忘却してしまった。しかし、東京大空襲の犠牲者数（約八万四千人）、沖縄戦の民間人犠牲者（約一七万人）、広島の原爆犠牲者（約一五万人）、長崎の原爆犠牲者（約七万四千人）に対し、満州引揚げの犠牲者（約二四万五千人）ははるかに多かった。

敗戦時、満州に約一五五万人、北朝鮮に約三〇万人、南朝鮮には約四二万人の日本人がいた。朝鮮へは満州から避難民が流入したが、三八度線が閉鎖され、北側はソ連軍の侵攻によって大混乱した。このような窮状を打開するために、京城帝国大学の最後の総長・山家信次の呼びかけで医学部の教授や学生たちが立ち上がり、一九四五年一〇月、京城に「罹災民救済病院」、列車・船内で診療を行う米軍政府公認の「移動医療局」（ＭＲＵ）を設置した。多くの京城帝大グループメンバーは一二月頃に帰国し、翌年、治療を継続するため、博多港に近い聖福寺に「在外同胞援護会救療部」を設置し、境内に四月は引揚者の病気治療を施すための医療施設「聖福病院」、八月は引揚げ医療孤児施設「聖福寮」を開設した。

加えて、三月には博多港から交通の便がよい二日市温泉に、強姦によって妊娠させられたり、性病に罹った女性に堕胎手術や治療を行う施設「二日市保養所」を開設した。翌年秋に閉鎖されるまでに四、五百件の手術がなされた。

実は、当時は優生保護法（一九四八年）がまだなく、人工妊娠中絶は違法行為であった。後述の泉靖一は、「不法妊娠」の中絶に限って特例法を設けるよう政府に働きかけたが、閣議で否決された。司法大臣・岩田宙造などが真っ向から反対したからだ。一方、超法規的にでも中絶手術を実施する緊急性があった。国（厚生省）は黙認するという現実的な形をとり、四月の高松宮の二日市保養所への慰問が違法手術にお墨付きを与える結果となり、医療従事者に安堵を与えた。〈入院時はしょんぼり沈んだ顔だったが、退院時は軽い身になったおかげで、帰って行く時は一変して明るく晴れ晴れとした気持ちで、医者にお礼を述べていた。今でもそれぞれの郷里に帰って行った彼女たちの姿が目に浮かぶ〉。担当医師の記憶だ。次の引揚船内で配布されたチラシが、当時の空気とこの保養所の性格を物語っている。

〈不幸な御婦人方へ至急ご注意！

皆さん、ここまで御引揚になれば、この船は懐かしき母国の船でありますから、先ず御安心ください。

さて、今日まで数々の厭な思い出も御ありでそうが、茲で一度顧みられて、万一これまでに「生きんが為に」又は「故国へ還らんが為に」心ならずも不法な暴力と脅迫により身を傷つけられたり、又はその為、身体に異常を感じつつある方には、再生の祖国日本上陸の後、速やかにその憂悶に終止符を打ち、希望の出発点を立てられる為に乗船の船医へ、これまでの経過を内密に忌憚なく打開けられて、相談して下さい。

本会はかかる不幸なる方々の為に船医を乗船させ、上陸後は知己にも故郷へも知れない様に、博多の近く二日市の武蔵温泉に設備した診療所へ収容し、健全なる身体として故郷へ御送還する様にして居りますから、臆せず、惧れず、御心配なくただちに船医の許まで御申出下さい。財団法人　在外同胞援護会救療部派遣医師〉

こうした京城帝大グループによる一連の仕事の最もコアな存在だったのは、医師ではなく、後に古代アンデス文明研究で著名になる泉靖一であった。敗戦時、まだ三〇歳であり、助教授になったばかりであった。時局の動向を見抜く力は、山での精力的な野外フィールドワークから生まれていた。天才的な観察眼と状況を見通す力が、敗戦時、ただちに的確な指令を出し、同僚や学生たちを満州から無事に撤収させた。戦後の博多での活動は、「災難人類学の元祖」と評された。泉が中絶手術の過程を写真に記録させたことは「どんなに悲惨かつ緊急の状況であっても、人々の姿を記録しようとする」ことであり、人類学者としての職業精神の発露であった。「境界のない人類学」を実践した泉が国立民族学博物館初代館長に内定したのは順当な人事であったが、就任前に五五歳で亡くなった。

なぜ引揚げの記憶史は忘却されてきたのか。最大の理由は、それが植民者たちの物語であったからだろう。「本土」の人たちは、植民地・占領地に出かけた人々に対して差別と軽蔑、哀れみの混じった複雑な感情を抱いており、そのような状況の中で、「引揚げ」の経験を本土の人々が記憶化し共有する余地はなかった。また、泉の山岳部的なノリが象徴するように、日本の危機（敗戦時）においては、植民地帝国大学ならではの抜群の団結力と機動力を発揮したが、日本が安定期を迎えると、京城帝大グループは冷ややかな視線の対象になっていった。

1月13日号(3334号)

『こわいもの知らずの病理学講義』

●仲野徹　●晶文社

普通の人にも正しい病気の知識が身につけられることを目指した本
——最終的には治療の方針は自分で判断するしかない

お笑い系研究者を目指す大阪大学医学部の名物教授が、実際に医学生に行っている雑談講義を、まったく医学知識がない人にもわかってもらえるようにわかりやすくモディファイして、病理学を解説した啓蒙書だ。ここでの病理学は、組織・形態の診断や剖検などを行う病理医の仕事よりずっと幅広い。われわれの体はなんとすばらしくできているのか、病気ってこうやって成り立っていたのか、などの知識が、おもしろおかしい雑談・脱線とともに吸収される仕組みだ。そのため、「内科医はなんでも知っているがなんにもしない。外科医はなにも知らないがなんでもする。そして、病理医はなんでも知っていてなんでもするが、ほとんどの場合手遅れである」とはならない。講演でも執筆でも、このオイタのスタイルが好意的に受け入れられているのは、著者の本業（サイエンス）のレベルが国際的に高いからに違いない。

本書は、「細胞の損傷、適応、死」「血行動態の異常、貧血、血栓症、ショック」「分子生物学の基礎知識」「がんの成り立ち」からなる総論と、「がんのさまざまな進化」を述べる各論で構成されている。それぞれのキーワードをまず『広辞苑』で説明する、という正攻法（いや奇策か）を用いている。例えば、病理学は「疾病を分類・記載し、その性状を究め、病因および成り立ち方を研究する学問」という具合だ。総論、各論から、著者らしい描出を少し紹介したい。

〈総論〉フランス革命の頃、他の処刑法よりも苦痛が少ない、という理由で採用されたのが、ご存じギロチンです。重い刃がざっと落ちて、クビがぽろり。さて、意識は何秒もつのでしょう？　頭が胴体から離れても、すぐに脳細胞が死んでしまうわけではないので、その瞬間に脳の活動がストップしてしまうようなことはないはずです。キリスト教の縁起の悪い数字である一三秒間は意識が残っているという、ほんとかしゃれかわからない説明が書かれていたりします。断頭の瞬間に運よく気を失ってしまえたらいいですけど、そうでなければ、短くともおそらく五秒や一〇秒は意識が残るでしょう。そういうことに配慮して、頭がごちんと落ちたら痛いだろうから、クッションをしいてあったという話まで残っています。その期におよんでそんなことをしてもしゃあないけどなぁという気がしてしまいますが。

なんとか医師の「がんもどき」理論というのがありますが、私から言わせれば理論というより愚論です。あの考え方は、がんにはそれぞれの性質があるけれど、その性質は固定したものであって、いつまでも変わらない、という前提にたって組み立てられています。これまでの研究成果から、その考え方は完全に否定されています。がん細胞は突然変異が蓄積しやすくなっているので、どんどん進化していくのです。ですから、ほうっておいたらいい、というものでは決してありません。

〈各論〉有袋類であるタスマニアデビルは、一度に二〇～三〇匹のとても小さな子どもを産むのですが、お腹の袋の中に乳首は四つしかありません。ですから、産み落とされたとたん、兄弟姉妹の間で、いきなりとんでもない生存競争が強いられるのです。文字通りの肉食で攻撃的な性格であり、エサをめぐって争うときに、タスマニアデビル同士が傷つけ合うことがよくあります。その際に、「デビル顔面腫瘍性疾患」というがんが「伝染」し、どんどん死んでいく、という報告が一九九六年になされました。がん細胞が直接伝染していくのです。驚いたことに、わずか二〇年ほどたった時点で、タスマニアデビルがこの伝染性がんに抵抗性を獲得してきているようなのです。二つのゲノム領域（悪性腫瘍や免疫機能に関係）に変化が生じていました。たった四〜六代目の子孫においてこのような変化が認められたことは、いかに、デビル顔面腫瘍性疾患がタスマニアデビルに強い進化の淘汰圧をもたらしたかがわかります。もう一つのおもしろい進化は、攻撃性の弱い固体の出現です。この病気が出現するまでは、攻撃性が強いことが、おそらく餌をたくさんとれるために、生存していく上で優位だったのです。ところが、腫瘍が出現してからは、攻撃性が強い個体は、相互の攻撃によって傷つきがん細胞に感染しやすいために、死ぬ確率が高くなってしまいました。その結果、進化の淘汰圧が逆向きになって、攻撃性の弱い個体が有利になってきたのです。人間はよほどのことがない限り噛みつき合ったりしませんから、そんな心配はないかもしれませんけれど。

というような具合に、病理学の世界がおもしろおかしく綴られていく。

医学は、統計的なデータを示してくれるが、個別例の将来を予測してはくれない。エビデンス、すなわち、これまでに得られた統計的データを基に、自分で判断するしかない。インフォームドコンセントを受けても、最終的には治療の方針は自分で選択しなければならない。

例えば、子宮頸がんワクチンの副反応が話題になっているが、がんの原因となるヒトパピローマウイルスの持続感染をほぼ予防してくれるのは確実である。副反応のリスクとがん予防のメリットをよく考えて、接種するかどうか、最後は個人で判断する他はない。本書の主要な目的は、医師の説明を鵜呑みにするのではなく、疑問点を尋ねるなどして医師と（そこでも）キャッチボールができるよう、医学的に考える力を身につけよう、という点にあるように思える。

締めのセリフも著者らしい。「がんがどの段階で発見されるかも運ならば、ベストフィットの専門家にかかることができるかも運かもしれません。がんになったら、自分のがんがどのようなものであるのかをよく理解し、最善の治療法を探りながら、自分がどう生きたいかを最優先して、あとは運だと天に任せるしかないような気がします」。

1月20日号(3335号)

『たいへんな生きもの——問題を解決するとてつもない進化』

●マット・サイモン[著] 松井信彦[訳] ●発行／インターシフト 発売／合同出版

生きものの賢さは人間の感覚に蓋をするとわかるかもしれない——進化の不思議はどんなミステリーよりもおもしろい

二〇一七年のイグノーベル賞の生物学賞は、吉澤和徳・北海道大学准教授らの「洞窟棲の昆虫で見られる、メスの陰茎とオスの膣の共通化の研究」に授与された。すなわち、ブラジルの洞窟で見つかったトリカエチャタテのメスが「ペニス」のような器官をもち、雌雄の交尾器官が「逆転」して機能することを解明した。「逆転」の理由は、オスが精子と一緒に栄養分を渡すことに着目し、この栄養分を得るためにメスが進んで交尾をコントロールできるように進化したのではないか、と推測された(朝日新聞二〇一七年九月一五日)。

生物にまつわる出版物は、一九九二年の『ゾウの時間 ネズミの時間——サイズの生物学』(本川達雄、中公新書)や二〇〇七年の『生物と無生物のあいだ』(福岡伸一、講談社現代新書）などがベストセラーになったのが記憶に新しいが、最近も好調であり、二〇一六年の『おもしろい！　進化のふしぎ　ざんねんないきもの事典』、翌年の続編（いずれも今泉忠明監修、高橋書店）は、小学校四年生の男子をターゲットに企画された児童書にもかかわらず、大人からの反響も大きく、大ベストセラーとなっている。「アライグマは食べ物をあらわない。え？　そのまま食べるけど！」「コアラはユーカリにふくまれる猛毒のせいで一日中寝ている」「パンダが一日中食べ続けているササの葉にはじつはほとんど栄養がない」など、ちょっと残念で興味深い話題が満載だ。

このような現象は、どんな小さな生き物でも進化の糸で人間と繋がっている地球船の仲間であり、（大きな）軽重の差はあっても親近感を感じること、（擬人化した結果）思わずツッコミたくなるようなユーモアがあり、あるいは残酷であり、（超）ユニークなパフォーマンスが見られること、などによって関心（好奇心）が高まった結果なのではないか（本当は擬人化してはいけないのだろう）。本書もその流れに乗っているようだが、浮かび方は見事だ。そのコンセプトは、〈生命がこの地球で栄えて数十億年、そのほぼすべてが今は地中に埋まっている。だが、努力が足りなかったからではない。生きものたちは生き延びて究極の目標――子作り――を達成すべく、何でもやってきた。試練に直面し、偶然の産物であろうとにかく解決策を見いだし、進化に進化を重ねた末に驚異的な多様性を極めており、今の私たちは同じ惑星で、そんな生きものたちと共存する栄誉にあずかっている〉である。本書のもう一つの特徴は、チャールズ・ダーウィンとほぼ同時代を生き、自然選択説の共同発見などで、ダーウィンに匹敵する偉大な進化学者であったが、現在ではすっかり影が薄くなっているアルフレッド・ラッセル・ウォレスに温かい目を向けていることだ。七章に分けて、進化の過程で生じた問題の解決策を紹介している。いくつかの代表的な不思議を簡単に紹介したい。

一章　何がなんでもセックスしなくちゃ…「ペニスのフェンシングで決闘だ……扁形動物」…扁形動物は雌雄同体だ。二匹が出会うと、先のとがったペニスでフェンシングをはじめる。相手の体のどこにでもいいから精子を注入しようと狙いながら、同時に相手から精子を注入されないよう最大限の防御をする。どうしてこのような暴力的な「外傷性授精」が進化したのか？　どちらもメスになりたくないからだ。卵作りは実にエネルギーの要る作業であり、しかも敗者ははらまされたうえ深い痛手を負っている。勝者は産卵という難事に携わらずして遺伝子を伝えられるのである。

二章　ベビーシッターが見つからないから…「幼虫のボディガードに仕立てる……グリップ

タパンテレス属のハチ」‥コマユバチ科のグリプタパンテレス属のハチは、イモムシの体内に八〇個もの卵を産みつける。やがて育った幼虫たちは、イモムシの体から一斉に吹き出てくる。ただし、一～二匹は体内に残り、脳を混乱させる化学物質を放ち、イモムシを他の幼虫を守る凶暴このうえないならず者に変えるのだ。このボディガード・イモムシが捕食者の五八パーセントを追い払えるのに対し、洗脳されていないイモムシは一五パーセントしか追い払えない。

三章　寝場所が要るのはわかるけど‥「絶景でまかない付きの貸間へ……ウオノエ」‥甲殻類のウオノエ科のキモトア・エクシグアは、魚のえらから侵入し、舌に取りつくと、それを食べて、舌のあった場所に自分が収まり、補綴舌として機能する。キモトア・エクシグアは、すべてオスとして生まれる。魚に辿り着いた一匹は、同輩がまだいないとわかるとオスのままいる。だが、他のオスがやってくると、前からいたオスがメスに変わり、子孫をつくる。この性転換は、大海原で生き残りを他の生きものに頼っている存在としては見事な戦略だ。二匹が運よく同じ魚に辿り着いても、どちらもオスないしメスだったりしたら意味がない。

四章　これはまたずいぶんなところに‥「真空の宇宙に飛び出たって生きていける……ク

マムシ」：二〇〇七年、欧州宇宙機関が緩歩動物のクマムシを乗せて衛星を打ち上げた。真空に一〇日間さらされても、ピンピンして生きていて、元気な子が生まれさえした。クマムシは、標準状態三パーセントにまで脱水し、クリプトビオシスという状態に入って、一五〇度の高温でも、マイナス二七二度の超低温でも、強い放射線を当てても生きている。

五章　えさにされては生きてけず：「身を守る驚異の光のショー……コウイカ」：コウイカは、捕食を免れるための飛び抜けて派手な戦略をもっている。世界屈指の驚異的なカモフラージュを採用して見つからないようにしているのだ。コウイカは溶け込めない背景に出会ったことがない。しかし、実はコウイカの眼には色覚がない。コウイカがどうやって体色を周りにぴったり合わせているのか、誰にもわかっていない。

という具合で、「六章　えさがなくても生きてけず」、「七章　そう簡単には逃がさない」、と続く。地球に人類のような力の持ち主がかつていたことはなかった。数え切れないほどの種を絶滅に追いやっており、他の種は生き残りに必死になっている。人類は地球最大の問題であり、生き残るのは私たちに対抗するための解決策を見いだした種ということになる。この先どうなるかなど誰にもわからない。

1月27日号（3336号）

『枯れてたまるか！』

六十歳で還暦スイッチを押して、カチリと人生を切りかえよう——七十歳を過ぎれば、どの人の人生も吉凶半分こ

●嵐山光三郎　●新講社

数年前、評者は登山医学について週刊朝日の取材を受け、送られてきた掲載誌がペラペラに薄いことにビックリしたことがあった。その薄さの中で異彩を放っている連載「コンセント抜いたか」を大幅に加筆し、さらに書き下ろし原稿を加える、というエッセイシリーズの最新刊だ。相変わらずの博聞強記ぶりで、嵐山光三郎の本は人生のボキャブラリーを豊かにしてくれる。

タイトルにあるように、物わかりのいい老人になって、かどがとれて、酸いも甘いも噛みわけた気になるような枯淡派とはならず、老人の新芽が出るように、古顔で、オールドファッションで、へそ曲がりで、わがままで、時代遅れで、老練で、したたかで、頓着せず

に人生を楽しもう、というコンセプトが全編を貫いている。理想は一休宗純だ。盲目の四十歳くらいの色白の美女・森侍者との愛欲生活を七十七歳のときにはじめ、『狂雲集』に「森の女陰は水仙の香りがする。森の体を望めば、森はわしの腰間をまさぐる。枯れた梅の古木も蘇ってきた」と書き残した。「女をば　法の御蔵と　云うぞ実に　釈迦も達磨もひょいひょいと生む」といった心境だったのであろうか。嵐山の生き方がロックンロールであれば、一休はロック過ぎる人生だった。

嵐山と同じ国立の住民で、深い親交があった作家・山口瞳の常套句が「生きている人の世の中」だ。どんなに活躍しても、死んでしまえば、それで終わり。葬式も法要も、生きている人がするのである。この世は生きている人のためにある。その証か、今の若者は山口をほとんど知らないようだ。そこで、生きているときが重要になる。ドイツ文学者の高橋義孝は、「七十歳を過ぎれば、誰もが吉凶は半分こ」と教えてくれた。いわゆるセレブは「いいことはいっぱいあったが、いやなこともいっぱいあった」。一方、市井の民は「いいことはちょっとしかなかったが、いやなこともちょっとしかなかった」。人生、ある意味でチャラなのだ。運はあらゆる人に平等にやってくる。運の強い人は、「強運がくるとき」を平常心で狙っている。ひとたび「運」がきたときには、わしづかみでとる。「運」がこないときには、ひたすら我慢して耐える時間も必要だ。ところが、なにをやってもうまくいかない人は、捨て鉢で弱気になり、気力が枯れてしまうため、せっかく「強運」がきたときに、つかみとれず、呆然と見逃してしまう。

生きている間で大事なのは、（特に年をとると）血縁より友人だ。年寄りはうつになりやすく、物理的精力の減退は自然の理だが、仲のよい友だちが一番の宝である。他方、友人関係を保つには、かなりエネルギーがいる。五十歳になったときは、「これ以上新しい友だちはいらない」と考え、同じようなことを椎名誠も発言していた。先輩の恩、親の恩には賞味期限はないが、友情の賞味期限は、人により三年もの、五年もの、十年もの、五十年ものがある。隠居の賞味期限は十年。著者は、文筆業者としての賞味期限は七十五歳と考えていたが、いざ七十五歳になってみると、やり残したことがいくつもあって、背中をつんつん押される感じがするそうだ。そこで、「賞味期限はあと五年のばそう」と考えなおすことにした。著者はまだ現役で隠居生活ではなく、隠居の賞味期限が切れるまでは、まだ大分ありそうだ。

「枯れてたまるか」に加えて、本書の魅力は著者のボーダーレスの博識（雑学）である。とりわけ、シルクロード研究の第一人者であった考古学者・キューーさんこと加藤九祚（著者の平凡社時代の先輩編集者）と、二〇一六年にデビュー五十周年記念プレミアムコンサートを行った、シンガーソングライターの元祖・荒木一郎の描写が興味深い。シベリア抑留の経験がある加藤は、国立民族学博物館教授時代に、研究のためしょっちゅうソ連に行くので、公安警察が何度もやってきた。スパイとして疑われたが、来るたびに酒宴となり、公安警察官がすっかりキューさんのファンになり、自分で一升瓶をもってきたという。また、荒木は、ミュージシャン以外にも、映画俳優、ポルノ女優のプロダクション経営者、桃井かおりのプロデューサー、小説家、カード・マジシャンどころか、強制猥褻致傷容疑者（不起訴）にもなり、脱力感を感じさせる印象とは異なり、一休に迫るロックぶりを発揮してきた。荒木を知る人は、本物の天才と評価することが少なくない。「空に星があるように」や「いとしのマックス」が聴きたくなる。

こうして、枯れずに、元気でしぶとく老後を送るコツやヒントを与えてくれる本書は、次の言葉でエンディングを迎える。「七十代の新たな冒険欲にそそのかされ、下駄をつっかけて夜の酒場へ出かけていく」。

2月3日号（3337号）

『〈土〉という精神――アメリカの環境倫理と農業』

●ポール・B・トンプソン［著］　太田和彦［訳］　●農林統計出版

環境倫理学を学ぶヒトの「上級入門書」――農業は生産性を上げる経済効率と環境破壊のバランスを哲学的に捉えなくてはならない

〈画家・熊谷守一の赤い輪郭線：ものをひとまとめに見ようとするときに、はじめは輪郭の線は仕上げで塗りつぶしていました。しかしだんだん欲が出てきて、輪郭をはっきり描くようになったわけです（熊谷）。シンプルな絵（「宵月」）って、たくさん描き込んだ絵よりもいろんな工夫をしなくちゃいけない。輪郭線というのはより物事を複雑にしてくれる要素（蔵屋美香・東京国立近代美術館企画課長）〉（「美の巨人たち　熊谷守一『宵月』」テレビ東京二〇一七年一二月九日）。

本書は、アメリカにおける農業問題と環境倫理学を扱っている。農業由来の環境問題として、農薬の過剰使用や肥料による水質汚染、農業バイオテクノロジーによる生態系の攪乱、土壌流出や土壌劣化などがあげられる。本書は、これらの問題とその解決策の背後にある四つの世界観として、「生産至上主義」「スチュワードシップ」「経済学」「全体論」について考察している。この四つの世界観が赤い輪郭線となって、農業問題をより複雑にしているようだ。

例えば、「生産至上主義」だ。農業は、恒久的な居留地を生じさせることで、現在の歴史的基盤である社会構造を構築した。人間には、日々の糧が必要であるという事実により、食べ物の確保は何よりも優先される。農作物の植えつけや牧畜を一度はじめてしまえば、人間は生きるために、これらを必ず成功させなければならない。そのため、生産者にとって最低レベルの生産量の確保は非常に強い動機づけになる。また多くの場合、食料や繊維は、保存したり取り引きしたりすることができるので、人々に必要とされる量より多くを生産したい、という動機づけもある。世界の多くの地域においては、相変わらず小作農民と、商業的利益を目指さない農民が「最低限」という一言につきる倫理のもとに働き、耕しているにもかかわらず、農業が産業化した地域では、生産至上主義の「最大化」の倫理が支配している。農学者の多くは農家の出身だった。多くが、「とても小さい農場の次男」だった。農場の相続を諦めざるを得なかった農家の次男たちが、農場の価値を生産至上主義者の倫理を含めて受け継いだのだった。

「スチュワードシップ」では、農民たちは、土地のスチュワードであると長く当然のように考えられてきた。よき農業の理想は、農家の管理による土壌、水、植物、動物への気遣いという観点から表現されてきた。工場で働く労働者階級だけではなく、資本家階級の観察をとおして、賃金労働者が、同等の社会経済的階級の農民よりも信頼にもとる市民である、と結論づけられている。本来の仕事とは、アイデンティティの形成と表現をなすものだという。しかし、都市や工場の生活においては、人々が余暇の活動にこそ自己のアイデンティティを見出すことが推奨される。「本当の自分」が週末になれば現れるかもしれない。そのために、人々は仕事に取り組む。しかし、そのような自己概念を受け入れた人々は、性格とアイデンティティの形成における正念場としての仕事の現実を否定し、不満に満ちた生活を送る運命にある。一方、農場における豊かで生産的な仕事は、それを通じて、農民に自己創造と自己表現の多くの機会を提供し、よき農民は、きびきびと熱意をもってこれらの機会を自分のものにする。彼らは、自律的な自己創造という美徳を実現する。

また、全体論からは、農業はおそらく、自然の生態系に最も侵略的で破壊的な影響を及ぼす人間活動の一つだ、と主張する。それに勝るのは、露天掘りと大地を完全に舗装する都市開発くらいのものだろう。もし全一的で、安定的で、そして美しい原生自然が保存されうるならば、環境主義者は農家に、穀物生産と畜産に割り当てる土地をできるだけ集中的に使わなければならない、と指導するだろう。つまり、全体論者が生産至上主義者と共闘するようになりそうだ。

本書の中心的な主張の一つは、環境倫理学者は、とにもかくにも農業に代表される生産の問題に取り組む必要があるということだ。〈土〉という形をとって顕れる精神が民間伝承や宗教においてとてもよく見られることを考慮すれば、自然をテーマにした哲学論文はより深みを増すだろう。〈土〉は、農業の象徴的意味で使われているようだ。これは、生物学者／哲学者・エルンスト・ヘッケルが、「美的判断は科学的理解を補強し、芸術も科学もそれぞれ自然の法則を捉えることができる」という信念、すなわち、「科学の形而上化」（矢倉英隆：医学のあゆみ、二六三：八八九、二〇一七）に通じるものがあるかもしれない。さらに、農業問題は取るに足らないという環境哲学者の思い込みを覆すことが本書の目的だったが、失敗に終わっている。というのも、環境哲学者が農業を無視するのは哲学に自律性があり、すでにやるべきことをたくさん抱えているからだ。

農業は、所有と価値観の連関を理解するための重要な原点の一つだ。「自分の農地をもち合わせないと、気持ちのうえで嵌りやすい罠が二つある。朝になったら食料品店で買ったものを食べればいい、寒くなれば暖房器具で暖まればいいと思い込んでしまう」。ここに何かヒントがあるかもしれない。

2月10日号（3338号）

『猫はこうして地球を征服した——人の脳からインターネット、生態系まで』

●アビゲイル・タッカー［著］　西田美緒子［訳］　●発行／インターシフト　発売／合同出版

ネコは地球の小さな征服者——ネコという動物は人間のおもちゃではなく、戦略と物語をもった力強い生きものとして理解することが重要だ

作家・石田千のエッセイに「ライオン」（『きんぴらふねふね』、平凡社）があり、その一節。〈（「ライオン」の常連の紳士と相席になった）どんな猛者も拗ね者も、猫のように腹を見せ、甘えていた〉。実は、この表現はネコの本質とは程遠いのだ。

イヌは、人々がまだ移動生活をしていたころに飼いならされ、一方、ネコは数千年遅れて、一万年から一万二千年前に、中東の肥沃な三日月地帯のどこかでリビアヤマネコがイエネコ化した、と考えられている。ネコ科の祖先は、ほとんどすべての気候に適応してきた。地上に住む野生の哺乳動物のうち最も広く分布していたのはライオンであり、オーストラリアと

南極を除く地球上のどこにでも住んでいた。エジプトは、かつては大型ネコ科動物の国で、エジプト人にとって最も大切なネコ科の女神は——文明が続いた三千年の大半で——イエネコではなくライオンだった（因みに、石田の「ライオン」は銀座の老舗ビヤホールのことだ）。それに対してイエネコは、狩りによってライオンが激減した王朝の末期になるまで、エジプト人の執着の対象になることはなかった。

イヌははるか昔に、自分自身のＤＮＡをコントロールする力を手放してしまった。例えば、アメリカのイヌの六〇％が純血種であり、そのため「雑種」と呼ばれるイヌのほとんどすべてが各種純血種の混合である。他方、世界中で純血種の祖先をもっているネコは二％に満たない。生き残りの手段を外注に出したりせず、狩りと子育てを自前でこなしてきたネコは、人間のルールなど軽蔑し、余計な手出しなどさせなかった。その証拠に、イエネコとその野生の親戚であるリビアヤマネコのゲノムを比較したところ、見つかった遺伝的違いはほんのひと握りに過ぎず、特にイエイヌが経験してきたオオカミからの変化を考えると、あまりにもわずかなものだった。ネコは人間に混じって暮らすようになってからも身体的な特徴をほとんど変えていないために、専門家は今もなお、イエネコと野生のネコを区別できないことが多い。

飼いならしの動機は一般にとても明白で、人間が動物の体の一部、副産物、あるいは労働力を欲しがることではじまる。飼いならされたネコ科動物はイエネコしかいない。イエネコが実際に何を提供するのか、よくわからない問題だ。ネコは実用を超越しているようだ。ネコを家畜化してもほとんど意味はないから、人間がそれを試みたことはありそうにもない。そこでネコは自ら進んで飼われるようになったが、目に見えるようなサービスはほとんど提供してこなかった。人間を飢餓から救うこともなかったし、大陸のネコ不足が黒死病の触媒でもなかった（ネズミ退治にはほとんど役立たない）。それでも――新石器時代の村人たちに大目に見てもらい、エジプトの人々に崇められ、二一世紀の現代人にはデジタルカメラで激写されて――ネコは時の試練に耐え、多くの人々は今、ネコと一緒にいることを楽しんでいると認める。ある意味、ネコは人間に魔法をかけたらしい。

このような関係の多くは偶然の賜物だ。ネコは人間の子どもに似ている。よく引き合いに出される「可愛らしさ」は、ただの気まぐれや優しい気持ちの産物ではなく、とても強力な身体的特徴なのだ。「ベビー・リリサー」と呼ぶ、一連の魅力的な特徴に恵まれている。ベビー・リリサーとは、私たちに人間の子どもを思い出させてホルモン分泌の連鎖反応を起こす、身体的特徴のことをいう。こうした特徴には、丸い顔、ぽっちゃりした頬、丸い目、小さな鼻などがある。平均三・五キログラムほどの体重は、まさに新生児と同じくらいだ。さらに、ニャーという鳴き方は人間の赤ん坊の泣き声を思わせ、ネコが長い期間に人の泣き声をより正確に真似るように発声の調子を変えてきたらしい。しかし、遊んでいる子ネコの行動は、狩りの行動以外の何ものでもない。

三〇以上にのぼるネコ科のすべての種が、「超肉食動物」と呼ばれる種類に属している。肉以外のものはほとんど食べない。すなわち、本来はネコの歯には目的が一つ――殺すこと――しかないのだ。国際自然保護連合は、イエネコを世界最悪の侵入生物種一〇〇の一つに位置づけており、野良ネコばかりではなくイエネコも汚れた野良と同じくらい疑わしい。絶滅危惧種を守るために、これまでに一〇〇程の島からネコが駆除された。例えば、一九七七年、マリオン島（南アフリカ）に住みついていた数千匹のネコの駆除を開始した。それは一九九一年に苦戦の末ようやく実現したが、念のためにあと二年間、一六人のハンターが島を歩き回って監視を続けた。これは、ネコが相手なら決してやり過ぎではない。

こうして、イエネコは、現実には毛皮を着た赤ん坊などではなく、もっと非凡な、地球全体を手中に収めた小さな征服者と呼べる存在だ。人間との関係は、所有しているというよりも、援助し、手を貸しているという方が近い。ネコは、完全に孤立して生きる動物だ。人間と離れて、いつでも残された野生へと戻っていくことができる。

〈ある生き物が、他の生き物によって貪り食われていない瞬間など存在しない。これらの多くの種類の動物の上に人間は位置しており、その破壊的な手は生きているものに対して一切容赦しない。人間は食料を得るために殺し、服を着るために殺し、飾り立てるために殺し、攻撃し、護り、学び、楽しみ、最後は殺すために殺す〉（ジョゼフ・ド・メーストル：フランスの思想家・外交官）。人間をネコに置き換えられるかもしれない。

3月10日号（3342号）

『食と健康の一億年史』

進化を無視しては栄養学を語れず、最適な食事法も決定できない
――祖先の習慣のいいとこ取りをして日々の暮らしに取り入れよう

●スティーブン・レ［著］　大沢章子［訳］　●亜紀書房

グルメ漫画『美味しんぼ二一』（雁屋哲・作、花咲アキラ・画、小学館）に、〈辛子明太子は苦手で……食べたあと、舌がしびれるんですよ〉と若いカメラマンが呟くシーンがある。多量の化学調味料のため、と主人公・山岡士郎が解説している。リン酸塩、亜硝酸、有機酸塩などたくさんの添加物がスケソウダラの卵巣に投入されており、化学調味料の量は明太子以上のものはない、といわれている。本書の横糸は、明太子を代表とする加工食品と昆虫を代表とする自然食品の対比だ。

縦糸は、例えば、ロラス島（サントメ・プリンシペ民主共和国）で、原始的な漁業と年中可能な果実採集による狩猟採集生活を続ける原住民と隣接するリゾートホテルの観光客の対

比（「グレートネイチャーＳＰ赤道直下四〇〇〇〇キロ　光と影の物語　（１）」ＢＳプレミアム二〇一八年一月二〇日）のように、歴史（進化）の流れだ。〈霊長類の間で肉食が流行るずっと昔に、果実がエネルギーと栄養の魅惑的な供給源としてこの世に現れ、それらは、昆虫をバリバリ食べていた先祖たちを、より頭も体格もいい、新種の霊長類へと進化させるのに十分なエネルギーを内包していた。およそ六千万年前にビタミンＣの合成能力が失われた事実は、熱帯多雨林で暮らしていた我々の祖先は間違いなく十分な果物や昆虫を手に入れられる環境にあった、ということを意味する。今からおよそ六千万年前から三千万年前は、果実と我々の一族が最もラブラブだった時期だ〉。

一方、人類の歴史のどの時代を見ても、果実はメインディッシュとなることはなかった。クマや鳥類に果実中心の餌を与えると急激に体重が減少する。人間も、果実ばかり大量に摂る食事を続けると体重が減る。でも、それはあまりよい減量法ではない。果実に含まれる主要な糖であるフルクトースの血中濃度の高さは、過剰な脂質の生成やインスリンの抵抗性、膵臓がん、尿酸値の上昇、痛風、心臓血管系の疾病、その他の代謝異常とのかかわりが指摘されている。アップルの創業者、スティーブ・ジョブズの膵臓がんは、彼が実験的に行っていた極端な果実主義と関係があると推測するブロガーもいる。

本書の主な主張は、現代に数多くの健康の問題が浮上してきたのは、祖先が守ってきた食習慣やライフスタイルを変えたことや環境の変化が原因ではないか、ということだ。また、我々人類の祖先がどのように食べ、どのように暮らしてきたかを明らかにし、重大な慢性病の発症を抑え、あるいは遅らせるために、どのような祖先の習慣のいいとこ取りをし、日々の暮らしに取り入れるべきかについて、具体的な助言を行うことが目的だった。

本書の特徴の一つは意外性だ。例えば、ココナッツは、その飽和脂肪の含有量の多さを理由に、多くの栄養学者から好ましくないとされている。他方、地中海料理は、飽和脂肪が豊富な恐るべき「西洋風の食事」に比べて、心臓疾患の発生率を下げる効果が高いといわれている。しかし、飽和脂肪と心臓疾患を結びつける証拠は乏しいままで、飽和脂肪への耳障りな中傷を証拠立てる根拠も見つかっていない。それどころか、ココナッツに含まれているラウリン酸と呼ばれる飽和脂肪は、実際「善玉コレステロール」（ＨＤＬ）を増加させる働きがありそうだ。しかも、伝統食にココナッツが欠かせない国々で慢性病が目立って増加したのは、西洋の食べ物やライフスタイルが紹介されて（そしてココナッツが徐々につかわれなくなって）からだ。

例えば、南太平洋にあるトケラウ諸島の住民は、主にココナッツや魚、パンノキ中心の食生活を送ってきた。つまり、高脂肪食で、カロリーの半分を脂肪、それも飽和脂肪から摂っていた。人口増加のためニュージーランド本土に移った住民は、いわゆる「西洋風の食事」をするようになり、脂肪の摂取量が実際に減っていたにもかかわらず、移住した住民に、肥満、2型糖尿病、心臓疾患、痛風などの生活習慣病の増加が認められた。ココナッツの高脂肪の成分が、脂肪のほとんどない魚や野菜中心の食事を補っていたのだ。ココナッツが身体に悪いという思い込みが、揚げ物などの脂肪や油脂を多く含む新たな代用品の乱用を招くことになった。

現代の欧米人のほとんどが野菜は健康にいいと考えている。しかし、食物や栄養についての欧米の概念は、広い視野で見ると間違っていることがよくある。欧米の栄養学者は、植物性食物が抗酸化物質やビタミンAやE、食物繊維、多価不飽和脂肪酸や一価不飽和脂肪酸、カリウムを含む点、またはコレステロールやナトリウムを含まない点をしばしば熱狂的に褒め称えるが、それを証明しようと大変な努力をしてきたにもかかわらず、実は、植物を食べることが人のより健康的な将来を約束する決定的証拠はまだない。むしろ、適量のアルコールと適度な塩分を摂取すること、あるいはちょっと太り気味であることが、人の総合的な健康により明確な効果がある。植物中心の食物が人類の食事の中心をなすようになったのは、人々が新たな植物性食物を下処理し、調理し、選択的に育てる方法を身につけたからなのだ。ゴリラや牛のような草食動物が、加工されていない植物を大量に噛み砕き、消化するために所有している特別な消化器官や歯を人類はもっていない事実は、植物が人類本来の食糧源ではないことを示している。

従来の栄養学的研究の主な瑕疵は、進化理論がもたらす洞察を無視してきたことだ。人類の背後にある進化の歴史を理解せずに最適な食事法を決定しようとするのは、難しい論文をたった一ページだけ読んで理解しようとするようなものだ。進化の理論だけが、栄養や健康も含めて、生物体の構成要素のすべてがどのようにつながり合っているかを理解する方法を提供してくれる。本書の結論は明快だ。〈適切な食べ物を食べ、よく歩き、あとのことはすべて自分の身体にまかせておけばいい〉。

3月31日号（3345号）

『健康を担う「日本の食」　病気を生む「欧米の食」』

●長谷山俊郎　●農林統計出版

肉・牛乳中心の欧米食から植物性食品中心の日本食に移行することが健康を促進する——特に、現代の小麦は諸悪（生活習慣病）の根源だ

二〇〇〇年に「二一世紀における国民健康づくり運動（健康日本二一）」がスタートし、二〇〇二年には「健康増進法」が成立し、二〇〇五年には「食育基本法」が成立し、二〇一三年には「健康日本二一（第二次）」がスタートするなど、国を挙げての健康づくりへの取り組みがなされている。食（栄養学）はその中心に位置している。一方、医学部での栄養学教育は非常にプアであり、例えば、きめ細やかな栄養指導が可能な医師は非常に少ない。医師の大きな課題の一つだ。

本書の目的は、「日本の食」「欧米の食」の何が健康や病気に作用するかを明確にするとともに、食から病気の解決法を示すことである。生活習慣病の人は、深刻さも加わって年々増加しているし、長命であっても、長寿と喜べない現実（寝たきりの増え、健康寿命の短さ、認知症の増大、多くの高齢者の病院通い、および難病の増加、さらに医療費の増加など）があるからだ。主なターゲットは、小麦、牛乳、微生物である。

「小麦は食べるな」。小麦は、品種改良によって昔とは似ても似つかないものになってしまった。現代の小麦は、多くの交配や遺伝子操作などを加えたものだ。ガンマ光線を当てた突然変異、戻し交配、胚の抽出、多重乗り換えなどがなされている。最大の問題は、以前の四〇倍に増加したグルテンである。グルテンとはタンパク質であり、弾力に富むグルテニンと粘着力が強く伸びやすいグリアジンが絡み合ったものだ。品種改良によって、量だけではなく、構造も大きく変えられたことにより、多くの臓器や器官に炎症をもたらす要因になった。

より重要なのはリーキーガット症候群（「もれる腸」）であろう。炎症によって小腸壁にすき間が生じ、必要でないものまで吸収して血液中に入ってしまう。あらゆる病気に作用する。わが国で近年増加の多い糖尿病、心臓病、認知症、関節炎、花粉症などは、パンやパスタなどの小麦粉製品摂取の増加と大きくかかわっている。グルテンの粘着性の性質が、栄養素の分解と吸収を妨げ、消化管内に「のり」のようなものを残すからだ。さらに、脳の炎症にも関係し、アルツハイマー病を誘発する。その点、米にはグルテンがないので、「日本の食」であれば、これらの病気を少なくしてくれる。

また、グルテンが胃で消化されると、麻薬性のエクソルフィンに分解され、モルヒネのような作用を示す。脳の「関門」を簡単に通過するので、強い依存性を起こす。その依存性によってか、世帯当たりのパンの購入額が、米を購入する額をかなり上回っている。

加えて、小麦の糖質はアミロペクチンAであり、砂糖よりも吸収が速く、急激に血糖値を上げてしまう。その後は血糖値が急速に低下し、このジェットコースターの繰り返しはやがて糖尿病を引き起こすことになる。その上、内臓脂肪の蓄積と肥満を促し、さまざまな生活習慣病を誘発する。すなわち、粉食（小麦のパン）から粒食（米食。雑穀が望ましい）への回帰が提案されている。

「学校給食では牛乳の摂取を控えるか、取りやめろ」。現在の牛乳は、約七五パーセントが妊娠している乳牛から搾られているので、女性ホルモン（エストロゲン、プロゲステロン）濃度が高く、さらにインスリン様成長因子1（IGF‐1）の増加をもたらすので、（赤ん坊の細胞分裂を刺激するように）性ホルモン依存性がんである乳がんの分裂・増殖を促進する。特に、乳腺細胞が急激に分裂・増殖する思春期に、このような牛乳を摂取するのは要注意だ。男性における性ホルモン依存性がんである前立腺がんも牛乳摂取と関係がある。大人になってからも乳を飲む動物は人間だけである。牛乳を豆乳に替えることが有効だ。

「腸内環境を悪くするな」。人間の腸内には約三千種類の細菌が数百兆個住みついている。最近、メタボリックシンドロームに腸内細菌叢（腸内フローラ）の変化が強く関連していることが明らかになってきた。善玉菌（ビフィズス菌、乳酸菌、酪酸菌など）を増やし、悪玉菌とのバランスをよくすることが重要だ。肉などの動物性食品は、腸内環境を悪玉菌優位にさせてしまう。幸い、わが国では、動物性乳酸菌（ヨーグルトなど）よりもはるかに整腸効果が強い植物性乳酸菌を日常食（味噌、納豆、漬け物など）で摂取できる。ヨーグルトの乳酸菌は、生きて腸まで届くのはごくわずかだ（植物性乳酸菌の一〇分の一）。因みに、著者の長谷山俊郎は、毎日「たくあん」を食べることによって腸内環境を改善し、過敏性腸症候群を克服した。

　植物性食品中心の食事（ただし、小麦を避けること）は、体内微生物を元気にし、体の浄化も進め、健康を促進する、というのが本書の結論だ。こういった食の経験・知識が医学教育に反映されれば、わが国の健康づくり運動に一層弾みがつくに違いない。

4月7日号(3346号)

『南アルプスからヒマラヤへ――パイオニア精神へのまなざし』

●山本良三　●山と溪谷社

遥かなるヒマラヤの未踏峰を目指した人生を賭けた戦い――日本山岳会の黄金時代を過ごし、出会った優れた登山家たち

〈私はもともと、山そのものよりも、山の初登頂を目指す人間に興味があったのかもしれない。人間の織り成すドラマのない登山はつまらない、といつしか思うようになり、個人であれグループであれ、未知の頂を目指すというパイオニア精神の発露が見られる登山に高い評価を与えてきた。山の選択、登行、記録の整理、報告書、著書、図書紹介や書評・批評など、いずれも山に登る人間のなせる業である。目的なしに山に登る動物はいない。人間だけが例外である〉。この数行に、五八九ページという大著のエッセンスが詰まっている。

著者の山本良三は、一九六二年に静岡大学農学部を卒業したが、山岳(学)部卒といってもよいほど南アルプスを中心に山に熱中した。卒業と同時に日本山岳会(JAC)に入会し、

本書に収録されているいくつもの登山、さまざまな人との出会いがスタートした。一方、大手製薬会社に就職し、特に海外遠征では長期休暇を何度も取得することができた。社長・上野公夫の太っ腹と人事課長の恩情であった。おまけに、出世街道でも後れを取らなかったのは、山で鍛えた体力と好奇心が原動力となったパイオニア精神、および人懐っこい、周囲を和やかにさせるキャラクターのおかげだったかもしれない。即ち、本書のキーワードは、初登頂と人間だ。

通常、登山には観客も競争相手もいないし、ルールもない。したがって、登山した当人が記録を残さなければ、その登山は実在しなかったことになる。近代登山の黎明期以来、実に多くの登山者が紀行文や山の記録を残している。それらの中には、今日では古典といわれる文学的価値を認められた作品もある。文章を綴るためには読書が欠かせない。そういう意味で、登山者に読書家が多いのは間違いない。〈読書行為の底には過去とつながりたいという願いがあり、文章を綴ろうとするときには未来へつながりたいという想いがある〉（井上ひさし）を受けて、〈時間によって淘汰されることなく、今や古典として残った山の文章や本に共通するのは、近代登山黎明期に当然あった初登頂の華々しい事実もさることながら、山を題材にしたからこそ発揮された人間の有様が描かれていることである。登山はスポーツというよりはむしろ精神活動に近い〉（長澤洋）を紹介している。
「なぜ古典を読まなければならないのか」。それは、自分が考えるようなことはすでに広く、しかも深く考えられているという感触である。とすれば、自分の考えを知るためには、人類の遺産を探索しなければならないことになる。なぜなら、そこにこそ自分の考えたことが眠っているからだ。「汝自身を知れ」あるいは「検証されない生（unexamined life）は生きるに値しない」とソクラテスも人間の生き方に関して教えている（矢倉英隆：医学のあゆみ二六四巻：九三〇―九三四、二〇一八）。だからこそ、（七〇〇〇m以上の）未踏峰の初登頂はより価値をもつのだ。

一九八七年、三つ目の七〇〇〇m峰（中国・皇冠峰、七二九五m）の初登頂に隊長として失敗し、初めて挫折を味わった。それをきっかけに、遠征とは何か、人間にとって登山とは何か、人生とは何かなど、それまで深く考えようとしなかった根源的なことまで突き詰めて思考するようになった。その思索の断面を文書化することを思い立ち、多くのメモや詳細な心の日記を残すようになった。一九九〇年頃からは、〝あせらず、あわてず、あきらめず〟に、これまで会えなかった山登りと山の本をゆっくり楽しむ人たちとの交流を広めるようになった。また、読めなかった幾多の書物を紐解きながら、自分の山登りを総括する文章をまとめはじめた。それが本書に結実した。

皇冠峰初登頂失敗の最大の要因は、装備・食糧の不足や、悪天候でもなく、実にリーダーシップの確立ができなかったことによる人災だった、と反省している。明らかに一部の隊員の選定を誤り、楽しかるべきはずの海外登山がちっとも楽しくなかった。彼らは、夜ごと自分たちのテントで酒を汲みかわしては、隊長批判を続けたらしい。ロマンチストの山本にとっては、やるせない気持ちの毎日だったに違いない。肌が合わなかったのだ。

たくさんの人物素描の中で、最も敬愛していたのは天性のリーダー・今西錦司だ。そろそろ本離れの年齢に近づいてきたが、今西の書物だけは手元から手放す気になれない。終生座右に置く考えでいる。ネパールヒマラヤの未踏の八〇〇〇m級を片っぱしから調べているとき、まったく情報がなく目標から除外されていたマナスルを、「この山は何もわからないから、これをやろう」と決断する今西の激しいパイオニア精神と探検家魂に驚嘆したのだ。

上野社長の義父・上野十蔵（製薬会社創業者）は豪快な人柄だった。最後に彼の言葉が引用されている。〈山を遠くから眺めてこそ、本当の山の姿に接することができるのと同様に、日本人が日本を離れて眺めるとき、そこには今まで気のつかなかった諸々のものを見出す機会にもなります〉。山本は、四五歳あたりから生業が忙しくなって、ＪＡＣの委員会活動から次第に足が遠のき、ついに事務所にも顔を出さなくなった。本書は、ＪＡＣを中心にした山岳界ばかりではなく、自分たちの山行も含めて、遠くから眺めることによって、より本当の姿のスケッチに成功したようだ。

4月14日号（3347号）

『イップス――魔病を乗り越えたアスリートたち』

●澤宮優　●KADOKAWA

「考えず、シンプルに」がイップスの予防・治療法だ――イップスは病院では治らない

本書は、阪神タイガースの若きエース・藤浪晋太郎投手に異常に四死球が多いのはイップスが原因なのではないか、という疑惑からはじまる。二軍落ちした二〇一七年の四球四五、死球八という一軍での数字は、投球回数五九からすれば尋常ではない。藤浪自身はイップスであると公言はしていないが、深刻な制球難に陥っているのは間違いない。

イップスとは、スポーツ選手が突然、当たり前のようにできていたことができなくなってしまう運動障害のことだ。藤浪投手は、元来コントロールがよくなかったので、あまり目立たず、それで疑惑に留まっているのかもしれない。本書は、藤波投手のような一流のプロ野球選手三名（岩本勉投手、土橋勝征内野手、森本稀哲外野手）と、ツアー優勝経験があるプ

ロゴルファー二名（佐藤信人選手、横田真一選手）のイップス体験をドキュメントのように描いている。野球、ゴルフに限らず、あらゆるスポーツでイップスは出現し、多くの選手が罹っている（た）が、なかなか自分の弱さを語ろうとはしない。自ら症状を公開し、隠すことなくその苦労、対処法、そして人生やスポーツにおいて新たに見えたことを語っている本書は貴重な存在である。

例えば、横田選手は、学生時代から天才的と評価されてきたアプローチショットがイップスに陥った。一九九七年、全日空オープンで初優勝直後にアプローチイップスに罹り、二〇一〇年にツアー二勝目を達成するまでに一三年を要した。その間、克服方法がわからずに、手当たり次第に計六〇人くらいの先輩プロらに尋ねた。「カットに打て」「インサイドに打て」「緩く握れ」「ヘッドアップしろ」「ボールをよく見ろ」「ノーコックで打て」「コックを入れろ」。助言はさまざまで、一つとして同じものはなかった。人によっては正反対の内容を言われることもあって、かえって混乱するばかりであった。尾崎建夫プロには「お前、いいライ（球のある場所の状態）で練習しろ」と言われ、一方、片山晋呉プロには「先輩、そんないいライでばっかり打っているからダメなんですよ」と言われる始末だった。結局、すべてのアドバイスを捨てて、自分の感覚を大切にしようと決めた。そのとき、グリップも自分にしっくりくるものを選んだ。そうすると、ボールがカップに寄っていくイメージが浮び、イップスが治っていくのがわかった。二勝目のカシオオープンは、石川遼プロを振り切っての優勝だった。

一方、超一流プロはイップスにはならない。超一流と呼ばれる選手は、小脳〈知覚と運動機能の統合〉から大脳にいくニューロンをいろいろなところで使わず、ものすごくシンプルに使用している。ニューロンも含めて、選択肢が多いとイップスが発症するのだ。パットの名手・青木功プロも「上りはコンと打って、下りはトンと打って」と実に簡潔な表現をする。いつもの自分のスイングから逸脱することを嫌うのだ。超一流プロの感覚は、第九〇回アカデミー賞でメイクアップ＆ヘアスタイリング賞を受賞した辻一弘の人生哲学と重なりそうである。〈実現したい夢があるなら、親、先生や友達が何と言おうが聞いてはダメ。一八歳を過ぎたら、自分の人生は自分で決める。そうでないと、後で後悔する〉。イップスの予防、治療にも通じるものがある。

何故イップスになるのか、どうやって治すのか、まだ決定的な結論はなく、誰もが暗中模索の状態である。イップスは医師が診断して決めるものではない。本人の認識でイップスかどうか決める（イップスは医学用語ではない）。すなわち、微細なものでも本人が認めれば症状になるし、深刻なものでも本人が認めなければ症状にならない。イップスになりやすい選手は、マジメで性格がよく、完全主義の傾向がありそうだ。〈イップスは八割方は気持ちだと思いますね。自己顕示欲が強いと、人はできるのに、自分は何故できないんだと思い込みます。軽い気持ちになれないのですね〉（土橋選手）。イップスが厄介なのは、治癒しても、消えるというよりも残って引きずるからだ。姿を隠す。もう大丈夫だとプレーに自信をもったとき、それは忽ち姿を現す。

興味深いことに、イップスの人は腸内環境がものすごく悪い。腸は、腸内細菌の存在によって第二の脳と呼ばれている。発酵食品の摂取などによってビフィズス菌、乳酸菌、酪酸菌などの善玉菌を増やすと、イップスが劇的に改善する。副交感神経が優位になるからだ。思い切って休養をとることも効果的だ。コンディションが上がり、ストレスを減らせるメリットがある。

イップスは病院では治らない。本書が、閉ざされた状況に置かれているイップスに風穴を開け、最近では宮里藍プロのように引退を余儀なくされるアスリートの減少に少しでも寄与することを期待したい。まずは、藤浪投手に、だ。その合い言葉は、「考えず、シンプルに」である。

6月2日号（3353号）

『動物たちのすごいワザを物理で解く——花の電場をとらえるハチから、しっぽが秘密兵器のリスまで』

●マティン・ドラーニ、リズ・カローガー［著］　吉田三知世［訳］
●発行／インターシフト　発売／合同出版

生き物の世界で生き残るのは、物理学を自分のために働いてくれるように進化してきた勝者だけだ——動物の生態のほとんどすべてが、セックスと食べ物を中心に繰り広げられている

〈生物は物質で構成されている。したがって、物理学を駆使して生命から脳の働きまで理解できるはずである。生物物理学は、物理学的な観点や手法を用い、生命現象の基本原理を究明することを目指す研究領域であり、その範囲は、蛋白質や核酸などの分子レベルから、脳・神経系の機能など高次の生命現象を扱うものまで多岐にわたっている。また、時間軸で見てみると、ピコ秒域の生体分子の運動から四〇億年に及ぶ生物進化までもが生物物理学の対象である〉。東京大学理学部物理学科・大学院理学系研究科物理学専攻案内の前書きだ。

本書のコンセプトが的確に表現されている。

動物が生きていくためには、長い年月をかけて環境に適するように進化してきた自分の体の他に、感覚、機知、つがいの相手、親戚たち、群れの仲間を利用しなければならないが、この、体を使う場面で物理が働いている。食べる、飲む、交尾する、そして命にかかわるさまざまな危険を避ける日々の中で、動物がいかに巧妙に物理を利用しているかに、生物学者や物理学者が気づき始めたのはつい最近のことだ。

本書は、熱、力、流体、音、電気・磁気、光という六つの特定の項目を取り上げ、著者らが選んだ何種類かの動物の生態をとおして、その基本原理がどのように利用されているのか、例を示している。生態のほとんどすべてが、セックスと食べ物を中心に繰り広げられている。動物が日常生活でどのように物理を使っているかに注目して、水の摂取、獲物の捕獲、体温の調節、自らを守ることなどに、積極的に物理学を利用している動物を選んでいる。ここでは、興味深い動物をいくつか紹介したい。

①哺乳動物は、排尿するのにどのくらい時間がかかるのか？　体重が三キロから八トンの範囲の哺乳動物は、膀胱を空にするのに平均二一秒かかる。調べた最大の動物、ゾウは、膀胱の容量が一八リットルもあるが、尿が排出されるに必要な時間は、容量がその三六〇〇分

の一の膀胱しかないネコと同じだ。排尿が同じ時間になる理由は、哺乳動物の膀胱と外界をつなぐパイプ、尿道の長さに関係がある。大きな動物は、尿道が長い。ゾウの場合、尿道は約一メートルだが、ネコではたったの五〜一〇センチだ。パイプ内の液体にかかる、重力に由来する下向きの圧力（静水圧）は、パイプの長さに比例するので、ゾウの方がネコよりも速いスピードで尿が流れ出る。膀胱が大きいことの不利さを、排尿スピードの速さがちょうど埋め合わせている。尿を即刻排出することは、野生の動物たちには笑いごとではない。排出中は無防備になってしまうからだ。幸い、大型哺乳動物のほとんど――人間も含め――は、一日に五、六回排尿すればそれで済むので、私たちがその行為に費やす時間は、生きている時間のたった〇・二パーセントに過ぎない。この研究は、二〇一五年、イグノーベル賞物理学賞を受賞した。

②オスクジャクは、長い派手な色彩の尾羽を素早く「震わせる」ことによって、二・八〜四・二ヘルツのインフラサウンドを生み出す。この震わせ方は、一本一本の羽を上下に細かく振動させるのが特徴だ。一方、「パルス列」タイプのインフラサウンドを生み出すときには、尾羽を体に最も引き付けた状態からスタートして、羽を外に向かって動かすことによって振動を生む。この「パルス列」の音は、三・一〜六・四ヘルツで、「震わせる」タイプの

音より全体的にやや周波数が高い。だが、これほど微妙な違いしかない二種類のインフラサウンドを使う理由はどこにあるのだろう？　周波数の高い音の方が所定の時間内に空気分子を多く振動させるので、周波数の低い音よりもエネルギーを速く失う。この音の「減衰」――距離と共に弱まること――が、オスクジャクの「音楽」の鍵も握っている。メスクジャクが五メートル以内にいるとき、求婚者たちは主にパルス列のインフラサウンドを使う。だが、魅力的なメスがそれより離れているときは、オスは主に羽を震わせるインフラサウンドを出す。こうして、オスクジャクは、インフラサウンドの使い分けによって交尾を目指している。

③ダイオウイカの体長は一三メートルにも達し、目はディナー用大皿ほど大きい。大きい目は生物学的に高くつく。錐体細胞と桿体細胞が働き続けるように、膨大な量の血液を送らなければならないからだ。この大きな目は何のためだろう？　水深六〇〇メートルから視界がきかなくなり、八五〇メートル以下ではまったく見えなくなる。ダイオウイカは、水深五〇〇～一〇〇〇メートルという途方もない深さに生息している。この深海に棲むイカが恐れなければならないのは、マッコウクジラだけだ。マッコウクジラは、動物が出す音としては最大級の音波を発生させ、陸上でのコウモリのように、反射して戻ってくるエコーを聞いて

獲物を追跡する。ダイオウイカなら一〇〇メートル以上の距離から発見できるだろう。イカはソナーをもってはいないので、目を使う。ただし、水中では一〇〇メートル以上の遠方を見るのは、水深が浅く、水が非常に透明でも、ほとんど不可能なのだが。実は、移動するマッコウクジラは、発光微生物が出す小さな光に取り巻かれていて、ダイオウイカは、発光するプランクトンの出す青緑の光を一二〇メートル離れたところから見つけるのに充分なほど、わずかなコントラストの違いを感知できる。その異様な目の大きさは、遠方で、自ら発光する微生物の群れの中を泳いでいるクジラの放つ薄ぼんやりとした光を感知するためのものだった。

これらは比較的シンプルな例だが、もっと複雑なシステムについても、わかりやすい物理学の解説がなされていて、文系の方でも理解に大きな支障はないと思われる。ここでも、進化の不思議に驚嘆するばかりだ。

6月9日号(3354号)

『トレイルズ――「道」と歩くことの哲学』

●ロバート・ムーア[著]　岩崎晋也[訳]　●エイアンドエフ

私たちは人生の道をどのように選ぶのか？どの道を行けばいいのか？　何を目指して？
――スルーハイキングをとおして考えたさまざまなトレイル＝道の意味

マッチ擦るつかのま海に霧ふかし身捨つるほどの祖国はありや（寺山修司）

肺がんで余命少ない映画作家・大林宣彦が、「最後の講義」（ＮＨＫＢＳ１、二〇一八年五月六日）の中で、寺山の歌を下地に、戦後の日本人を平和孤児、あるいは平和迷子と称した。敗戦で不戦を誓ったにもかかわらず、朝鮮戦争による特需に嬉々とする姿は、まさにその表現形だった。自分の道を自分で選択できない人生だ。

一方、毅然たる人生もある。例えば、ココ・シャネルだ。「あたしは自分で引いた道をまっすぐ進む。自分が勝手に選んだ道だからこそ、その道の奴隷になる」（山口路子：『ココ・シャネルという『生き方』』、中経出版)。

古代の哲学を少し覗いてみるだけでも、生きる道を選ぶのは、昔から簡単ではなかったことがわかる。だがそれは、現代ではさらにむずかしさを増している。科学技術や文化、教育、政治、商業、輸送手段の発達が組み合わさり、人々は以前には考えられなかったほど多様な生き方を手に入れられるようになった。だが、この変化には副作用もある。人生の選択肢があまりに多過ぎることだ。私たちは、人生が与える道の中からどれかを選び、それがうまくいかなくなったときは必要に応じて修正し、工夫を加える。複雑なのは、私たちが道を修正するとき、道もまた私たちを修正するということだ。

著者のスルーハイカー〔距離の長いトレイル(登山道・自然歩道)をワンシーズン以内にとおして歩く人〕であるロバート・ムーアは、この現象をアパラチアン・トレイルで自分の目で見た。トレイルはハイカーが一歩歩くごとに修正されるのだが、結局のところ、ハイカーのコースを決めているのはトレイルだ。それを辿ることで、ハイカーはその条件に合わせて変化する。体重が減り、持ち物を削ぎ落とし、歩くほどに速度を速めていく。同じことは人生の道にも当てはまる。私たちは協力してそれを形成するが、それによって私たち一人ひとりも変化する。だから、道は賢明に選ばなくてはならない。

米国東部に、アパラチア山脈に沿って、南はジョージア州から北はメイン州まで一四州にまたがる全長約三、五〇〇キロの長距離自然歩道がある。アパラチアン・トレイルだ。およそ三〇〇メートルの幅の自然保護区域が帯状に繋がる、「最も長く、最も細い米国の国立公園」である。ほとんどの者が、このハイクを大人としての複雑な生活に帰っていくまでの、つかの間の際限のない自由だと考えていた。ところが、トレイルが与えてくれるのは完全な自由ではなかった。周囲の森を散策したり、ヒッチハイクをして町へ降りても、結局いつもトレイルに戻るのだ。ゲーム盤の上を前後に棒で動かされるだけの、ホッケーゲームのプラスティック人形と変わらない。不確実性こそが冒険の本質だとすると、これのどこが冒険だといえるのだろう。トレイルが与えるのは川の自由であって、海の自由ではなかった。

ムーアは、二〇〇九年春から夏の終わりに五カ月をかけて、このトレイルを歩きとおした。数百、さらに数千キロの道が目の下を流れるように過ぎていくうちに、この果てしない連なりの意味を考えはじめたのが本書のきっかけだった。誰がこの道をつくったのだろう？ どうしてそれは存在するのか？ それに、そもそも道はなぜあるのだろう？ 道の本質や起源を求める彼の探求は、その後、世界最古（先カンブリア時代）のトレイルの化石を観察し（ニューファンドランド島）、そもそも動物はなぜ動きはじめたのか、という疑問を考察し（第一章）、昆虫（特にアリ）のコロニーが集合的知性を最大化するためにいかにトレイルのネットワークをつくるか、を調べ（第二章）、ゾウ、ヒツジ、シカ、ガゼルといった四本足の哺乳類を追い、彼らがどのようにして広大なテリトリーを移動しているのか、そして彼らを狩猟し、飼い慣らし、研究することがいかに人間を発達させてきたか、について述べ（第三章）、古代の人類社会がいかにして土地に道とネットワークを張り巡らせ、それが密接に交わることで言語や伝承、記憶といった文化を織りあげたか、を記し（第四章）、アパラチアン・トレイルなどの長距離トレイルが誕生するまでの経緯を、ヨーロッパ人のアメリカ大陸への進出に遡って明らかにし（第五章）、メイン州からモロッコに至る世界最長のハイキング・トレイルを辿り、トレイルとテクノロジーが交通システムとコミュニケーションのネットワークを結びつけ、かつて想像すらできなかったような方法で人々を繋いでいる姿を描いた（第六章）。

本書は、動物の観察も含めて、世界中の目的地まで自分で行き、直に対象に触れることを実践した成果だ。例えば、ゾウは一メートル登るのに、水平に同じだけ移動する二五倍のエネルギーを要する。そのため、彼らは傾斜の緩やかな場所を探すために遠くまで行く。群れとなって移動するので何度も踏みしめられ、歩きやすいトレイルとなる。幾たびか移動が繰り返されるうちに、ルートが確立される。ルートは、水飲み場と草やフルーツを食べるエリアを繋ぐ。イギリスの歩道がどれもパブや教会と繋がっているように、ゾウのトレイルはすべて彼らが求めているものと繋がっていた。こうして、「新たな土地に関する探究をし、最初に手をつける者として最善を尽くして、あとから来る者にその改善を委ねる」というのが本書の目的であった。

本書のハイライトは、スルーハイキングである。アパラチアン・トレイルを延長するためにモロッコに偵察に出かけたり、アパラチアン・トレイルを含む一一のナショナル・シーニック・トレイルをすべて歩き、一五年以上の間に五万四千キロを歩いた、八〇歳目前の伝説のスルーハイカーと一緒に歩いたり、紀行文としても誠実で独特であり、興味深い。そして、私たちは、もう一度、本質的な問いかけに戻るだろう。私たちは人生の道をどのように選ぶのか？　どの道を行けばいいのか？　何を目指して？

7月14日号（3359号）

『制限しないで長生きできる　食べ方の習慣』

●高田明和　●すばる舎

健康は、食事をおいしく食べ、楽しく生きるための道具に過ぎない――ヤセは健康な状態とはいえず、ちょいデブが最も長寿である

著者の高田明和は、浜松医科大学名誉教授の生理学者であるが、食への関心が高く、現在、NPO法人「食と健康プロジェクト」の理事長を務め、食に関するたくさんの啓蒙書を執筆している。その一環である本書は、〈「健康のためなら死んでもいい」とでもいうような、わけのわからないことになっている人が増えている〉という皮肉な事実ではじまっている。すなわち、いつの間にか「健康」が人生の目標の第一となってしまい、健康を最優先にして自分のおいしい食事を食べるのを我慢するような人がいるわけだ。

本書のコンセプトは、それとは真逆である。つまり、食べることは人生の楽しみの中で大きな割合を占めており、「健康」は食事をおいしく食べ、楽しく生きるための「道具」に過

ぎない、という考えである。そういった観点から食を見直し、生理学者らしくエビデンスに基づいた「食べ方の習慣」を改めて伝授している。ここでは、著者が特に力を入れて述べているいくつかのノウハウを紹介したい。

○砂糖も、甘い飲みものも、肥満とは関係ない：砂糖は、肥満、骨粗鬆症をはじめとする生活習慣病、あるいは異常行動（例えば、砂糖をたくさん摂取すると、すぐ「切れる」ようになる）の原因となる、といわれたことがあった。しかし、一九九七年、ＦＡＯ（国際連合食糧農業機関）とＷＨＯ（世界保健機関）が合同で、このような砂糖の有害性を否定した。実際、若年男女のみならず、中高年男女にも、砂糖・甘味料類の摂取量とＢＭＩとの間には相関関係が見られなかった。要するに、甘い飲みものやお菓子を食べて太るかどうかは個人差が大きいということだ。

脳のほぼ唯一のエネルギー源はブドウ糖である（砂糖はブドウ糖と果糖からなる）。長時間仕事を続けた後に、ちょっと一息。次の中で最も労働効率に有効なのはどれか。①お湯のみ、②コーヒー（ブラック）、③コーヒー（砂糖入り）、④コーヒーとチョコレート。適性、能力や労働効率を測定する内田クレペリン検査の結果、①よりも②の方が格段に上がり（カフェイン効果）、③でさらに上がり（プラスブドウ糖効果）、④が最も高かった（ダブルのカフェインとブドウ糖の相乗効果)。こうして、スイーツを我慢するよりも、食べて幸福感を味わった方が体によいことがわかる。砂糖の甘味は、脳の側坐核を刺激し、神経伝達物質のドーパミンにより、やる気、意欲、快感をもたらすからだ。

砂糖は、寿命を縮めず、肥満や糖尿病の原因でもなく、必要以上に控えても健康にはならない。コーヒーや紅茶に入れるシュガースティックは、四g入りなので約一六キロカロリーであり、一日平均カロリー摂取量の一%に満たない。要は量の問題である。

○高齢者は肥満を気にするよりも栄養をとろう‥長らく、BMI＝22が理想といわれてきたが、最近はBMIの意味が大きく変わってきた。実は、「二三以上～二五未満」を一・○○とすると、男女とも「二一以上～二三未満」は死亡リスクがやや高くなる。女性は「二三以上～二五未満」が最も死亡リスクが低いが、男性は「二五以上～二七未満」が○・九四で最も低かった。男性は「三六～四○未満」が一・三六と高値を示したが、「一四以上～一九未満」が一・七八とさらに高値を示した。女性もほぼ同様の傾向だった。すなわち、男女ともにいわゆる「ちょいデブ」が最も長生きし、「ヤセ」が最も短命だった。例えば、女性では明らかではなかったものの、男性ではヤセている人の方が糖尿病のリスクは確実に高かった。高齢者は、肥満を心配するよりも、むしろヤセることのリスクを心配するべきである。

○コレステロールは健康な「体」も「心」もつくる‥コレステロールの高い高齢者は、低い人よりも寿命が長いし、因果関係は不明だが、認知症になりにくい。総コレステロールが二五〇mg／dl未満の人は、以上の人よりも脳梗塞での入院直後の症状が重い。コレステロールは、①体中の細胞膜の成分になる、②性ホルモンを合成する、③細菌（またはストレス）に対する抵抗力を高める、④ビタミンDをつくる、などの働きがあり、加齢とともに体内での合成力が低下するため、積極的に食べ物から摂らなければならない。興味深いことに、コレステロールは性格と関連があるらしい。①コレステロールの高い人‥責任感が強く、社交的で自制心が強い、②低い人‥引きこもりがち、くよくよする、感情的になりやすい。コレステロールが高いと、安定した気持ちになる。当然、高過ぎるコレステロールは有害だが、そのときには豚肉が体内のコレステロール過多を調整してくれる。そういった意味でも、コレステロールの不足を補うには豚肉が最適と、著者は強く勧めている。

さらに、お酒に対しても、〈飲酒によって増える病気よりも減る病気の方が多い〉と擁護している。禁酒すると死亡率は四六％も高くなり、〈翌日の仕事に差し支えない限りは、それほど心配はない〉と呑み助にエールを送っている。こうして、健康に縛られず、おいしいものを自由に食べ、楽しく生きよう、という本書を貫く食に対するおおらかな考えは、著者の一押しの食べ物、カツ丼でも久しぶりに食べようか、という気持ちになるほど、読後は高田節に染まっているに違いない。

8月4日号（3362号）

『あなたを支配し、社会を破壊する、AI・ビッグデータの罠』

●キャシー・オニール［著］　久保尚子［訳］　●発行／インターシフト　発売／合同出版

AI・ビッグデータは、ひたひたと知らない間に私たちから搾取する――搾取されるのはとりわけ弱者だ

関東では、井の頭線や東横線と西武線や東上線とは、車内の空気、色が微妙に違う。関西では、阪急電鉄と京阪電車がそうかもしれない。一部は、それぞれの沿線の経済的バックラウンドが反映しているのだろう。本書は、米国での出来事をベースにAI（人工頭脳）・ビッグデータの有害性・危険性を解説したものだが、わが国にも当てはまる、いや、すでに現在進行形であるのだろう、とこのような書き出しにした。現在、大学への進学、お金の借り入れ、刑務所行きの判決、職探しや昇進など人生の重要な瞬間の多くが、大勢の熱烈な支持者がいるAI・ビッグデータによって評価・判断されている。例えば、郵便番号は有力なデータだ。貧しい人の多い郵便番号区画に住む人間は、それだけで人種を特定したとほぼ同

等の意味をもたれてしまう。そこに住んでいるだけで通常よりも高い保険料を請求される。

ＡＩ・ビッグデータ監視システムは、郵便番号のような静的データばかりではなく、動的データにも関心を示す。例えば、ニュージャージー州ニューアークの治安の悪い地区に住み、モントクレア郊外の裕福な地域にあるスターバックスで勤務しているため、片道一三マイルの長距離通勤が必要な仮想ドライバーがいたとする。彼女のスケジュールは無秩序で、クロープニング（clopening）勤務（夜、店やカフェを閉めるために深夜まで働き、数時間だけ帰宅して、翌朝、夜明け前に店やカフェを開くために出勤すること）も時々入る。つまり、夜一一時に店を閉め、ニューアークまで車で帰宅し、翌朝五時までに出勤する。通勤時間を一〇分短縮しつつ、ゴールデン・ステート・パークウェイの片道一ドル五〇セントを節約するために、彼女は飲み屋やストリップ劇場が建ち並ぶ街路を抜けて近道をしている。詳細データを入手している保険会社なら気づくはずだ。夜明け前の時間帯に酒場帰りの人が行き交うルートで車を走らせれば、事故のリスクは上昇する。しかも、保険会社の地理追跡システムの懸念は、彼女自身が酔っ払いなのではないか、ということまで考慮に入れられる。

このように、個人の行動を追跡するモデルであっても、他者との比較から多くの洞察を得て、リスクを評価している。今回の例で一括りにされたのは、同じ郵便番号の区域に在住するアラビア語またはウルドゥー語を話す人々や、収入が同程度の人々ではなく、同様の道を利用する人々だ。あなたが気づかずにいれば、そのまま「類は類を呼ぶ」の法則が適用され、同様の不当な扱いが多発することになる。

本書では、AI・ビッグデータを動かすアルゴリズムのうち、特に悪質なものを「数学破壊兵器」と呼ぶ。仕組みが「不透明」で修正されにくく、急速に成長する「規模拡大性」を備え、不公平な内容によって「有害」な影響を及ぼす、という三点が数学破壊兵器の三大要素である。著者のキャシー・オニールは、クロープニングのような企業のロジスティクスばかりを考えた、従業員を機械の歯車のように扱うスケジューリングソフトウェアのことを最低最悪の数学破壊兵器としている。その犠牲になる可能性が高いのは、貧しく、学歴の低い人々であり、その多くは移民である。彼らは、自分たちが搾取されていることに滅多に気づかない。こうして、特に不透明性が大きな問題であり、ハーバード大学で数学の博士号を取得し、さまざまな分野でアルゴリズム作成に従事したオニールでさえ、透明性を確保することはほとんど不可能なのだ。さらに、数学破壊兵器には、たくさんの有毒な「思い込み」が、数学によってカモフラージュされた状態で搭載されており、検証されることも疑念を抱かれることもないまま、広く世に出回る。

学歴のことに触れたが、有償で卒業証書や学位を大量発行する営利大学の広告は、学歴を求めてやまない（そして騙されやすい）下層階級の人々にこそ受ける。例えば、営利大学の一つであるフェニックス大学は、学生一人当たりのマーケティング費が二二二五ドルであったのに対し、学生一人当たりの教育費はわずか八九二ドルであった。一方、地域住民への高等教育、生涯教育の場として設立されたコミュニティ・カレッジの一つである、公立のポートランド・コミュニティ・カレッジ（準学士号が授与される）では、学生一人の教育に五九五三ドルを投じており、学生一人当たりのマーケティング費はわずか一八五ドルであった。現在、米国の大学生の一一％が属している営利大学から手に入る証書は、就職の役にはほとんど立たず、専門職でも高卒と同列に扱われる。

なぜ、このような大学が存在できるのか。それは、「孤独で」「気が短く」「自尊心が低く」「気遣ってくれる知人友人が少なく」「人生に行き詰まり」「明るい将来を夢見ることも計画することもできない」人々を標的とするからであり、その学生リクルート・マニュアルはきわめて悪質である。すなわち、「つけ入りやすい」人々は、金になるからだ。客が無知であることが何より重要だ。ここでも、営利大学の標的にされる学生の多くは、公立の大学よりも私学の方が名門だと信じて米国に渡ってきた、事情をよく知らない移住者である。営利大学は、裕福な学生には見向きもしない。学生も親も多くを知り過ぎているからだ。搾取されるのは、いつも弱者だ。

しかし、大きな利潤を生む数学破壊兵器が、いつまでも下層階級だけを標的にし続けるとは考えにくい。それでは市場の原理に反するからだ。要するに、私たち全員が、数学破壊兵器の標的なのだ。私たちが何らかの措置を講じて止めに入るまで、数学破壊兵器は増殖し続け、不公正の種を蒔き続ける。本書は、〈この現状を変えるには、数学破壊兵器の一つひとつに対処し、順に武装解除していくしかないように思える〉と具体的な解決策は示していない。ただ、〈未来を創るには、モラルのある想像力が必要であり、そのような力をもつのは人間だけだ〉と決して悲観的ではない。

9月15日号（3367号）

『免疫の科学論——偶然性と複雑性のゲーム』

●フィリップ・クリルスキー［著］ 矢倉英隆［訳］ ●みすず書房

免疫学は神経科学を凌駕した——生き残るには、偶然性に支配されるような出来事によって妨害を受けても、なお適切に機能する「ロバストネス」が重要だ

映画監督・井筒和幸の呟き。〈酷暑が人の命を脅かし続けている。そんな中、我らはうな丼でもホルモン焼きでも冷やし中華でも何でも食らい、無類の徒たちの昭和史の映画撮影準備に追われている。資料を調べていると、いつの時代も、人は生き残ろうとするか諦めてしまうか、どっちかだと気がついた〉（日刊ゲンダイDIGITAL二〇一八年七月二八日）。

従来、生物学者は、生き残るメカニズムよりは生きるメカニズムについて考えてきた。フランス科学アカデミー会員であり、免疫学の世界的権威である著者のフィリップ・クリルスキーは、「生きるだけでは不十分で、生き残らなければならない」を中心テーマに本書を著した。何から生き残るのか。それは、自然の物理的な影響に加え、細菌、ウイルス、寄生虫

などの病原体からなる外部の敵ばかりではなく、がん、自己免疫病、神経変性疾患などのしばしば生命に不可欠なメカニズムに生じる数限りない不可避の誤りに由来する内部の危険性からだ。偶然性がつくりうる生物学的な逆境すべてだ。

本書は、免疫学の世界を広範に紹介しているが、教科書や最新の科学情報集を目指してはいない。その証しとして、図表の類いはほとんどない。きわめて重要なわりにはあまりにも知られていない領域の、単純ではあるが的確なイメージを伝える指針、原理、目印を提供することが目的であった。免疫学は、本質的な複雑性に向き合い、執拗にその中に入り込み、重要な進歩を生み出すことに成功した最初の生物科学の一つであった。その点において、免疫学は、脳に関するさらに大きな複雑性の問題に確固として取り組んでいる神経科学を凌駕したようだ。免疫学は、生体防御システムの特異性の基礎にある分子的要素を解読することに成功したが、神経科学は、精神機能の活動に関与するニューロン、あるいはニューロンの亜集団の特異性の記述において、免疫学の精度のレベルにはまだ達していない。しかし、免疫学は、実験科学の姉にあたる物理学の形式化の段階にはまだ遠く及ばない。

本書は、図表がなくとも、（著者が）専門家を退屈させることになったかもしれないと危惧するくらいやさしく明解に書かれており、初心者でも著者の概念を繰り返し読むうちに、頭の中に具体的なイメージが浮き上がってくるに違いない。これは、著者がほぼ完璧に免疫学を理解しているからなせるわざだ。さらに、すでに述べた重要なわりにはあまりにも知られていない領域にメスを入れた点に、従来にない新規性がある。例えば、病原体との出会いを含む環境における偶然性と、がんを含む内部環境における偶然性によってもたらされる問題を、同一のアプローチで扱う点だ。これは、生物の外と同様に内に向けられる装置の共同体がもたらす免疫という概念へと導く。この概念は、自然免疫（外来因子の直接認識から生じ、即時あるいは急速な反応を惹起する防衛装置の総体）は、獲得免疫（膨大な数の特異的受容体をつくり出す能力による、ほとんどすべての抗原に対してほぼ万能の応答が可能な防衛システム）と合体しており、それを分けようとするのは論理的ではない、という考えに繋がる。

とりわけユニークな発想は、「柔らかい」モジュール［輪郭が不明瞭で不安定な細胞の機能的な集合体（炎症反応の際に起こる細胞の集合や腸内微生物叢など）であり、すべての複雑系はより詳細に把握するためにモジュールに分解できる］である。一方、「硬い」モジュールは変化しない明確な輪郭をもつもので、臓器や組織を示す。一〇〇〇兆もの腸内細菌が織りなす騒々しい世界とのインターフェースを管理している腸粘膜は、一つの免疫臓器といってよい。なぜなら、免疫細胞の六〜七割が腸に存在するからだ。加えて、迷走神経を介して脳と繋がる腸は第二の脳と呼ばれ、さまざまな生活習慣病にも関連している。微生物叢は常に更新され、腸粘膜自体も非常に急速に入れ替わっており、準臓器と名づけられた。興味深いことに、固形腫瘍も準臓器に分類される。

「生き残らなければならない」に大きな貢献をしている、と著者が強調しているのが「ロバストネス」だ。しばしば偶然性に支配されるような出来事によって妨害を受けてもなお適切に機能するシステムの能力である。著者は、進化の主要な原動力は新たな機能の獲得よりはロバストネスの改良であり、脆弱性の問題の減少である、という仮説をもつ。実際、我々の体内で絶えず起こる多くの高頻度の誤りが不可避であるということは、生物のシステムにおけるロバストネスと品質管理の占める部分が重要であることを示唆している。品質管理、監視、異常の修復という三つの装置をもつ「生体防御システム」の中で、免疫系は大きな位置を占めており、ロバストネスは生き残り装置の要である。ロバストネスが包括的な概念の枠組みを提供しているのであれば、ヒトにおいて自然免疫と獲得免疫との間に明確な区別をする理由はもはや見当たらない。我々の体は、複雑系の意味においてロバストであるが、免疫学の専門家は現在までロバストネスの概念にほとんど注意を払わないできた。

細菌からヒトに至る生物の超複雑性は重大な問題を投げかけており、超複雑性を概念化し、それを管理するためには新しい数学的手段が必要だ。こうして、「古典生物学」は遺伝子を中心としたままだが——古典物理学と相対性理論・量子力学がお互いを補完し合っているように——その横には非古典的な生物学、すなわち複雑なネットワークを軸に展開される「量子の生物学」が生まれるかもしれない、と著者は予想している。

これまでとは違った角度から切り込んだ個性あふれる免疫学を学べるとともに、免疫細胞だけではなく体のあらゆる細胞は「知的」であり、他の細胞との会話にその「知性」を働かせている、などという著者の哲学的世界を楽しむことが、本書の最大の魅力かもしれない。

9月22日号（3368号）

『生物多様性と地球の未来――6度目の大量絶滅へ？』

●ジョナサン・シルバータウン［編］　太田英利［監訳］　池田比佐子［訳］　●朝倉書店

生物学的な原因で起きた初めての大量絶滅が進行しているようだ――温暖化と海の酸性化は「悪魔の双子」と呼ばれる

一九四六年、ＳＯＮＹが焼跡の中で会社を起こしたとき、目標としてかかげた言葉がある。「真面目なる技術者の技能を最高度に発揮せしむべき自由闊達にして愉快なる理想工場の建設」。一九八二年、ＳＯＮＹが中心となってオーディオのデジタル化という革命を起こした。ＣＤ（コンパクトディスク）の登場であった。会社のトップが大反対する中、ＳＯＮＹで「不良社員」と呼ばれた扱いにくい技術者たちに自由な研究の場を与え、音のデジタル化に確信と情熱をもっていた中島平太郎・技術研究所長、才能はあったが勝手気ままな野武士軍団をゆるく束ねて奮闘し、ＣＤの開発を導いた土井利忠・プロジェクトリーダー、この二人のリーダーシップが成功のカギであったことは間違いない。しかし、成功の最大の要因は、さまざまな社員の存在、すなわち生物（人間）多様性を容認したＳＯＮＹの度量にあったようだ。まさに、自由闊達にして愉快なる理想工場だ（ＢＳプレミアム：アナザーストーリーズ　運命の分岐点「ＣＤ開発――〝不良社員〟たちが起こしたデジタル革命」、二〇一八年八月二一日放送）。

世界の生物多様性の状況は、かつてないほど悪化している。何千種に及ぶ脊椎動物の個体群動態を計測する「生きている地球指数」（ＬＰＩ）は、一九七〇年から二〇一〇年の間に五二パーセント低下した。これは、全世界の哺乳類、鳥類、爬虫類、両生類、魚類の個体数が、平均すると四〇年前の約半数になったことを示す。興味深いことに、高所得国は生物多様性が上昇傾向（一〇パーセント）にあるのに対し、中所得国は低下傾向（一八パーセント）、低所得国は激減傾向（五八パーセント）にある（『ＷＷＦ・生きている地球レポート二〇一四　要約版』）。

本書のテーマは生物多様性である。それを気にかける十分な理由は、少なくとも四つある。（一）人類が生き延びられるかどうかは、地球上の生物を支える多様性にかかっている（多様性が高いほど、進化する可能性が増大する）、（二）生物多様性は有益だ（例えば、食物網に含まれる種の数が多いほど抵抗性もしくは回復性、あるいはその両方が高い。漁場内にいる種が多ければ、数が減少している種から、もっと多い種へと漁の対象を簡単に切り替えられるため、乱獲された水産資源が回復しやすい、あるいは草原では、生えている植物種の数が多いほど、生態系の全体的な生産性が増し、年ごとの変動が減る）、（三）多様な生物がいる世界は美しい、（四）直接的であれ間接的であれ、人類は数多くの種を危険に晒している（それでいて「気にしない」のは、「人の道に反する」のではないか）。

　このように、生物多様性の状況を悪化させた背景には、いくつか原因がある。例えば、海洋については、海が余りにも広大なせいで、海洋資源を人間の力で枯渇させられるとはとても思えなかったから［言葉を変えると、私たちは地球（海：評者が加筆）をトイレのように扱い、水を流せば問題は消えてなくなると思っている（クレイグ・ヴェンター）、となるかもしれない］、および人は何世代にもわたってじわじわと進む変化には気づきにくいから、などである。後者の代表の一つは、海洋生物ではないが、海とも深い関連を有する二酸化炭素（ＣＯ２）であろう。

　大気中のＣＯ２濃度は、年におよそ三ｐｐｍずつ増加している。この量はごくわずかに思えるかもしれないが、長年にわたって積み重ねられた結果、産業革命が起きる前に比べて、大気中のＣＯ２濃度は五〇パーセントも上昇した。海は、人間活動で放出されたＣＯ２の約四分の一を吸収している。海水に溶けると酸として働く。このため、温暖化が進むとともに、海の酸性化も進む。酸性化は、海の生態系に重大な影響を与える恐れがあり、温暖化とともに「悪魔の双子」と呼ばれる。このままでは、酸性化の影響を受けやすいサンゴが激減し、生物の多様性が大きく損なわれる（「科学の扉「想定外」を考える　酸性化進む海、サンゴ激減」、朝日新聞二〇一八年八月二〇日）。サンゴ礁生態系は、生物多様性や生産量が特別に高い生態系の一つだからだ。

「地球は先祖から引き継いだものではない。子孫から借りているのだ」（『WWF』）。現在、私たちが利用している生態系サービスを提供するには、地球一・五個分に相当する再生能力が必要である。米国民の標準的なライフスタイルでは、三・九個の地球が必要になる。化石燃料の燃焼により発生するCO2は、半世紀にわたり、人間のエコロジカル・フットプリント（人間が求める生態系が供給する産品とサービスを合計した値）の最大の要素であり、既述のように未だに増加傾向が続いている。こうして、完新世がすでに終結し、今や人類による新たな地質年代、「人新世」（およそ二〇〇年前の産業革命とともに始まった地質時代で、人間が地球的規模の変化を起こし始めたことが特徴）に突入している、という考えが提案されている。すなわち、六五〇〇万年前に白亜紀が終わって以来、六回目の大量絶滅が人間が直接影響を及ぼしたせいで起きている、という考えだ。生物学的な原因で起きた初めての大量絶滅といえる。

　本書は、美しい写真とわかりやすい図で多くのページが埋まっており、全編を貫いている生物多様性というベルトコンベアに乗って、最後まで一気に読んでしまうだろう。内容はかなり深刻だが、著者らは希望を捨ててはいない。「森林破壊に歯止めをかけ、生物のハビタットや漁場を再生させ、自然保護区を設けて生物を守り、貧困者の暮らしを支える持続可能な手段を探し、生物多様性を破壊せずに食糧を得られるようにしなくてはならない。してしまったことをすっかりもとに戻すのは無理でも、行動を起こさなければならない」。

10月13日号（3370号）

『「細胞力」を高める――「身心一体科学」から健康寿命を延ばす』

●跡見順子　●論創社

私たちが元気になろうと決心し行動することが重要だ――身心一体科学は身心がもっている「すごい力」をイノベーションに繋げる科学だ

〈毎朝、あるのは重力だけだ。吉田一彰は、しばらく目が覚めたという感覚もないまま、布団の上にだらりと伸びている自分の身体に重力を感じ続けた〉（髙村薫著『李歐』、講談社）。

本書は、〈一人ひとりが自分の体（身）と心（脳）が生きるルールを発見して、分離しがちな心身が連動して元気に行動力が生まれる科学と実践知を融合する科学、すなわち、〃人間〃である自分の身心がもっている「すごい力」をイノベーションに繋げる科学〉である「身心一体科学」を提唱し、体育学からスタートし、生命科学まで研究領域を拡げて、古希を過ぎてもなお現役で活躍している著者の跡見順子・東京大学名誉教授の研究に対する思いの丈を綴ったものだ。特に、「身」を「自身の細胞たち」として心を寄せて考えている。大事なキーワードが複数あるが、常に根底に流れている重力がとりわけ重要だ。

1Gの地球で生まれた生命である細胞の基本は、フィジカル（物理的な）ストレスである、逃れられない重力を利用して、自分のシステムアップを図ったことである。つまり、重力場で生きていること自体が、細胞への適切なストレスを与え続けていることになる。身体は立っていること自体が、そして細胞は基盤に接着していること自体が、仕事をしていることであり、重力ストレスに応答していることである。身体も細胞も応答し続けている。ストレッチも全身のストレッチの集大成ともいえるヨガも、床に足や腰、身体など少なくとも一部がくっついていないとできない。例えば、宇宙空間では、背中を真っ直ぐにすることはできない。地上では床に支点をつくれるので、多分節構造をもつ脊椎の構造を「S字」状にすることが可能だが、宇宙では直立二足歩行することはほぼ不可能だ。

〈理論化できないことは物語らなければならない〉。『薔薇の名前』（上下、東京創元社）で著名なウンベルト・エーコの惹句だ。この惹句は、著者が本書を記した動機を示唆しているように思える。例えば、〈私が決心して実際に行動を起こすと細胞が応答して私を元気にする〉や〈あなたが生きよう、元気になろう、と決心することで、細胞たちがそれをサポートするように活動し、多細胞動物の細胞たちのコミュニケーションを高め、みなが協力して生きようとする〉という仮説は身心一体科学の核心部分であり、著者のライフワークであり、最愛の恋人でもあるストレスタンパク質・αB・クリスタリンをツールにその理論化を試みているが、そして、部分的には魅力的なストーリーつくりに成功しているが、まだ道半ばだ。すなわち、学術論文では論じきれないことを本書で物語っているのだ。それだけ、身心一体科学に対する情熱、三七億年の「必死で生きてきた生命」に対する愛情を感じる。

〈老人を介護するオンナの人にとって一番つらいのが、お尻などを触られることだと聞いたことがある。まあ、老人になってもねえと眉をしかめる向きもあるが、これは当然のことだろう。いや、老人になればなるほど、人に触りたいし、触られたいのかもしれない。赤ちゃんの頃、コドモの頃、働き盛りの人の頃、と人に触り触られる機会は、それぞれ形を変える。でも、人の記憶は続いている。老人という人の中の記憶が滅びることなんてない。動物の本能は変わらない。人は触って触られるものだ〉（クミコ著『ヘコタレナイ』、主婦と生活社）。もう一つの大事なキーワードは、触覚だ。五感の一つに取り上げられているインターフェースであり、何よりも全身で応答できるので、もっと触覚を介した機能アップの有効性をアピールすることが大事であり、親子の間の触覚を介してのコミュニケーションは、人間の心の成長に大きく影響することがわかってきた。外部世界を知るというと視覚と聴覚を思いつくが、触ることで知ることは、まだ視覚がない生き物の頃からあったわけだ。触覚ほど「深い快」と繋がるものはないから、胎内で一〇カ月を過ごしながら、母親との触覚を介したやり取りが人を人間に育てる。皮膚は第三の脳ともいわれる。

古代ギリシャの格言、「汝自身を知れ（gnothi seauton）」。我々の身体、約三七兆個の細胞にはまだたくさんの未知の可能性が潜んでいる。困ったときには、自分でできるすべてのことをやってみて、自身の身体を再発見しよう、それを可能にする身心一体科学には文系や理系などの学問の垣根はない、というのが著者の提案であり、強い意思だ。

10月20日号（3371号）

『「患者」になって再確認！　看護師でいられて本当に幸せ』

●中島美津子　●日本看護協会出版会

看護師が世界最幸職種だ
――ベテラン看護師が予期せぬ入院で得た新しい視点

評者は、山下麻衣著『看護婦の歴史――寄り添う専門職の誕生』（吉川弘文館）の書評（本紙二〇一七年五月二七日号）を書いた際、第二次世界大戦前はエリートから女中程度まででさまざまな看護婦が存在していたことを知った。二〇〇一年の法改正によって、翌年から看護婦は看護師となった。現在は、免許区分として看護師、准看護師が存在する。一九五一年に始まった、中学卒後二年間の養成所を経て、各都道府県で実施される知事試験をパスすると資格が取れる准看護師制度は継続しているが、二〇一四年に比べて二〇一六年は一七〇四二人（約五・〇％）減少した。近い将来、廃止されることが予想され、現に神奈川県は募集を中止している。一方、二〇一六年では、准看護師は三二三一一一人と一一一九三九七人の（正）看護師の二八・一％を占め、戦力としてはまだ決して小さくない。

本書は、豊富な現場体験を有し、目下、教授職として看護教育に専念している著者が、頚椎ヘルニア手術で入院中に一患者として、あるいは一看護師として、すなわち、「看護師が半分入った目線」で、特に自分をケアしてくれた看護師たちとの多様なやり取りから感じたことを綴った入院体験記だ。思いもかけない入院によって、看護の新たな視点が得られたことから出版に至った。そのことを、〈医療者って、入院中も常に仕事場にいるようなもの〉と述べている。評者も長らく医療社会に身を置いているが、これまでほとんど目にしたことがなかった二つの表現が強く印象に残った。「看護師が世界最幸職種」と「看護師は国家資格をもった専門職・科学者」だ。いずれも、著者の看護師職に対する自負や情熱から発せられたものだろう。両者に共通した次の描写がある。〈看護師という職業であるが故に、人生最強の敵でもあり、最強のパートナーでもある「己」に対しても、専門職としての思考と行動のおかげで「弱気な患者でもいいじゃない！　それが自分なんだから」と、自己を洞察し、肯定し、愛することができた。どれだけ救われたことか……〉。ただ、後者の表現は、国家資格をもたない准看護師には適用されない。実際、本書には准看護師という表現はどこにもない。看護助手とは異なり、准看護師は有資格者である。賢明な著者は、広い意味で准看護師も含めて物語り、敢えて線引きを行わなかったのであろう。繰り返しになるが、この入院によって看護師はいかに素晴らしい職業であるか、改めて知る機会となったのだ。そこで得た新たな視点を一部紹介しよう。〈ベッド周囲の空間は居住空間でもある。特に、痛みや苦痛、そのほか体動制限がある患者は生きていくために、最適なセッティング（ティッシュとか、ナースコールとか、オーバーテーブルの位置とか）を自分なりに工夫している。だから、看護師が物を動かしたら必ず元どおりにしなければならない〉。〈「忙しいからちょっと待っていてください」は看護師の禁句だ。「忙しい」は、患者に「あなたの優先順位低いです〜」と宣言しているようなもの。そして、「ちょっと」は相手に不安・不快を与える〉。〈常套句の「様子をみましょうね」。意識を消してしまいたいほどの痛みの患者に、その言葉は〝投げ出された感〟を与える〉。とりわけ大事なのは、ラポール（二人の間にある相互信頼関係）の形成だ。そうすれば、患者と看護師の間に円滑なコミュニケーションが取れるに違いない。興味深いエピソードも出てくる。著者が看護師になりたての頃、創傷ケアでは、消毒後にドライヤーで創部をパリパリピカピカに乾燥させていた。それでは治りを遅らせることになり、現在では、湿潤環境下療法が常識だ。一六世紀のフランスでも似たエピソードがあった（矢倉英隆：医学のあゆみ二六六：八一五、二〇一八）。当時、銃創には煮えたぎった油をかけて止血していた。あまりにも負傷兵が多く油が不足したとき、優しい外科医と評されていたアンブロワーズ・パレは、卵黄、バラ油、テレピン油などを混ぜた冷たい膏薬を思いつき、炎症、痛みが少なく、予後もよいことを示した。常識が非常識になることがあるのは、医療の世界でも同じだ。本書は、看護師を中心に、教員、学生などその周辺の関係者を対象にしているようだ。さらに、この貴重な体験は、〈患者というものは、看護師に話したことは、すべて主治医に「伝えてくれているだろう」「伝わっているだろう」と思っているらしい〉など、入院患者や付き添い人にも新たな視点を与えることが期待される。

11月10日号（3374号）

『男たちよ、ウエストが気になり始めたら、進化論に訊け！――男の健康と老化は、女とどう違うのか』

●リチャード・ブリビエスカス［著］　寺町朋子［訳］　●発行／インターシフト　発売／合同出版

父親投資の進化を示唆する「ぽっちゃり父さん仮説」の提言
――子どもを世話しているときのテストステロン濃度の重要性

〈人はいつ死んでもよいのである。人はこの世に生まれて来て、どれだけの仕事をしなければならぬと決まったわけのものではない〉（北大路魯山人）。

生物はとかく使える時間やエネルギーが限られているため、生存や生殖への影響を通じて自分の適応度に直接的ないし間接的に影響するそれらの配分について決断をくださなくてはならない。これは「生殖努力（繁殖努力）」として知られている。生殖努力は男性の老化を大きく左右する。あいにく、人の男性だけではなく有性生殖を行うすべての生物において、セックスには確かに代償が伴うのだ。

女性は、閉経を迎え、生殖年齢を過ぎても非常に長い期間を生きる。これは、哺乳類の中では稀な現象であるが、有名な「おばあさん仮説」によって、どのような利点をもっていたために進化したのかが説明されている（祖母が、孫が必要とするエネルギーや世話の一部を担ったことで、娘の生殖にかかるエネルギーコストが減り、子どもをより多くもうけることができた）。意外なことに、男性についても似た現象が見られ、本書は「ぽっちゃり父さん仮説」によってその説明を試みたパイオニアだ。

高年齢男性が子どもをもつ可能性を主に制約するのは、その男性の子どもをもうけることに前向きなパートナーを見つけられるか、という点だ。高年齢男性が子どもをもうけることは、実は思ったより多い。一方、「進化の観点からすれば、男性はまったく独りぼっちだ」。女性とは違って、男性は自分の子どもや孫が生物学的に自分の子孫なのかについて一〇〇パーセントの確信をもてない。集団によって、父親の特定が誤りである可能性は一～一五パーセントとさまざまである。父子関係の不確実性に伴う制約があるのが明らかなのに、どうやって「父親による養育」の進化が可能なのか？「代理養育」の根底にある考えは、大量のエネルギーを消費し多くの世話を必要とする人に特徴的な生活史形質——長い小児期、大型の脳、体のサイズが同じ類人猿より高い生殖能力、生殖活動終了後の人生が長いことなど——の進化に向けて、人はこれらの高価な形質を支えるために資源や労力を共同で出し合わなくてはならなかった。人類が進化する過程で男性が面倒見のよい父親に進化するうちに、父子関係の確実性はあまり重要でなくなったのかもしれない。

子どもの世話をしているときには、子どもがいない状況と比べてテストステロン濃度がかなり低かった。テストステロン濃度の減少が、どのように父親投資を推進するのか？　恐らく、テストステロンの減少によって、男性が他の配偶者を探す意欲が減り、子どもへの投資が促進されるのだろう。テストステロン濃度が減少すると、父親の免疫系が強まり、子どもに病原体を感染させるリスクが減るのかもしれない。もう一つの影響は、筋肉量の減少と脂肪量の増加だ。生存率が高まり、さらに仮説だが、父親投資をより効果的に促進したり支持したりするホルモン環境が促進されるだろう。最近の調査では、女性がやや肥満した男性を好むことや、肥満がテストステロンの減少や高い免疫機能と関連していることが示された。すなわち、「ぽっちゃり父さん仮説」の提唱だ。

さらに、脂肪組織にあるアロマターゼがテストステロンをエストラジオールに変換する。父親になった男性のほうが、そうでない男性と比べて、わずかだが有意にＢＭＩが高いことが見出された。子どものいる男性は、子どものいない男性よりも長生きする傾向がある。ただし興味深いことに、子どもの父親になること自体は、長寿効果をもたらさない。長寿という配当を受け取るには、父親が子どもの近くにいて養育に参加することが必要だ。子どもは、息子よりも娘の方が長寿だ。五〇歳くらいを過ぎた男性は、子どもの祖父になれるだけではなく父親にもなれる。人では、子どもが人の世話にかなり頼る時期が、ほかの霊長類や哺乳類よりずいぶん長い。そのような形質が、母親も加えた親役が子どもを世話したという状況なしに進化することが可能だったとは考えにくい。

白髪が男性の生殖成功度にどう影響するのか？　これは不明だが、もし女性が高年齢の男性に優先的に引かれるのなら、白髪は、男性が女性にとって好ましい年齢範囲であることをかなり正しく伝える合図だろう。なぜ女性は高年齢男性に引かれる可能性があるのか？　高年齢男性が、ライバルたちの多くより長生きする能力を実証しており、女性が自分の子どもに伝えたいと思う優れた遺伝子をもっていることを示している可能性があるかもしれないからだ。

同性愛は進化生物学的現象と対極にあると主張する人には、ほとんどのセックスが生殖を目的としたものではないことを思い出して欲しい、と言いたい。高年齢や中年の同性愛者では異性愛者より抑うつ症状が多く見られることが報告された。恐らく、同性愛の高年齢男性が性的マイノリティとしてのストレスに生涯耐えていることが、老化が一般にもたらす負担を悪化させるのではないかと推定されている。健康について理解するためには、生殖機能が生物の中心的な位置を占めることを受け入れる必要がある。がんから糖尿病、それに他の多くの病気まで、感染性の病気だろうがそうでなかろうが、生殖生物学的機能に無関係な病気を見つけるのは難しい。

男性は女性とは違って出産や授乳といった生殖による制約を受けなかったので、富や権力を追い求める自由や機会が女性より多くあった。加えて、父親の不確定性はほぼ間違いなく、女性にかかる家族の負担を増やす行動形質が男性で進化することに寄与した。高年齢男性が女性の評価や影響力を抑圧できる限り、人類が直面している数々の問題への対処能力はひどく損なわれる。高年齢男性は権力や資源を女性と積極的に分かち合う必要がある。そうしないと、私たちは、現在直面している地球規模の根強いジレンマから抜け出せないだろう、と著者のリチャード・ブリビエスカスは警告している。

12月8日号（3378号）

『シニアのための口腔ケア——いつでもどこでもブクブクうがい』

●岡田弥生　●梨の木舎

口腔ケアには信頼できる歯科医との出会いが重要だ
——健康は口から、幸せも口からだ

〈去年の秋、総イレ歯が完成した。そのときは嬉しかった。この世に怖いものはないという気分になった。しかし、総イレ歯にするということは、禿とは違って人為的に自分の歯を抜くのであって、自分の歯が一本もなくなるということに一抹の淋しさがなかったわけではない。そういう淋しさも含めて、なかなか良い気分のものであった〉（山口瞳著『男性自身木槿の花』、新潮社）。こうして、山口はイレ歯は悪いもんじゃないということを十箇条にわたって実証しようとした（「イレ歯の十徳」）。①歯が痛くならない、②清潔である、③口臭がない、④歯医者の往診が可能になる、⑤若がえる、⑥固いものが平気だ、⑦火傷することがない、⑧ダイエットに便利、⑨講演・テレビ依頼を撃退できる、⑩爪楊枝が不必要になる。

もちろん、ほとんどは逆説的な意味だ。

このような状態にならないようにすることに本書の出版意義がある。次の新鮮な導入が印象的だ。〈歯科医院のセールストークに引っかかるくらいなら行かないほうが良い、でも、あなたにとって行く価値のある歯科医院を早く見つけて、歯を大切にしてほしいのです。歯医者も配偶者も、取り換えれば幸せになるとは限らないし、なしでも生きていけます。しかし、歯には生涯添い遂げてほしいものです〉。

鼻から咽喉にかけては、扁桃腺やアデノイドなど免疫系の組織が取り巻いて発達している。たくさんの微生物が上気道を通って入ってくるので、それと戦うためだ。鼻粘膜には外気の温度や湿度を整え、雑菌や汚れを取り除いて呼吸器に送る準備をする装置があるが、口腔粘膜にはない。「呼吸は鼻で」が基本だ。そのため、口で呼吸をすると歯ぐきが腫れやすく負担がかかる。口呼吸は口の健康の大敵である。

人間以外の動物は、窒息も誤嚥性肺炎も起こさない。なぜなら、空気の通り道（気道）と食べ物の通り道（食道）が立体交差になっているからだ。人は、立って歩くことができるまで進化した結果、咽頭で飲食物が気道を横切る構造になった。窒息と誤嚥性肺炎は、進化を遂げた人間ならではの事故である。「ごっくん」と飲み込むときに、のど仏を持ち上げて、喉頭蓋で気管の通路を塞ぐ。のど仏は加齢とともに下がっていくので、持ち上げるのが徐々に困難になる。嚥下機能は簡単に評価できる。唾液を何度も空嚥下してもらい、三〇秒間に三回以上できれば問題ない。良い姿勢で歩いている人が誤嚥性肺炎になることはまずない。

広い意味での口腔ケアは次の三つだ。

（一）きれいにすること：虫歯は、「早期発見・早期治療」ではなく、進行が止まってしまうこともあるので、介入はできる限り遅くだ。一方、歯周病では自然治癒はないので早期介入が必要である。虫歯や歯周病予防のための歯磨きでは、歯ブラシの毛先を歯の面にあててプラーク（歯垢）をとることが大切だ。歯磨きペーストは、つけなくても構わない（清涼剤でごまかされているのかもしれないし、何もつけなければ、洗面所でなくても、どこでも磨ける）。テレビを観ながらのような「ながら磨き」だと、じっくり行っても疲労が少ないだろう。うがいには、顔を上げて行う「ガラガラうがい」と、顔を上げずに行う「ブクブクうがい」がある。風邪の予防にはガラガラうがい、手軽で効果的な口腔ケアはブクブクうがいだ。後者は、唇をしっかり閉じて、頬の筋肉をいっぱい使って、口の中全体にシャワーを浴びせるように、勢い良く動かす。食後にお茶をブクブクして飲むのは、大変合理的である。

（二）動かすこと：口腔ケアは、きれいにすることばかりではなく、口の動きを引き出すことも大切である。笑うこと、歌うこと、「いただきま～す！」と言うだけでも口腔ケアになる。健口体操としては、「あいうべ体操」が良く知られている。既述のように、口を閉じて鼻呼吸することで免疫力が増す。「あー」で思い切り口を開き、「いー」で横に広げ、「うー」でしっかりとすぼめて、「べー」で舌を思い切り出す。「あ」レルギーの病気、「い」ンフルエンザなどの呼吸器の病気、「う」つ病などの心の病気、「べ」んぴなどのお腹の病気などを改善する付加価値も有する（みらいクリニックＨＰ）。

（三）自分に合った歯科医院を選んできちんと通うこと：イレ歯が壊れたら起き上がれなくなった、あるいはイレ歯をしたら歩けるようになった、という現象がときどき見られるそうだ。噛み合わせが何らかの力に繋がるらしい。イレ歯は歯科医の技量の差が大きい。しかし、イレ歯に限らず歯科医の実力は、看板、ＨＰや口コミ（患者によって口の中の状態が異なる）だけではわからない。加えて、人間同士の相性もある。すべての人が満足する歯科医は存在しない。名医の基準は患者によって違うのだ。「イレ歯の十徳」に「④往診が可能になる」とあるように、特に寝たきりなどで通院できない方は、訪問歯科診療を利用すると、専門的口腔ケアによって歯と口の健康を保つことができるようになる。この場合も、信頼できる歯科医との出会いが重要だ。

本書によって、ぜひ八〇二〇運動（満八〇歳で二〇本以上の歯を保つことが目的）の実現を目指したいものだ。

2019年

1月1日号（3381号）

『大酒飲み・美食家が多いのに長寿大国フランスの医師が教える健康法』

●ミシェル・シメス［著］　古谷ゆう子［訳］　●大和書房

フランス流健康法はちょっとユニークで試したくなる

――過去と現在、そして未知の未来は地続きものだ

冒頭は次の言葉ではじまる。〈貧しい人のなかでも最も貧しい人は、お金と健康を交換しようとなんてしない。反対に、金持ちのなかの金持ちは、ちょっとしたお金と健康を喜んで交換しようとする〉。そして、〈身体はどこか子供みたいだ。きちんと手入れをしたら、それを一〇〇倍にして返してくれる。逆に、ぞんざいに扱ったら、それはそのまま結果として跳ね返ってくる〉という言葉で「はじめに」を閉じている。

著者のミシェル・シメスは、「フランス人が最も好きなテレビ司会者」に何度も選ばれているフランス人医師で、一〇〇倍とはいかなくとも、何倍かはフィードバックがありそうな

身体の手入れ法をさまざまな観点（「食べる前に、考えて！」「食べ方・お酒・タバコ・座り方――すべては「よい習慣」から」「スポーツを日常に取り入れる」「不調を改善するちょっとしたアドバイス」の四章に分けて）から紹介している。わが国で数多出版されている同様の健康本と内容が微妙に異なる点が少なからず見られるのが興味深い。まず、「痩せる」と「気分をアゲる」について、それぞれ五つのコツから紹介したい。

○痩せたいならやってはいけないこと

①寝る前に食べる：最も悪いパターン。本当にお腹が空いているわけじゃない場合がほとんど。

②塩分を摂り過ぎる：血圧が高くなるし、体内に水分を溜め込んで体重が増加。

③早食い：満腹感を得るためには、よく噛むこと。食べる量が少なくなり、肥満を防止。

④ながら食べ：テレビを観ながらだと早食いになり、食べる量も増加。

⑤水分不足：腎臓の働きがゆっくりになり、体内の老廃物の排泄低下。

○気分をアゲるコツ

①日常生活のなかで「好き」でやっていることを増やして、「義務感」でやっているものを少しだけ減らす。

②1人きりでいてはダメ。多少は友人たちと時間を過ごす。
③運動すること。エンドルフィン（多幸感）が分泌される。
④外に出て日の光を浴び、セロトニン（幸せホルモン）を身体にチャージする。
⑤特に、ビタミンB群、マグネシウム、亜鉛の摂取。気持ちを安定させる。

次に、意外性のあるものをいくつか紹介したい。

①果物はジュースにしないで！…ジュースにすると、食物繊維のほとんどは失われてしまう。食物繊維は主に皮に含まれているので、剥かずに食べるべきだ。食物繊維は、消化を助けてくれる他、血管を守り、血中への果糖の到着を遅らせる作用もある。つまり、ジュースを飲んだからといって、果物そのものを食べた気にならないこと。含まれる栄養はまったく別物であり、「噛む」ということ自体が消化促進を助けてくれる行為なので。

②カロリーオフ商品――砂糖の代わりに含まれる恐ろしいもの…「カロリーオフ」や「ライト」というものは、現代において最も成功した〝いかさま〟の一つだ。砂糖や脂肪を減らそう、すべてを取り除こうと考えた時点で、何か別のものが新たに加えられているのだ。例えば、アイスクリームやビスケットの「ライト」や「カロリーオフ」。恐らく、そのほとんどに「果糖ぶどう糖液糖」が「砂糖」の代わりに入っている。メーカー側は、「大丈夫、小

麦やトウモロコシといった自然の食物から作られているのだから」と消費者を安心させようとするが、実は肝腎なことを言っていない。「果糖ぶどう糖液糖」は脂肪を増殖させ、糖尿病や動脈硬化を引き起こす。過度に摂取し続けると、脳梗塞や心臓発作のリスクが高まることから逃れられない。また、従来の炭酸飲料（つまり甘いもの）とカロリーオフの炭酸飲料（つまり人工甘味料を使用したもの）を比較した場合、カロリーオフの方が次の食事でより多くの量を口にするようになった。なぜなら、甘い味は感知したが、カロリーは感じられずにいるので、すなわち、身体はがっかりして、普段よりももっと多くの量を食べようとしてしまうのだ。カロリーオフの商品だからといって、痩せることはない。

③水は食事中より「食間」に飲む：水を習慣的に飲むことはいいことだ。できるだけ食事の最中ではなく、食事と食事の間にたくさん飲むべきだ。食事中に水を飲み過ぎてしまうと、消化酵素の働きが乱れてしまうからだ。

④飲み会の翌日こそ、身体を動かす：陸上選手たちは、ヘトヘトになって試合を終えた後、身体を回復させるために、必ずジョギングをする。パーティーや飲み会の翌日、同じようなことをするとよい。とにかく動く。どんなに疲れて倒れそうだったとしても。汗をかいて毒素を出す。〝ちょっとした昼寝〟と水をたくさん飲むこともプラスだ。

他に、ニンニクやサフランを強く推奨するなどのフランス流健康法も取り入れて、健康寿命を延ばすためのよい習慣を身につけよう、と提案することが、本書の出版の大きな意義であろう。

1月12日号（3382号）

『旅する画家　藤田嗣治』

●林洋子［監修］　●新潮社

冷酷で打算的で、一方、陽気で親切な藤田嗣治という天才画家がいた　――乳白色の裸婦は衝撃的な成功をもたらした

わが国の洋画家で、世界で最も有名なのは藤田嗣治であろう。乳白色の裸婦（一九二〇年に乳白色の下地を確立し、大評判となる）や、おかっぱ頭（一九一四年頃に誕生）に丸眼鏡の自画像は、多くの人の記憶に残っているに違いない。本書は、没後五十年記念として、美術・生活・旅・歴史などのカルチャーをテーマに刊行するヴィジュアル入門書および案内書のシリーズ「とんぼの本」の一冊として出版された。一八八六年に東京で生まれた藤田が、一九六八年にチューリッヒで客死するまでを、パリを中心に時代を追って、豊富な絵画や写真などの視覚資料とともに、彼のジェットコースターのような一生が簡潔に解説されている。入門書としては最適だ。

そのコンセプトは「旅」だ。〈広いようで狭いのは世の中だが、実際歩いてみると地球はやっぱり大きい気がするのである。私は死ぬまで旅行者で終わろう〉の言葉のように、藤田の本質は、住まいの移動も含めた「旅」によって獲得した「多重性＝多文化の蓄積」にある。本書は、その多重性を明らかにすることが目的だ。

四歳のときに母を亡くし、母の愛が欠落して育った藤田は、普通の物差しでは計れない複雑な人物であり、後年の冷酷さも、打算も、軽薄さも、マイナスの面のすべてはこの孤独な生い立ちで形成されたらしい。一九一三年に単独でパリに留学する前の新妻・登美子（一九一六年、一方的にパリに滞在したまま離婚）に藤田が求めた役割は、激しい情欲を処理するための単なる合法的な道具だったかもしれない。一方、強く逞しく生きる精神も、陽気で親切な、心の優しい藤田も、精神面での逆境から生まれ、それらを区分しながら同居させていた。このような決してシンプルではない藤田の全貌を、コンパクトな叢書に収めることは至難の業だ。そこで、本書評では田中穣著『藤田嗣治』（新潮社）〔改訂版は『評伝　藤田嗣治』（芸術新聞社）〕を強力な助っ人とし、その内容をより充実させることを試みた。

一九四九年、帰国していた藤田が日本を離れ、二度と祖国の地を踏まなかった最大の原因が「戦争画」であろう。父親・嗣章〔森林太郎（森鴎外）の後任として、一九一二年に陸軍軍医総監」が陸軍軍医という家柄から、戦争（軍隊）にかかわることにはあまり抵抗がなかったかもしれない。その証しとして、おかっぱ頭をやめ、戦時体制への恭順を示した。最初の従軍は一九三八年であり、初めての「作戦記録画」である「南昌飛行場の焼打」、「武漢進撃」は戦闘機や兵士の名前まで画面に描き込んでいる。一九四三年には、「シンガポール最後の日（ブキ・テマ高地）」などの作品で、昭和一七年度朝日文化賞を受賞した。同年、藤島武二の後任として陸軍美術協会副会長に就任した。一九四五年八月一五日、疎開先の小渕村で終戦を迎えると、藤田は戦争画関係資料やスケッチなどを焼却した。

終戦前から、藤田は美術界からすでに排除されつつあった。来日イギリス人文学者・ラフカディオ・ハーンには必要以上に暖かだった日本が、甘い日本に陶酔して、ついに日本に帰化した小泉八雲には、まるでそれまでの親切は嘘のように冷たく振る舞いはじめたのと同じに、日本に定着する気配が濃くなった藤田に向けた日本の美術界の視線は、急激に冷えた。こういった経緯で、他にもたくさんの（一流の）画家が戦争画を描いているにもかかわらず、「画壇の戦犯」と非難が集中すると、藤田はほとんど何も語らなくなり、日本を離れることを決意した。ただ、アメリカ経由で一九五〇年にフランスに戻っても、日本での戦争中の行動について質問攻めに合い、メディアの攻勢に晒されることになった。

藤田のすごさは、例えば「シンガポール最後の日」、「アッツ島玉砕」や「サイパン島同胞臣節を全うす」の迫力、完成度であり、絵の中に目立たぬように、順にマレー人の自転車競走の図、小さな紫の花や日本人形を描いているような遊び心だ。実は、藤田は戦争画を本当に描きたかったのではなく、たまたま時勢によって戦争画を依頼されたから描いたのであって、テーマうんぬんよりも、描くことができる喜びが重要だったのではないだろうか。戦争画も有名な最大規模の作品「秋田の行事」も、同じ絵心から描かれたかもしれない。

藤田は、パリに着いてお上りさん状態のとき、パリの日本人画家の大先達・川島理一郎（一九四八年、日本芸術院会員）にピカソ、モジリアニ、ブラックらを紹介されたり、大変な世話になった。にもかかわらず、後年の藤田がしゃべったり、書いたりしているどんな記録にも、「川島理一郎」は登場していない。利用するときだけは利用して、あとは巧妙に最初の妻・登美子に対してと同じように、藤田は若い友情を結んだ同胞からも逃げの手を決め込んでいた。無名から有名への第一歩のきっかけは、自身が自ら見つけたことにしたかったのだ。

藤田は、自分の競争相手を次々に脱落させた。女道楽をし、酒を飲み、ありとあらゆる不品行をするような人生修行からはじめなくては、ろくな絵描きになれない、と。パリ時代の若い仲間でシンガポールにも同行した、弟子のような宮本三郎（一九六六年、芸術院会員）は、藤田の翌年に朝日文化賞を受賞したが、藤田は陰であまりにも大人気ない妨害を演じた。弟子でもすぐれた男なら、画壇における競争者だという意識が強く働いたのだ。手塚治虫が、水木しげる、石ノ森章太郎、大友克洋らに嫉妬し、酷い言葉を投げかけた図式とそっくりであり、天才は天才を知るのだろう。

藤田が一九二〇年代に大ブレイクした当時、パリには数百人の日本人画家や画家のタマゴがいた。藤田の成功が突出していたのは、乳白色の下地というオリジナリティがあったからだ。さらに、藤田にはもう一つの武器があった。それは、カンバス上に日本を含めた東洋を持ち出さないでは、ヨーロッパの油絵には到底、東洋の画家はかなわないと気づき、パリ画壇で声価を高めた数々の作品に、北斎や、歌麿、春信などの浮世絵や、ときに「鳥獣戯画」をはじめとする古い日本の絵巻の雰囲気、あるいはその構図までそっくり頂戴したことだ。見かけは西洋のパンも、実は中身はあんの「アンパン」だったのだ。

日本でもフランスでもない場所では、藤田は日本国籍のまま「フランスの画家」として歓迎され、フランス外務省の支援を受けることもできた。同時に、中南米では数を増していた日系移民からは「日本の画家」として歓迎された。生涯を通じて旅を続けてきた藤田は、この二重性をベースに、行く先々で体験した多様な文化を自分の中に蓄積し、絵画の中に表現してきた稀有な画家であり、国際人であった。本書の絵画、写真を眺めるだけでも、藤田という天才が存在したことを実感できるに違いない。

1月19日号（3383号）

『僕らが愛した手塚治虫〈推進編〉』

●二階堂黎人　●南雲堂

手塚治虫にとってはマンガが本妻、アニメが愛人であった――マンガの神様にもスランプがあったが、そのV字回復劇はスリリングだ

一九九〇年七月二〇日―九月二日、東京国立近代美術館で「手塚治虫展」が開催された。前年に亡くなったばかりであり、このような権威ある美術館でマンガの展覧会が開かれることも画期的なことであるので、改めて手塚の存在の大きさを認識させた。そのときの図録（『手塚治虫展』）に、美術館のスタッフで編集人の一人が次のように記している。〈我々は手塚治虫を従来の概念で規定する画家の鋳型に閉じ込めるつもりはないし、彼のマンガを絵画と呼ぶつもりもない。我々が認識しているのは、ただひとつ、彼が無限の活力と創意にあふれたイメージの思想家であり、すぐれて天才的な表現者であったということであり、美術館が手塚治虫展を企画する理由は、それだけで十分だと考えている〉（岩崎吉一）。

一九四六年の一八歳のときに、「マアチャンの日記帳」(「少国民新聞関西版」)でデビューした手塚は、一九四七年に出版された酒井七馬原作の長編マンガ『新寶島』(育英出版)がベストセラーになり、後に『新寶島』神話となるほど、マンガ家のタマゴ(藤子不二雄、石ノ森章太郎、赤塚不二夫、松本零士ら)や、当時・後世のマンガ家たちに多大な影響を与えた。戦後日本マンガの出発点とされている。これからまもなくして、一九五〇年に「ジャングル大帝」(「漫画少年」)、一九五一年に「アトム大使」(「少年」)、翌年から「鉄腕アトム」(「少年」)、一九五三年に「リボンの騎士」(「少女クラブ」)と、手塚の初期のみならず生涯をとおしての三大代表作の連載を開始し、後に「マンガの神様」と形容される不動の地位を確立した。驚くほどの多作ぶりを示し、その人気は永遠のものと思われた。

一方、手塚は、〈子供漫画の激烈さは、従来の大人漫画の世界では、考えられない。その新陳代謝は、四、五年ごとにやってくる。それは読者である子供が、五年たつと全く交代してしまうからだ。新しい読者が現れると、彼らの時代感覚は今までのそれとは全く違う。今まであった漫画の作風を全く受け付けない。同じ作風に固執している作者は、皆ふるい落とされる「「スポーツマン金太郎」(「週刊少年サンデー」)の寺田ヒロオがその例・・評者注」。こういうわけで、九割までの児童漫画家は五年の寿命しかない〉(峯島正行:『回想　私の手塚治虫』、山川出版社)、とあたかも自分の未来を予言するかのようなことを述べていた。

実際、一九六〇年代後半の「カムイ伝」(「月刊漫画ガロ」)を代表とする劇画ブーム時代、手塚は古いタイプのマンガ家とみなされ、人気が低迷し、自らも一九六八年から一九七三年を「冬の時代」と称した。さらに、マンガ執筆と同時並行していたアニメーションの虫プロ商事と虫プロダクションが一九七三年に倒産し、人生最大の窮地に陥った。〈下描きまで描いて持ち込んだ新作連載企画が、「いや、これはウチの雑誌には向きませんねぇ」と断られてしまうという、かつての手塚には考えられないようなことも起こっていた〉(斎藤環:『別冊NHK一〇〇分de名著　わたしたちの手塚治虫』、NHK出版)。これを救った救世主は、一九七三年から「週刊少年チャンピオン」で連載がはじまった「ブラック・ジャック」である。「マンガの神様」の最期を看取ってやろう、という壁村耐三編集長の同情ではじまったのだ。

本書は、学生時代に「手塚治虫ファンクラブ」の会長であった推理作家・二階堂黎人が出している『僕らが愛した手塚治虫』シリーズの第五弾で、「手塚ファンクラブ会誌　手塚ファンmagazine」の第三四回から第六七回までの連載を加筆修正したものである。一九七七年から七八年までを主に扱っている。一九七七年は、「ブラック・ジャック」、「三つ目がとおる」（「週刊少年マガジン」）、「ブッダ」（「希望の友」）や「MW」（「ビッグコミック」）などが大ヒットし、講談社からは『手塚治虫漫画全集』全三〇〇巻（後に全四〇〇巻）の刊行が開始され、加えて、第一回講談社漫画賞を受賞したようにかなり順調な年であり、あたかも第二黄金時代を迎えたかのようであった。

一九七八年は、その好調さが依然として持続していたが、さらに特筆すべき出来事があった。アニメーションの復活だ。日本テレビの開局二五周年記念番組「二四時間テレビ　愛は地球を救う」の第一回目玉作品として、手塚が指名されたのだ。タイトルは「一〇〇万年地球の旅　バンダーブック」。実は、手塚が本当にやりたかったのはアニメであった。マンガは、手塚にとってアニメ制作の資金を得る手段であった。倒産によって、「もう二度とアニメには手を出さない」と口にした手塚にとって、またとないチャンスだった。しかし、当然、手塚プロダクションにはアニメ制作の体制が整っていなかったため、突貫工事状態になっていった。そのため、人気の衰えがほとんどみられなかった「ブラック・ジャック」や「三つ目がとおる」というドル箱の連載を打ち切ったほどだ。再び、生唾もののオモチャが手に入り、それらの連載に向けていた緊張感がプッツンとなってしまったのだろう。幸い、「バンダーブック」は大成功だった。

こうして、手塚のすべてに関心がある人には、この『僕らが愛した手塚治虫』は最適のシリーズである。本『推進編』は、死の一〇年と少し前の、奇跡の復活後の絶頂期を迎えた時期であり、手塚ファンには堪らない一冊だ。

2月2日号（3385号）

『ゲノム編集と細胞政治の誕生』

新興国への規制回避ツーリズムの規制が早急の課題だ
――HeLa細胞の誕生は細胞やDNAへの介入＝細胞政治のはじまり

●粥川準二　●青土社

〈Q．遺伝病を理由に人工妊娠中絶してもかまわないですか。：A．母体保護法（一四条）では、経済的理由や暴行若しくは脅迫によって妊娠した場合のみ人工妊娠中絶を認めています。しかし、二〇一三年四月に開始された新型出生前診断（NIPT）の検査を受けた妊婦の中で異常が確定し、妊娠継続が出来るかどうかの選択が出来たヒトの実に九六・五％にあたる三三四人は中絶を選んだというデータが存在しています。遺伝学的検査を行うにあたっては、日本産婦人科学会の指針に沿って、しかるべき施設で行うことが望ましいと考えます〉（『遺伝学的教育に関するQ＆A集』、公益社団法人日本人間ドック学会遺伝学的検査検討委員会）。

サイエンスライターの著者・粥川準二は、「健康が問題にされるとき、その客体と主体とは何か?」という問いを立て、(一)「人口または集団」を扱う社会医学や公衆衛生、(二)「個人または個体」を扱う、いわゆる医学全般、(三)細胞やDNAを扱う生物医学(バイオメディスン)、の概ね三つに分類した。(一)は、フランスの思想家・ミシェル・フーコーの唱える「生権力」(かつて専制君主国家で作用していた権力、死に対する途方もない権力ではなく、生に対する権力を意味し、資本主義の発達に不可欠の要因)の二つの形態のうち「生政治(学)」に、(二)は「解剖政治(学)」に相当した。しかし、現在では、三つ目の形態を加えなければならないことは明らかである。そこで、著者は(三)を「細胞(生物学的)政治」と名づけた。すなわち、生権力は、人口を経由して個人を、個人を経由して細胞やDNAを貫きながら、その影響を広く深く及ぼしている、ということだ。

ＨｅＬａ細胞の登場によって、人類は初めて、ヒトの細胞を身体ではない場所で扱うことができるようになった。体外受精やクローン技術、ＥＳ細胞、ｉＰＳ細胞、ゲノム編集といったバイオテクノロジーはすべて、細胞を培養することができなければ存在しなかったであろう。ＨｅＬａ細胞の誕生は、細胞政治の誕生でもあったのだ。一九五一年、ヘンリエッタ・ラックスというアフリカ系女性が、子宮頸がんでジョンズホプキンス病院を受診し、生検を受けた。そのときの病理切片から、細胞培養研究の第一人者だったジョージ・ガイが世界初のヒト細胞株の培養に成功し、彼女の名前からＨｅＬａ細胞と名づけた。容易に培養が可能だったために、ＨｅＬａ細胞は分裂・増殖を続けながら「試験管から試験管へと」世界中を旅することになった。

ＨｅＬａ細胞はまだ生きており、標準的な参照用細胞になっていて、分子科学者で研究に用いなかった者はほとんどいない。しかし、それは彼女の許可を得ることなく研究材料になったのだ。彼女の死後、研究のため血液などを提供したラックス家の人々にも、利用されただけで何の見返りももたらさなかった。一方、ヘンリエッタとＨｅＬａ細胞の物語が、生命倫理あるいはインフォームドコンセントを誕生させた一因となったようだ。本書の目的は、この細胞政治を全面展開させることにあった。

ここでは、ＥＳ細胞、ｉＰＳ細胞、ＳＴＡＰ細胞などの各論には、紙幅の関係で触れない。重要なのは、代理出産、人工授精、体外受精、出生前診断（冒頭のＱ＆Ａを参照）、受精卵診断、ミトコンドリア置換（三人親体外受精）、体外配偶子形成、生殖細胞系ゲノム編集といった、生殖にかかわる医療技術に共通する問題は、「生まれてくる子どもは、同意することができない」ということである。「妖精はランプから出てきてしまい、再び元に戻すことはできない」(双子研究で有名な心理学者ロバート・プロミン)のだ。一四日ルールというものがある。受精後一四日頃に原始線条［背骨になっていく溝で、胚の生物学的な個体化(individuation)が確かなものとなる初期のポイント］が出現するので、ヒトの受精卵の研究は授精後一四日までと定められている。直接関連するES細胞の扱いが要注意だ。

著者の最大関心事の一つがメディカルツーリズムである。メディカルツーリズムを患者の出身国と渡航先で分類すると、「先進国から先進国」へ、「新興国から先進国」へ、「先進国から新興国」へ、「新興国から新興国」へ、という四パターンが存在する。「先進国から新興国」へ、というパターンが最も多い。国際的な経済格差が規制の厳しさの違いをもたらしているらしい。つまり、先進国での厳しい規制は、規制回避ツーリズムとしてのメディカルツーリズムを促進しかねない。例えば、不妊のカップルが、人件費が安くて規制の緩い国に渡航することだ。商業的代理出産で、インドやタイがその〝メッカ〟であることがよく知られている。主に、新興国(ヘヴン)で実施されている生殖補助医療技術、幹細胞治療、遺伝子治療には、それぞれ倫理上、安全上の問題があるが、患者や子どもの帰国後には、治療や施術に責任をもたない医師が、その後のケアやモニタリングを行わなくてはならなくなる、ということも、規制回避ツーリズムに共通する問題である。

「先進国」へ、の例としては、米国では「男女産み分け」に関して規制がない、英国では「ミトコンドリア置換」が容認されている、などが知られている。これらに対して、可能な限り早く、国際的なコンセンサスを形成して、それに基づく規制を実施できる体制をつくるべきである、というのが著者の提言だ。

2月9日号（3386号）

『アナログの逆襲――「ポストデジタル経済」へ、ビジネスや発想はこう変わる』

●デイビッド・サックス［著］　加藤万里子［訳］　●発行／インターシフト　発売／合同出版

アナログ・アイテム・産業はなぜ復活したのか
――アナログにはデジタルにはない人間らしさがある

料亭「藤村」での一場面（あべ善太・倉田よしみ『味いちもんめ　京料理』、小学館）。〈この前、テレビで〝うどん屋〟って落語拝見させていただきましたけど……どうしてあんなに上手に酔っ払いが演じられるんですか?〉と修行中の板前・伊橋悟。〈特別な稽古があるわけじゃねえさ。しいて言えば、物をよく見るってぇことかな。つまり、酔っ払いをよく観察するってぇことさ。酔っ払いを演じる場合に限らねぇ……。子どもだろうが老人だろうが、よく観察して、その仕草その口調をしっかり覚えておくんだ。ところが、近頃の若え落語家はちっともそれをしねぇんだ。…機械の発達がいけねぇんじゃねぇのかな……?　今はテープに録音したり、ビデオに撮ったり出来るだろ?　だからそれに頼っちまって、自分の目で直に見て心に刻みつけるてぇことをしねえんだろうな〉と返す大真打の三遊亭円鶴師匠。

テクノロジーを使わないと元気が回復することに気づいたジャーナリストの著者が、次の体験をしたことが本書を出版するきっかけとなった。〈私と恋人（現妻）は、友人宅の金曜日の夕食会に招かれた。テーブルを囲んだ八人のうち、なんと妻と私を除く全員が、スマートフォンを手放さず、前菜でも、メインでも、デザートでも、メッセージを打ちこむのに夢中だった。……テクノロジーが人間の社会的なふるまいを根本から変えてしまったのを目の当たりにし、大きな衝撃を受けた〉。

この体験は、二〇一二年にジューン・レコーズというレコード店がトロントに開店する五年前の出来事だ。絶滅危惧種の代表的な存在だったレコード店の新規開店だけでも驚きのニュースだったが、その後、ターンテーブルの売り上げと、新規レコード店の急増・大繁盛という思いがけない展開がみられた。同様の現象が、レコード店と並んで真っ先にデジタル・テクノロジーの挑戦を受けた店舗型小売業の書店でも見られ、著者は「アナログの逆襲」を確信し、本書出版のアクセルを踏んだ。

こうして、第一部では、「アナログな〝モノ〟の逆襲」として、レコード、紙製品、フィルム、ボードゲームという時代に合わなくなったアナログの製品・販売企業が、消費者の根本的な欲求を引き出して成功している例を紹介し、第一部では、「アナログな〝発想〟の逆襲」として、出版、小売り、製造、教育業界、シリコンバレーの教訓を基に、デジタル重視の経済の中でアナログな発想がもつ革新的・破壊的な可能性とその恩恵を実証している。それぞれの底部には共通した伏流水が流れているので、ここではそれぞれの代表例を一つずつ紹介したい。

なぜレコードは復活したのか？　①レコードは死んでなどいなかった。市場にすでに出回っている膨大な数のレコードはモノとして実在し、簡単に消滅しない。ターンテーブルも同様だ。たとえ使われていなくても、機能はほぼ損なわれていなかった。レコードを望む一定の市場は常にあった。②デジタルにほぼ抹殺されたアナログが、デジタルによって助けられた。レコード店の相次ぐ閉店によりレコード市場のニッチ化が加速して、レコード・ファンの売買の場はインターネットに移った。その間に、デジタル音楽のメリットはデメリットに変わった。ＭＰ３の登場はレコードよりもＣＤに打撃を与え、ＣＤ（デジタル・ファイルに勝る本物の音も美的なメリットもない）は移動性に勝れて場所をとらないＭＰ３に至るさびれた通過駅に成り下がった。さらに、ナップスターによって音楽業界は壊滅的な打撃を受けた。形のない音楽は供給が需要をはるかに凌ぎ、わざわざお金を払って聴く者はいなくなった。その間に、レコードのかつての欠点が魅力に転じた。レコードは大きくて重みがある。購入者は、お金を払って手に入れるからこそ、所有していると実感できる。それが誇りにつながるのだ。③仕上げは、レコード・ストア・デイだ。毎月第三土曜日に実施されるこのレコード店の祭典は、レコードのリバイバルブームをメインストリームに押し上げる最後のひと押しとなった。

書店が電子商取引より明らかに勝れている点がある。①書店は買わせることができる。ここには直接お客に商品を売る〝手売り〟文化がある。本の手売りは商売の世界でも独創的な客との交流だ。誰かが書いた言葉を読んでその人がどう感じたか、それを探り当てることで人と関わる！　アルゴリズムじゃそんなことは絶対にできない。加えて、偶然すばらしい本に出会う可能性がある。オンラインにセレンディピティはない。②次のメリットは販売促進だ。店舗には商品に注目させる方法が豊富にある。例えば、棚やラックの本の並べ方から、照明、音楽、装飾、香りなどだ。これらが重要なのは、買い物が全身を使うコンタクト・スポーツだからだ。人間が動物であり肉体をもつ以上、五感をとおして世界を知る以外に道はない。今の時代、本を買ったり読んだりするのは、一番ハイレベルな消費者だけであり、本は消費ピラミッドの頂点だ。

アナログ回帰は、画家アンリ・マティスの次の言葉に象徴されるかもしれない。〈私が夢見るのは、不安や気がかりの種のないバランスのとれた純粋で穏やかな芸術であり、鎮静剤のように気を静め肉体の疲れをいやすよいひじ掛け椅子のような芸術である（画家ノート）〉（日曜美術館「熱烈！　傑作ダンギ　マティス」、ＮＨＫ・Ｅテレ二〇一九年一月二〇日）。

戦前人気トップの企業であった南満州鉄道は跡形もなく、戦後の（超）花形産業であった石炭は見る影もなく、スペースインベーダー、たまごっちもほとんど見かけなくなった。産業やアイテムが復活するかしないかは、何が決めるのだろう。答えは本書にある。市場原理だ。儲かるものは復活する。それを大きく後押しするのは、アナログの特性であることに間違いないだろう。

3月16日号（3391号）

『科学の誤解大全』

●マット・ブラウン［著］ 関谷冬華［訳］
●発行／日経ナショナル ジオグラフィック社 発売／日経BPマーケティング

科学は楽しいが、科学にまつわる誤解を解くのはもっとおもしろい
――本物とインチキ科学を見分けるのは意外に難しい

光速の壁をうまくくぐり抜けるには、抜け道がある。一つはSF小説でおなじみのワープだ。アインシュタインの相対性理論に従えば、このようなアプローチは不可能ではないが、私たちはまだその方法を知らない。似た方法として、遠く離れた二ヵ所の領域を結ぶ「ワームホール」のトンネルをくぐり抜けるというやり方もある。これも理論的には光よりも速く二地点間を移動することが可能になる。問題は、これまでにワームホールは見つかっておらず、その作り方もわからないことだ。アインシュタインの法則に当てはまらない例は、英国王室だ。王室には明確な王位継承順位がある。国王（女王）が死去すると、順位が第一位の王位継承者がすぐに新国王（女王）として即位する。王位の継承はまったく間をおかず行わ

れるため、光よりも速いと言って差し支えないのではないか。将来、ウィリアム五世〈現在のウィリアム王子〉が仮に火星で死去しても、亡くなった瞬間に息子のジョージ王子が国王になる。火星から地球までは光速で通信しても二〇分程度かかるが、国王崩御の知らせが届く前に新国王が誕生していることになるのだ。

著者自ら〝ちょっとばかばかしいようだが〟と形容してるように、本書はこのようなトリッキーな「科学」が満載だ。しかも、〈読者はこの本が正しいと信じる必要はない。この世界を理解するために信じるという行為は必要ないと考えることが、おそらくは最も優れた科学教育のあり方ではないだろうか〉という記述で本書はスタートしているのだ。これまで、「おばあちゃん、起きて、起きて……睡眠薬を飲む時間ですよ」というような「科学」に私たちは毒されていたかもしれない。本書では、「科学」という言葉を非常に広い意味で使っている。ごくありふれた科学に関するさまざまな誤解を知り、それを正すのは、楽しいだけではなく、批判的な視点に立ち、合理的に考えて判断する習慣が身に付き、日々の生活にとっても大切なことだ。

本書は、「科学ってどんなもの？」「無限の宇宙へさあ出発」「極限の物理学」「奇妙な化学の世界」「地球で繁栄する生命」「地球という惑星」「人体の不思議」「擬似科学あれこれ」

「有名科学者たちの真実」のジャンルに分かれ、それぞれ具体的な事例が計七〇ほど紹介され、さらに五つの興味深いコラムが加わる。「光速の壁」の他に、こんな事例も紹介されている。

私たちの体のおよそ半分は人間ではない。残り半分を占めるのは細菌、菌類、古細菌などだ。彼らが人間に害を及ぼすことはほとんどなく、中にはメリットをもたらすものもある。例えば、胃腸にいる数種類の微生物は、消化を助けたり、私たちが体内で作り出すことができない、役に立つ分子を生成したりする。実は、これらの微生物叢の他にも体内に潜むものがいる。母親の多くは、マイクロキメリズム（個体中に遺伝情報が異なる細胞が存在すること）と呼ばれる現象により、胎児から移行してきた細胞を保持している。胎児の細胞は、母親の体内にとどまるだけではない。体内のあちこちに移動して、あっという間に移動先の細胞と同化する。例えば、胎児の細胞が心臓に到達してそのままとどまり、心臓組織に変わることも起こりうる。侵入者であるはずの胎児の細胞が母親の免疫系から異物と認識されずにすんでいるのは、このような同化のおかげらしい。同化した細胞は、そのまま数十年間にわたってその場にとどまり続け、周囲の細胞と一緒に機能し、分裂するが、遺伝的には別物だ。その後、母親が次の子どもをもうけた場合や流産しても妊娠後期に入っていた場合には、さらなる胎児細胞が体に取り込まれている可能性が高い。グレートブリテン王国の悲劇の女王アン（一六五五～一七一四）は一七回の妊娠を経験したが、そのほとんどは流産や死産に終わり、誕生した子どもも一人として長生きしなかった。しかし、頻繁な妊娠によりアン女王は一八人分の細胞をもっていた可能性がある。王家は、光よりも速いばかりではなく、こんなところでも別格だった。次の陰謀論はよく知られている。

ニール・アームストロングとバズ・オルドリンは実際には月に行っておらず、映像はすべて映画スタジオで撮影されたとする説だ。この説の支持者たちは、影が複数の方向に向かって伸びている、風がないはずの月面で米国旗がはためいている、空に星がまったく見えない、といった数多くの矛盾点があると指摘する。でっちあげの証拠リストはかなりの長さがあるが、どれも誤りを証明できるものばかりだ。アポロ計画には数千人単位のＮＡＳＡ職員や業者が関わっているし、当時のメディアの厳しい目もあった。着陸点を偽造するより、普通に月に行く方がはるかに簡単だったはずだ。

本書は、科学のバックグラウンドがなくても問題ないように平易に書かれている。著者のメッセージである〈直感に従って興味のおもむくままに進み、何よりも取るに足らないことだからといって見逃さず、こだわり続けてほしい〉にうんとこだわろう。

4月13日号（3395号）

『宇宙の果てまで離れていても、つながっている
――量子の非局所性から「空間のない最新宇宙像」へ』

●ジョージ・マッサー［著］ 吉田三知世［訳］ ●発行／インターシフト 発売／合同出版

時空を飛び超えて影響を及ぼし合う非局所性のマジックは、SFもビックリだ――宇宙の究極の構成要素は空間的ではない

〈「量子力学がわかったと思う人がいたら、その人は量子力学がわかっていないのだ」と言った有名な物理学者もいたぐらいだから、わからなくても一向に悲観する必要はない。というか、そもそもわかっている人はいないのである。量子力学は自然現象を記述する、現在知られている最良の「言語」である。我々は、それぞれの単語の意味あるいは文法を知ってはいるが、それを組み合わせてできる文章・物語については、その本質をまだ理解し得てはいない〉（古澤明著『量子もつれとは何か――「不確定性原理」と複数の量子を扱う量子力学』、講談社ブルーバックス）。

一九九〇年代前半、著者の科学ジャーナリスト・ジョージ・マッサーが大学院生のときに、「非局所性に比べれば、それに先立つどんな発見も、私たちの日常の現実的感覚に、これほど多くの問題を突き付けたことはなかった」という文章を本屋の立ち読みで目にしたときの衝撃が本書の執筆のきっかけであり、実際、この文章で本書はスタートしている。量子の非局所性の概念は、一九三五年に発表されたEPRパラドックス〔提唱者のアインシュタイン、ポドルスキー、ローゼンの頭文字をとったもので、量子力学は確率に依存するのではなく、未知の変数(すなわち、非局所性)が隠れているに違いない、という主張〕で提言された。本書は、局所性と非局所性の対立をアインシュタインを中心に、さまざまな物理学者の主張や論争を時間の流れにとらわれず、やさしく興味深く、時にスリリングに紹介し、そして、ビッグバン、ブラックホール、ダークマター、並行宇宙など種々の宇宙の問題・謎に発展していく。

まずは、局所性からだ。アインシュタインは、「分離可能性」と「局所作用」の二つの側面を指摘した。前者は、任意の二つの物体、または、一つの物体の二つの部分は、少なくとも原理的には分離でき、分離したそれぞれを独立したものと見なすことができる、という意味だ。後者は、物体と物体は互いに接触するか、あるいは、間に存在する隔たりを埋めるために何かの媒介を使うか、いずれかの手段以外、互いに作用し合うことはできない、という意味だ。影響はある場所から別の場所へと跳躍するのではなく、その間に存在するすべての点を通過する、すなわち、空間が不可欠だ。要するに、分離可能性が物体が何であるかを決め、局所作用がその振る舞いを決めるのである。古典物理学の世界だ。ニュートン力学における時間や空間、物体の位置や速さ、物体間に働く力、などの物理的な概念は、日常生活から来る経験に照らし合わせて考えられた（松原隆彦著『宇宙に外側はあるか』、光文社新書）。

一方、非局所性だ。「非局所性の発見と証明こそが、二十世紀物理学の唯一最大の発見だと、以前からずっと、そして今でも、私は考えています」と、世界をリードする科学哲学者の一人、ティム・モードリンは言う。非局所性とは、例えば、遠く離れた量子（粒子）が常に同じ面を上にして落ちる魔法のコインのように、運命を共有した状態になる性質のことである。それらの粒子は、間に横たわる空間を伝わる力など一切存在しないにもかかわらず、協調して振る舞う。これらの二個の粒子は、それぞれ宇宙の反対側に飛んでいって離れ離れになったとしても、やはり一致した振る舞いをする。つまり、これらの粒子は局所性を破っている。空間など存在しないようだ。この時空を飛び超えて決定される性質は「量子のもつれ」または「エンタングルメント」と呼ばれ、アインシュタインが「薄気味悪い遠隔作用」と名づけたのは有名だ。主人公のキマリたちが南極でオーロラを眺めていたとき、親友のめぐみが北極でオーロラの光景を共有していたことが思い出される（アニメ『宇宙よりも遠い場所』）。非局所性は至る所で顔を出す。量子領域の実験や、ブラックホールのパラドックス、宇宙の大規模構造などで。二〇一五年、古澤・東京大学教授らの研究チームは、量子（光子）の非局所性を厳密に検証することに成功した。現在、多くの研究によって、非局所性はかなり市民権を得てきたようだ。

宇宙に存在するすべてのものは、アイザック・ニュートンが考えたように、他のすべてのものに対して引力を及ぼしている。この引力は、まるで魔術のように遠く離れた所まで一瞬で伝わる。重力は、地球からリンゴへ、そして指から惑星へ、間にある空間を通るのではなく、飛んでいく。つまり、重力のこの奇妙な性質もまた非局所性なのだ。ただ、電気力と磁力は、引っ張ることも押しやることもできたが、重力は引っ張るばかりだった。「電磁気力」と、原子核の中で働いている「強い力」や、ニュートリノが唯一感じることができる「弱い力」の三つの力を統一する「大統一理論」という見方がなされているが、重力をその枠組みに入れようとする試みにはまだ誰も成功していない（『宇宙に外側はあるか』）。

アインシュタインは、「この世界で最も理解できないことは、この世界が理解可能であることだ」と言った。冒頭で量子力学の晦渋さを紹介したように、ビッグバン、ブラックホール、ダークマター、インフレーション、並行宇宙などのさまざまな宇宙全体の謎に量子力学の原理が適用できるのか、まだ明快な解答はない。しかし、当初、アインシュタインは非局所性を信じていなかったが、今ではアイデンティティを確立してきたように、量子力学を中心にした物理学の発展によって、近い将来ではないかもしれないが、ビックリするような人類の未来が待っていることだろう。本書は、レム睡眠のように、そんな夢の世界にいざなってくれるに違いない。

6月8日号（3402号）

『これからの微生物学——マイクロバイオータからCRISPRへ』

●パスカル・コサール［著］　矢倉英隆［訳］　●みすず書房

二一世紀は微生物学の世紀だ——微生物は地球上の生物のほとんどと共生関係にある、仲間だ

戦後、新しい世界史モデルを提示し、大変な反響を呼んだ梅棹忠夫の『文明の生態史観』（中央公論社）に「比較宗教論への方法論的おぼえがき」という論考がある。そこでは、宗教のアナロジカルな現象として病気、特に伝染病が紹介されている。類似点を列挙すると、（一）病原体の存在である。バクテリアであれウイルスであれ、何らかの病原体が存在しなければ伝染病は成立しない。同じように、何らかの宗教的観念あるいは行為というものがなければ、宗教は成立しない。（二）流行病の場合には、病原体を広範囲に撒き散らさなければ流行病は成立しない。宗教の場合も、特定の宗教的観念の伝播者の存在によって広まる。それは、予言者や教祖のこともあるし、その宗教的観念の単なる保持者——いわば保菌者——

—であってもよい。(三) 伝染病は、体内への病原体の侵入によって必ず発病するとは限らない。宗教の場合も、特定の宗教的観念に感染しても、その個人がその宗教に染まるとは限らない。(四) 伝染病の蔓延における大きな要因は、社会である。社会構造、その居住様式、衛生状態、組織などが決定的な役割をもっている。宗教の場合も、まったく同じである。(五) 伝染病は、エピデミック (最も激しいものはパンデミック) とエンデミックに分類される。両者の差は、実は相対的なものに過ぎず、条件次第で相互に転換することが多い。このようなエピデミック、エンデミックという概念は、宗教にも当てはまるに違いない。ただ、知のアジテーターともいえる梅棹は、『文明の生態史観』のようにさまざまな問題提起や予言を行ったが、実際に実証を試みたことは数少ない。

本書の目的は、この一〇年あるいは二〇年の間に、「微生物学」で非常に重要な発見と新しい概念が明るみに出たことを描くことにあった。特に、世界的に著名な細菌学者である著者パスカル・コサールは、細菌学が活気にあふれ、この革命が我々の日常生活と食事、医学、生物学研究の多様な領域、さらに、我々の環境の保護にますます大きな影響を与えるようになることを望んだ。訳者の矢倉英隆は、微生物は多くの技術的アプローチを可能にするだけではなく、人間を含めた生物という存在を哲学的に観想するための貴重な材料も提供している、と補足する。こうして本書は、宗教と伝染病とのアナロジーの行間を埋めるツールとしても有効であることが示唆される。次に、非常に重要な発見と新しい概念をいくつか紹介したい。

○クリスパー・キャス・ナイン（ＣＲＩＳＰＲ／Ｃａｓ９）：最新のいとも容易に扱える、費用もかからない画期的なゲノム編集技術。ノーベル賞は確実、と予想されている。クリスパーとは、石野良純・九州大学教授らによって大腸菌で発見された「遺伝子（ＤＮＡ）に繰り返し出現する塩基配列」のことで、獲得免疫機構として機能している。すなわち、ファージ（細菌に感染するウイルスの総称）やプラスミド（細菌の細胞質に存在し、ゲノムＤＮＡとは独立して、自己複製を行う染色体とは別の遺伝子）に侵入された細菌は、クリスパーの上流にあるクリスパー関連遺伝子群（Ｃａｓ）が、ある配列を認識してその上流の一部を切り取り、自身のクリスパー領域の上流側に挿入し記憶する。同じウイルスなどが再侵入すると、キャス遺伝子群の一つであるキャス・ナイン（二本鎖切断酵素）が記憶をもとに外来ＤＮＡを認識し、切断、除去する。まるで、人の獲得免疫のような働きだ。このシステムを応用したのが「クリスパー・キャス・ナイン技術」であり、ゲノム上の遺伝子をピンポイントで編集できることが従来にない独創的な方法であり、病気の治療や食物（動植物）への適用など種々の分野で成果が期待されている。
○ボルバキア：昆虫やフィラリア線虫の体内に生息する細胞内共生細菌。現在、医学的に非常に重大で危険でもある蚊や昆虫、フィラリア線虫の集団の駆除に利用されている。その二つの戦略を蚊を例に紹介する。（一）ボルバキアは特定の蚊の中に存在するとき、デング熱、チクングニア熱、黄熱、ウエストナイル熱のウイルスの伝播とマラリアの原因寄生虫の伝播を抑制する。つまり、ボルバキアに感染した雌を環境中にもち込むと、感染蚊は一定の病原体には反応しないので、野生の蚊に比べて病原体を伝播することがずっと少ない。感染雌が感染の有無にかかわらず雄と交配すると感染蚊を生む（ミトコンドリアDNAのように、感染した雌だけがボルバキアの子孫を残すことができる一種の母性遺伝）。これを繰り返すと、非感染集団が感染集団で置換されることになり、そうなると病原体を伝播することはなくなる。これはデング熱で証明された。（二）ボルバキアはさまざまな生殖操作を引き起こすが、その中で細胞質不和合が有名である。ボルバキアに感染した雄と感染していない雌との間の交配においてのみ、生まれてくる子は生育できない。すなわち、ボルバキアに感染した雄の蚊を導入することによって、必然的に蚊の減少と病原体の伝播能をもつ蚊の減少を導く。雄の蚊は、血液を吸い病原体を伝播することはないので安全である。これらの試みは、すでに米国、ブラジル、オーストラリア、ベトナム、インドネシアなど多くの国で実施されている。

○クオラムセンシング：細菌が周囲にいる同種菌の生息密度を感知して、それに応じて複雑な分子からなる物質（クオルモン）の産生をコントロールする機構。細菌の集合の中では相互に連絡を取り合っている。細菌は、クオルモンを環境中に放出すると同時に、細胞表面にあるいは細胞質に分布するセンサーによって、自分たちの密度を見積もることができる。それは、あたかも一つの多細胞生物であるかのように行動することを可能にしている。もしクオラムセンシングに働きかけることができれば、細胞間の認識と群れをなす行動を阻止することができる。具体的には、抗生物質耐性菌の阻止や日和見感染の予防などだ。クオルモンをとおして、細菌と真核生物ともクロストークを行っていることが明らかになりつつあるのは、とても興味深い。

ワンヘルスの観点からも、第二の脳と呼ばれ、生活習慣病との深い関連から関心を集めている腸内微生物叢が象徴するように、微生物学はますます進歩するに違いない。細菌は、生命進化史では人類の大先輩なのだから、大いに注目したい。

7月6日号（3406号）

『昭和よ、』

昭和元禄文化はうんざりするほどの混乱の中、次々と新しい文化を生んだ——山藤章二が感じた昭和の匂い

●山藤章二　●岩波書店

〈今まではうたかたの繁栄だったわけです。戦後三〇年は高度成長に経済が発展してきました。外国の援助というものでやったわけです。日本国民の助けによって戦後の復興をしたわけではないのです。僕が考えるに三年も四年も戦争して負けた、昔であれば民族が奴隷になったり非常に苦しみを味わいます。ところが戦争に負けたその日から救済されているわけです。技術もあげましょう。食べものはひとつ援助しましょう。政治の方も教えましょう。そういう結構な負け方はないです。そこにそもそも甘えがあったわけです。その甘えがつもりつもって、今日、つけを支払いせねばならないです。今、物資は豊かだが精神的な貧困である。戦後三〇年にしてようやく日本は精神的に敗北したわけです。……精神的復興　即そ

れはほんとうの日本復興です〉（NHK総合「あの人に会いたい　松下幸之助（松下電器創業者）」二〇一九年四月二七日放送）。

評論家・竹中労も、戦後生まれてきた芸能というのは、ほとんどがアメリカのコピーだった、と述べている。例えば、江利チエミや雪村いづみの出発は完全なコピー、一方、美空ひばりはコピーではなく、そこが二人と違った（「別冊新評《戦後日本芸能史》」AUTUMN、一九八一）。さらに同書の中で、音楽プロデューサー・小西良太郎は、何もかもが、恐ろしくアメリカナイズされはじめていたが、美空ひばりは日本の大きな変革期に、新しい時代の庶民感情のシンボルとして選び出され〝時代の子〟となった、と描出した。彼女の爆発的な成功は、天与の資質はもちろんだが、それよりも大きく、時代の要請と巡り会った〝時の運〟が作用したのだ。

本書でも、昭和一二年生まれのイラストレーター・山藤章二が、明治二七年生まれの松下とほぼ同じ思いを戦後に対して抱いている。すなわち、昭和二〇年代から日本国は変わった。民主主義、男女同権、女性に選挙権、財閥解体、言論職業選択の自由、今では当たり前だけど、すべてはアメリカの指導で与えられた国の仕組みである。食糧を与えられ、教育の機会を与えられ、スポーツ娯楽を与えられて別の国に変貌した。東京オリンピック、大阪万博が開かれ、新幹線が走り、東京タワーが建ち、民間放送局が立ち上がった、あるいは遊興施設、飲み食いの自由、生活全般の西洋化、兵役義務の撤廃、といいことばかり列挙してゆけば〝奇跡の敗戦国〟ということになるが、国民の知らないところでアメリカの子分として立国に成功したのである。かくして、〝アメリカ〟には逆らえない一流国ができ上がった。

山藤は、〔「週刊朝日」を最終ページから開かせる男」の異名とらせた風刺似顔絵「ブラック・アングル」でよく知られている。貧しい母子家庭で苦労して育ち、三回にわたる失敗で東京藝術大学入学を断念したにもかかわらず、似顔絵のジャンルで和田誠と並んで第一人者になり、紫綬褒章を受章するまでになったのは、美空ひばりと同様に才能・努力ばかりではなく、時代の要請と巡り会った〝時の運〟があったらしい。彼が活動を開始した昭和三〇年代は、朝鮮戦争特需で世の中が浮かれはじめ（昭和四五年の万博の頃まで続く）、今までの文壇、画壇といった師弟関係が重んじられた文化とは別のルートで稀才、異才タレントを発掘育成していった。例えば、民放開局とともに裏方だった放送作家たちがそれぞれの「小才」をひっさげて画面に登場。大橋巨泉、青島幸男、永六輔、前田武彦といったカウンターカルチャーの思想をもった、後に若手に影響を与える作家群が乱立した。うんざりするほどの混乱文化現象の中、そのオコボレ的小文化の副産物としてグラフィック・デザインとかイラストレーターとか、新しい呼び名の仕事が生まれた。そういうスクランブル状態の世の中に、山藤が出会ったのだ。

本書が平成を飛ばした理由は、平成には「匂い」がなかったからだ。一方、昭和は、戦争があって負けて天地がひっくり返り、先の昭和元禄文化が象徴するように、カオスといっても抵抗を感じないほどさまざまな匂いに満ちていた。本書は、そんな波乱万丈の昭和の単なるガイドブックではない。戦前も含めた昭和の各時代の空気を存分に吸い込み、浮遊している多種多様な不純物が著者の体内で発酵したものを吐き出したものだ。「ブラック・アングル」を文字にしたような小気味よい文章で、「寄席山藤亭」をプロデュースしている山藤らしく、落語的ウイットやダジャレまで随所にちりばめられている。要するに、本書は、昭和をトリガーにして、実際は山藤の人生論を綴ったものだ。その中でも、とっておきは〈ひとり哲学〉または〈自問自答哲学〉である。

孤独は万病の元で、孤独ではないことは何よりも長寿をもたらす（岡本純子著『世界一孤独な日本のオジサン』ＫＡＤＯＫＡＷＡ）。実は、話し相手というのがごく身近にいる。年齢もまったく同じだし、古くからの親しい人間だ。気心も知っているし、性格もほぼ同じ。つまり、自分自身である。性善説や性悪説、ポジティブ志向やネガティブ志向など、一個の人間といいながら、必ず二つ以上の異なる性癖を所有している。例外はない。話し相手が自分ならいつでも論戦は開始できる。会話を重ねているうちにボキャブラリーも増えるし、ロジックも豊かになるという副産物も手に入り、いいことずくめである。何より好都合なのは、死ぬときは一緒ということ、残された悲哀はありません。

著者は、山手線の新駅が「芝浜」になるのか、「高輪ゲートウェイ」になるのか離れて見ていよう、と書いているように、本質は野次馬人間かもしれない。本書では、読者が山藤章二というフィルターをとおして昭和の野次馬になれそうである。

大野先生の歩みを偲んで

大阪国際がんセンター　研究所長、大阪大学名誉教授
谷口直之

大野秀樹博士は二〇一九年五月二八日に東京で逝去されました。夕方、ご家族との夕食中に急性大動脈解離にみまわれ帰らぬ人となったのです。誰もが信じがたいことでした。奥様からこの度長年にわたって執筆された図書新聞の書評をまとめるとお聞きし、私が僭越ながら彼の歩みをご紹介することに致しました。

彼は一九七四年、北海道大学衛生学教室に博士課程の大学院生として加わりました。学園紛争のさなかでしたが、私が彼を知ったのはその時からです。その後ほぼ四十五年間にわたって彼とともに研究を行い、また初めてのブラジルの国際学会にご一緒したり、彼の主催の会議に呼ばれたり、あるいは運動神経抜群の彼と何度も軟式野球に興じたりも致しました。また東京では定期的に彼の馴染みのお店で私の大学院時代の恩師の一人の塚田裕先生とともに家内も同伴でお食事をご馳走にもなりました。二〇一七年一一月末に私が理化学研究所を去るときにご夫妻、お嬢様真矢様、筑波大学名誉教授芳賀侑光先生、塚田先生、同僚だった宮澤伸子さんとご主人の節生先生とともに送別

会を開いてくださったのが彼との最後に会う機会となりました。

常日頃私は彼の研究面だけではなく、社会的な多方面の活躍ぶりを外からも拝見していました。この度は、彼と共にある時には貴重な助言をしてもらい、またある時には私が助言するというお互いの立場で親交を続けたことをもとに彼の人生を振りかえってみたいと思います。

学生時代の夢をかけてのキナンボ計画

大野先生は一九六八年に北海道大学教養部医学進学課程に入学されました。さまざまな科学分野の研究と教育を支援し、陸、海、空、宇宙の科学探査を促進する目的で創立された北海道大学探検部に入部し、医学部進学課程と医学部の時、彼は危険を冒して未知の世界に飛び込むという探険と冒険の信念を曲げず、大きな気球をあげたり、キナンボ計画という探険のリーダーとして企画し実行しました。キナンボとはアイヌ語でマンボウのことです。陸続きだった北海道と本州が一億六千年から八千年前に切断され津軽海峡ができたそうです。この切断された両地域には石器や土器が類似して見つかっており、ヒスイ石が北海道に持ち込まれているなどの事実から何等かの方法で海上交通が行われていたはずであるという仮説のもとに、早い海流と複雑な潮流をどのようにして古代人が渡ったのかということに興味をいだいたとのことでした。

この具体的な話は、当時の探検部の同僚のお一人真田恒夫さんから伺ったものです。アイヌの人々がどのようにして北海道から本州に渡ったのかを彼は自分自身で実行してみたかったらしいのです。彼は同僚と一緒に、手作りで作成されたドラム缶の筏で四回のトライアルの後、最終的に成功し、アイヌ民族の北海道から本州への移動のルートを再現しました。筏はビール樽を使ったところも酒豪の彼らしいところでした。教養部、医学部時代をこのように興味深い生活を満喫し、勉強はあまりされなかったように思います。

運動の生化学と生理学にかける

医学部を卒業後、当時私が助手を務めていた高桑栄松教授の研究室でしたが北海道大学衛生学教室の大学院博士課程に入学しました。医学部時代の彼の日常生活に基づいて、彼の科学への好奇心は運動の研究に変わりました。大学院に入学してからは、持ち前の行動力を発揮してかなり面倒なテーマだった運動の生化学の研究に没頭しました。日立製作所製のダブルビームという分光光度計を使って測定するのですが、その方法はエルゴメーターといういわば自転車こぎを学生に依頼し、運動の前後で、血液を採取、赤血球を分離、その中の乳酸をはじめ、多くの解糖系中間体といわれる物質をひとつひとつ定量するというものです。これらの物質を定量するというのはかなりの忍耐が必要であり、今の若いひとたちではとてもやれないだろうと思われます。最近は質量分析計というのを使うと一度にこれらの物質を測定することができる時代になっています。このような研究を毛嫌いすることもなく、真剣に行ったのを記憶しています。ただ、実験の合間にはいつも読書をしていた彼が印象に残っています。またヒトだけでなく、ネズミにやはりトレンドミルというネズミを強制的に運動させる装置を使って、運動の負荷をかけてその前後での血液や肝臓の物質の変化を中心に分析もしました。このような実験による膨大なデータの一部は、彼の博士論文となり、「赤血球の解糖に対する運動の影響に関する研究」と題され北海道医学雑誌に日本語（抄録は英語）で掲載されました。この実験結果をもっと国際的に周知してもらうべきだと考えて当時たまたまベルギーで開催された運動の生化学に関する国際学会での発表を私が勧めました。これが彼の最初の研究者としての国際的なデビューでした。彼の論文はその後この学会誌に掲載され注目されました。

マヤ文明と高地医学を学ぶ

大学院を終えて彼はメキシコへ留学しました。当時日本とメキシコの交流基金があり、それを獲得してメキシコに渡ったのです。

当時大学院を終えて博士号を取得すると殆どの研究者は米国への留学をするのがごく当たり前でしたが、彼はあえてメキシコを選んだのにはマヤ文明を知りたかったのだろうと思います。幸い日本政府とメキシコ政府の間の交換プログラムによるポスドク研究員としてメキシコに留学したことで、留学中は存分にメキシコ文明を堪能し、また高地医学としての運動生化学の研究に関する多くのヒントを得て帰国されたと思います。

メキシコとスペイン語を愛しました。彼とるみ子様の間にはお嬢様が二人、息子さんが二人おられます。子供さんたちのお名前はすべて、マヤ、カリベ、アミカ、アニモなどのスペイン語から採られています。

大学人としてのスタート

メキシコから帰国後、旭川医科大学の衛生学助手を経て、生理学の助教授に任命され、「褐色脂肪組織の生成とその生理学的意義に関する運動生理学」の研究を続けました。褐色脂肪組織は寒冷暴露に対する機能や抗肥満作用の働きがあり、最近こそ多くの研究がありますが当時としてはかなり先駆的な研究であり、その後も継続して防衛医大、杏林大学医学部でも当時から参画された准教授の木崎節子博士（現在大野先生の後任教授）とともに多くの業績を残されました。

教授就任

一九八〇年に防衛医科大学の衛生学の教授に任命され、特にCuやZnなどの金属を持つ酵素や活性酸素種に関して研究分野を広げ、研究を推進しました。酸化ストレスを防ぐ重要な働きをするスーパーオキシドジスムターゼ（SOD）の研究が中心でした。また環境科学に関連して研究をしました。特に水俣病の研究に一生を捧げた故原田正純先生と親交が厚く、原田先生のご案内で水俣を大野先生と一緒に訪問し悲惨な実情を目の当たりにしたのは忘れがたい思い出でした。一九九四年、チャンダン・セン博士が、運動に関連した活性酸素種のレベルの変化を研究するために彼の研究室を訪れました。（注釈：彼は、現在米国アイオア大学のインディアナ大学研究担当副学長で、著名な本雑誌Anti-oxidant and Redox Signalingの編集長を務めており、この雑誌に大野氏の追悼文を書くようにとの私への要請がきて彼の追悼文を掲載させていただきました）。またセン博士は大野先生と共著で、SODの運動における役割に関する興味深い論文を発表しました。

大野先生の偲ぶ会にセン博士は彼の性格と日常生活を非常によく説明する以下のような哀悼のメッセージを送ってきました。

「研究室で一緒にすごした一九九〇年代初頭の所沢の時代の経験は、私のその後の人生や研究歴に大きな影響を与えてくれました。

焼き鳥を食べる夕暮れ前の、未だ陽のさしている頃から、運動生理学のレドックスの関わりについての議論をした夜更けまで、常に、秀樹は周囲の人々にも心を配り、退屈しないように心がけていました。このように、彼は周囲の人々をいつも楽しく盛りあげてくれました。いつも穏やかで、独特の笑顔の持ち主の秀樹は、永遠に私たちの心に安らぎを与えてくれることでしょう。またあなたの心遣いと愛情によって、今後も周囲の方々に心地よさと安寧を与えてくれることでしょう。心よりご冥福をお祈りいたします。」

研究成果と社会活動

二〇一八年、杏林大学医学部衛生学公衆衛生学教授に招かれ、科学に対する好奇心が再び広がり、多くの論文を発表しました。杏林大学医学部を退職した後、杏林大学名誉教授になり、東村山市の社会医療法人大和会の理事に招かれ、平成一七年からは、理事長に就任されていました。

約二十年間、彼は多くの公的な科学委員会のメンバーとして、また日本学術振興会（JSPS）のレドックスおよびライフサイエンス委員会を含む多くの組織のメンバーまたはアドバイザーとして、また日本山岳会の理事、国立極地研究所の委員、および南極遠征のための人間生物学および医学の科学委員会のワーキンググループの日本人代表として活躍しました。また、特筆されるのはブダペストの名門大学であるセンメルワイス大学から、運動分野での独創的な貢献により、Honaris Causa（名誉博士号）も授与されたことでしょう。

彼は、三百編以上の英語の論文と英語の四十冊の単行本、そして日本語の多くの単行本の著者となっています。その中でも、一九七四年に出版された最も興味深い本の一つは、「百寿になろう：運動、栄養、休息のトライアングル」でした。残念ながら、彼は百寿者にはなれませんでしたが、この本には多くの示唆に富む内容が書かれています。他にも「運動と免疫」など多数執筆されました。

彼の文筆活動は研究論文だけではなく、図書新聞の評者を長年務めたほか、たとえば女優大空真弓さんたちとの「多重がん撃退中」などにも彼の文才ぶりが発揮されています。

彼の七十年の生涯は彼にとっても、また我々にとってもあまりに短い生涯でした。私の幅広い交友活動など、私の知らない彼の功績はまだまだあるのですが、彼を偲ぶ縁となることを念じ、また残されたるみ子様はじめご家族の皆様の今後の安寧を念じて雑文を終えたいと思います。

大野秀樹君の書評を読んで

法政大学名誉教授、北海道大学探検部東京ＯＢ会
川成洋

北海道大学探検部東京ＯＢ会は、毎年春と秋に山行をしている。われわれは通常、山頂で反省会をやり、そして巷におりて丁寧にもう一度、大反省会をやることになっている。いつだったか忘れてしまったが、その大反省会の席でたまたま大野君と隣り合わせになったときのこと。いつもの磊落な弁舌、オヤジギャグ連発の彼が、とてもしおらしく、書評を書いてみたいのでどこか紹介してくださいませんかと言ってきた。

その時、僕は「ああ、いいよ」と気楽に返答したが、しばらくして、さて大野君を何処に売り込もうかと考えあぐねてしまった。たしかに僕は、三〇代ごろから書評を書いてきたが、出版不況の常態化で、作家やジャーナリストなどを目指す者にとって筆一本で糊口をしのぐことはままならず、いきおい書評欄に蝟集していたのだ。それに、私が関係してきた新聞・雑誌は、どれもこれも委員会制度で書評者が固定しており、字数も厳密で多くても九〇〇字程度。字数が決められているのは書きづらいものだ。

いろいろと考えているうちにふと、「図書新聞」が頭をよぎった。「図書新聞」も字数は決められているが、意外と自由に書かせているようだ。書評者の選定も自由にみえる。ここしかない、と思った。

ところで「図書新聞」とは、ずいぶん昔のことになるが、僕と浅からぬ因縁がある。「日本読書新聞」「週刊読書人」、そして「図書新聞」の三書評紙が切磋琢磨していた僕が三十五歳くらいの時のこと、社長だった斎藤良一さんが、何を思ったか、編集顧問になってほしいと僕に言ってきた。彼は出版社の社長も兼任しており、そこから本を出版してもらっていたこともあって二つ返事で引き受けた。週二回、といっても勤務先の法政大学の出校日に合わせて、神田神保町の交差点から一本奥まった小路に入ったところにあった会社に行くことにした。そのころ、数人のアルバイト学生がいた。そのなかに、法政大学日本文学科に在学中の藤沢周君（芥川賞作家・法政大学教授）や、同じく社会学部の川口一史君（劇作家・演出家・十七番劇場主宰）などがいた。現在各々の分野で活躍している二人であるが、この職場の雰囲気が、彼らのそれからの方向付けに枢要なモメントとなったに違いない。

当時の僕は、なんとかして他の二紙から独自性を出そうと、出版社から編集の最終段階に当たる「校了ゲラ」を提供してもらい、それを読んで書評を書いてもらう「ゲラ書評」というものをはじめた。通常であれば新刊書が書店に並ぶのと同時に本が書評家にわたり、三ヶ月くらいかかってから新聞や雑誌に書評が載る。書評を読んだ人が書店でその本を探しても、見当たらないこともままある。書店は次々に取次会社から送られてくる新刊を捌かねばならず、二〜三ヶ月で売れなければ、取次会社に返品してしまうのだ。このような悪循環（と僕は思っている）が普通であり、したがって、書店陳列とほぼ同時期に書評が載る「ゲラ書評」は画期的だったはずだ。それをしながら、この週刊紙をともかく絶対に休刊せずパンクチュアルに発行し続けた。「図書新聞」の仕事はそれから五年くらいで辞めたのではなかったか。それからなんとなく没交渉な状態が続いた。二〇年、いやそれ以上かもしれない。

二〇一一年十二月、僕が編集した『スペイン文化事典』（丸善）の刊行を記念して、市ヶ谷のセルバンテス文化センターでトークイベントが開催された。その日の朝、「図書新聞」の井出彰社長から、馬渡営業部長を行かせるので取材よろしく、という電話があった。彼との初めての邂逅である。

それで彼に大野君を紹介することができたのだ。千載一隅のチャンスだったと思う。大野君は医師なので、センセーショナルな健康本や医学書の真贋の峻別も含め、医学関係書の書評を担当してもらったらどうだろうかと提案すると、直ちにＯＫの返事。そしていよいよ、大野君の出番である。

本書の巻頭に収録されているのは、彼が最初に書いた『対話集 原田正純の遺書』の書評である。この本が出版される数年前のこと、原田正純さんが大野君の大学で集中講義を担当され、講義後の打ち上げの席に僕を呼んでくれた。とても静かで、ニコニコしている方だった。大野君の言うアスタ・マニャーナ的な、楽天的な先生だ。講義後の酒宴には、それから何度か同席させていただいた。水俣病の最前線の医師として、理不尽な「隠蔽の力学」に狂奔する国家権力、大学当局やチッソ会社、あるいは御用学者などを敵にして、孤立無援の戦いを長年繰り広げてきた学者とは思えぬもの静かな風貌である。その原田さんが突如、急性骨髄性白血病に罹り、永眠されたのが二〇一二年六月十一日だった。その年の一月から始まったこの本のための対話は、なんと死の直前、六月三日まであったという。

この本を前にして、大野君と僕は、ただちに作戦を開始した。大野君は「図書新聞」、僕は「週刊読書人」に書評を書く。原田さんの「遺書」を、僕からすれば「箴言」というべきものを、できるだけ多くの人に読んでもらいたい。いや、どうしても訴えかけたかったのだ。

原田さんの対談の相手は十五名。うち、経済学者の宮本憲一氏と作家の石牟礼道子さんを除き、十三名は水俣病を中心に、三井三池三川炭坑爆発一酸化炭素中毒、カネミ油症、土呂久鉱害の患者や家族、そして支持者や関係者たちであった。〈そのため、原田先生が負の遺産を次の世代に伝えようとする水俣学に至ったプロセスが、より鮮明に見えてくる。さらに、本書は常に弱者の側に立って発言、行動し続けた原田先生自身を知る原田学を学ぶための必読書でもある〉と書評を結んでいる。

次の書評『砷地巡歴――水俣-土呂久-キャットゴーン』もヒ素汚染による環境問題についてである。ヒ素汚染の実態を調べ、世界中を調査・報告した本書の著者堀田宣之は、熊本大学で原田正純さんと同じ研究室だった後輩の研究者である。

大野君は、こうした医学者とは対極にいる医学者にはきわめて厳しい糾弾の言葉を投げつけている。例えば、新聞の三面記事などで目にする大手製薬会社の新薬開発と大学医学部付属病院の臨床実験のデータ改竄、そしてそれにまつわる億単位の金銭授受などといった癒着関係に関しては、新薬名や関係する大学名などを具体的に明記。しかも、このような新薬開発には、新聞紙上で大型の広告を出す関係上、全国紙も絡んでいるのだ。まさに共犯行為にほかならない。

福島原発事故の被害隠しと甲状腺がんとの関係でも、いわゆる御用医学者名と所属大学名を記している。そして彼らが主張している低線量被曝障碍を否定するための「三段論法的仮説」を完膚なきまでに論破。さらにハンセン病研究で一九五一年の文化勲章受章者・光田建輔を嚆矢として、国公立のハンセン病療養所に所属の医師たちは自由に患者を解剖でき、患者の遺体を「材料」と呼んでいたという忌まわしき事実。死者に対する冒涜とか、医の倫理に反するといった観念が微塵もなかった。大野君の舌鋒は一層鋭くなっていく。

これ以外の書評は、まさにボーダレスというべきか。健康問題、遺伝学、認知症、免疫学、ホスピス、イップス、環境学、不良老人讃歌論、口腔ケア、微生物論、看護婦論、動物学など博覧強記的世界を展開している。

それにしても、大野君はやはり探検家であり、登山家である。かつて同じ釜の飯を食べたわれわれは、次の彼の言葉に耳を傾けなければばないだろう。〈登山者に読書家が多いのは間違いない〉、〈登山には観客も競争相手もいないし、ルールもない。したがって、登山した当人が記録を残さなければ、その登山は実在しなかったことになる〉という言葉に。

彼が本を読んでガッテンしたという「大学探検部出身者論」ともいえる部分は刮目に値する。これはわれわれ北大探検部東京OB会に遺してくれたものと思いたい。①探検部のいいところは、学生時代に何をやったかを問われないこと（現在の職業、社会的地位も付き合いや評価に全く関係ない）。②多くの部員は決まり悪そうな感じで大手企業に就職していき、世間常識的には大企業就職組が勝ち組だが、探検部の場合は逆で、ドロップアウトした組と見なされる。③探検の旅はすべて自腹である、他人から資金援助を受けると、自分本位のこだわりが変形されてしまうからである。

最後に大野君らしい書評だと思えるものを挙げてみよう。『忘却の引揚史——泉靖一と二日市保養所』である。太平洋戦争の敗戦が秒読みになっていた四五年七月二六日、対日ポツダム宣言発表。八月一四日、宣言受諾。この二十日間、本土では天皇制の国体護持を貫くことに執着し、中央官庁屋上で証拠になるような公文書を燃やしつづけていた。保身のためのこの時間稼ぎが、広島、長崎への原爆投下、ソ連軍の満洲侵攻作戦開始などを招いてしまった。ソ連軍の動きを察知した関東軍首脳は妻子を連れ、いち早く日本に逃亡。取り残された日本人はどうなったのか。言うまでもないことだが、とりわけ若い女性は筆舌に尽くし難い辛酸を舐め、口を堅く閉ざしたまま引き揚げて来たのだった。同時期に博多港に帰還した京城帝国大学医学部のスタッフたちは、ただちに故郷に戻らずこうした女性たちの治療を行う施設「二日市保養所」を開設。これには、まだ三〇歳の人類学助教授、泉靖一の精力的な活動があった。この書評の末部に〈なぜ引揚げの記憶史は忘却されてきたのか。最大の理由は、それが植民者たちの物語であったからだろう。「本土」の人たちは、植民地・占領地に出かけた人々に対して差別と軽蔑、哀れみの混じった複雑な感情を抱いており、そのような状況の中で、「引揚げ」の経験を本土の人々が記憶化し共有する余地はなかった。また、泉の山岳部的なノリが象徴するように、日本の危機（敗戦時）においては、植民地帝国大学ならではの抜群の団結力と機動力を発揮したが、日本が安定期を迎えると、京城帝大グループは冷ややかな視線の対象になっていった〉と記されている。彼のなんともいえぬ怒りが伝わってくるようである。

大野秀樹君、月並みな表現で申し訳ないが、たしかに、君は何時までも琴線に触れる素晴らしい書評を遺してくれました。本当にありがとう。

二〇二〇年四月二二日

書評を本にまとめるにあたって

「大野君の書評を本にしてはどうですか」

主人の偲ぶ会での川成洋さんからの言葉でした。それがこの本になるきっかけでした。

去年の五月の思いがけない突然の死、それと共に押し寄せてくる事務的な手続きに忙殺される日々、気づくと令和二年になっていました。

ようやく一段落して静かなひとときを過ごしていた時、ふっとこの言葉が浮かんできました。

それと、大学院生時代からの大先輩の谷口直之先生ご夫妻の存在も大きかったです。

出版にあたり、武久出版株式会社社長加藤啓様、小坂知彦様、秋葉直哉様、株式会社ゼロメガ木村祐一様の皆様に大変お世話になりました。

両親（茂、博子）は、主人が子供の頃から好奇心旺盛で、読書と文章を書く事が好きだったと言っていました。亡くなる最後の日まで書評を書いていて、しあわせな時間を過ごせたと思います。

亡くなる直前の言葉が、「ほんとうにありがとう。みんなによろしくね。」でした。

たくさんのご縁に感謝しています。皆様本当にありがとうございました。

妻　大野るみ子

兎に角せっかちだった父は、最期まで父らしく旅立ってゆきました。
「まあ長い人生色々ありますヨ」とにんまり笑う姿をよく思い出します。
読書と登山の楽しみを教えてくれてありがとう。
またいつか一緒に美味しいお酒を飲みましょう。

長女　大野真矢

大野秀樹略歴

昭和23年8月22日生まれ。幼稚園まで大阪で育ち、その後、東京へ移る。

昭和42年4月　北海道大学教養部医学進学過程入学。
同　探検部入部（十勝川・手製アウトリガーボートによる源流→河口川下り計画リーダー、手製イカダによる津軽海峡横断・キナンボ計画リーダーなどを務め、沖縄・韓国・東南アジア・中南米単独踏査などを実施）

昭和49年3月　同　医学部医学科卒業

昭和53年3月　同　大学院医学研究科社会医学系修了（医学博士）

昭和54年7月　第9回日本・メキシコ政府交換留学計画派遣員（D.I.F.、メキシコ市）

昭和59年2月　旭川医科大学生理学第一教室助教授

平成2年2月　防衛医科大学校衛生学教室教授

平成11年7月　杏林大学医学部衛生学教室主任教授（現・衛生学公衆衛生学教室主任教授）～平成26年3月末まで

平成12年1月　日本学術振興会産学協力研究委員会「レドックス生命科学第170委員会」委員
国立極地研究所生物・医学専門委員会副委員長

平成12年4月　南極研究科学委員会（SCAR）・「ヒト生物学・医学」ワーキンググループ（WGHB&M）日本代表

平成13年6月　社団法人日本山岳会理事（医療担当）

平成15年5月　第23回日本登山医学シンポジウム（東京）会長

平成17年7月　第13回日本運動生理学会大会（東京）副会長

平成18年11月　Doctor Honoris Causa（Semmelweis大学、ブダペスト）

平成19年4月　国立極地研究所運営会議・南極観測審議部会委員

平成26年4月　社会医療法人財団大和会　常務理事

平成29年　同　理事長

令和元年5月28日死去

大野秀樹著作目録

『図説子どもの発達と障害２』監訳（同朋舎、1984年）
『１歳児の発達』監訳（同朋舎、1986年）
『ランナーのエネルギーと持久力』共訳（杏林書院、1990年）
『ランニングの基礎と実践　トレーニングとパフォーマスの科学』共訳
（文光堂、1996年）
『身体運動・栄養・健康の生命科学Ｑ＆Ａ　活性酸素と運動』共編（杏林書院、1998年）
『スポーツとトレーニングの生化学』共訳
（メディカル・サイエンス・インターナショナル、1999年）
『身体運動・栄養・健康の生命科学Ｑ＆Ａ　栄養と運動』共編（杏林書院、1999年）
『運動生理・生化学辞典』編者代表（大修館書店、2001年）
『Ｑ＆Ａ運動と遺伝』共編（大修館書店、2001年）
『身体運動・栄養・健康の生命科学Ｑ＆Ａ　骨格筋と運動』共編（杏林書院、2001年）
『トレーニング生理学』共編（杏林書院、2003年）
『百寿者になろう　運動・栄養・休養のトライアングル』自著（ナップ、2004年）
『健康長寿のキーワード　生活体力』共著（NHK出版、2004年）
『大空真弓、「多重がん」撃退中！　乳がん胃がん食道がん』監修（宝島社、2005年）
『大空真弓の健康格言　おばあちゃんに学ぶ暮らしの知恵』共著
（れんが書房新社、2007年）
『ACSMメタボリック・カリキュレーション・ハンドブック　運動時代謝の計算法』監訳
（ナップ、2008年）
『健康長寿力チェックノート　老いないための「心と体」ケア』共著（NHK出版、2008年）
『登山は元気を与えてくれる総合芸術　登山は少子化を救うかもしれない』自著
（ナップ、2009年）
『運動と免疫　からだをまもる運動のふしぎ』編著（ナップ、2009年）
『からだづくりのための栄養と運動』共著（ナップ、2011年）
『ここまでわかった燃える褐色脂肪の不思議』共編（ナップ、2013年）
『イギリス文化事典』共著（丸善出版、2014年）
『カラー図解人体の正常構造と機能Ⅳ　肝・胆・膵』共著（日本医事新報社、2017年）

大野秀樹書評集成

本を読むたのしみ

二〇二〇年八月二十二日　初版第一刷発行

著　者　大野秀樹

発行者　加藤　啓

発行所　武久出版株式会社
〒一六九-〇〇七五
東京都新宿区高田馬場三-一三-一　ノークビル三階
電　話：〇三-五九三七-一八四三
ＦＡＸ：〇三-五九三七-三九一九
https://www.bukyu.net/

印刷・製本　中央精版印刷株式会社

装丁・ＤＴＰ　木村祐一（株式会社ゼロメガ）

ISBN978-4-89454-136-8